Moscou et l'Afrique

Trajectoires historiques, représentations,
perturbation d'un ordre traditionnel
ou fantasme?

Collection « Études africaines »
dirigée par Denis Pryen et son équipe

Forte de plus de mille titres publiés à ce jour, la collection « Études africaines » fait peau neuve. Elle présentera toujours les essais généraux qui ont fait son succès, mais se déclinera désormais également par séries thématiques : droit, économie, politique, sociologie, etc.

Dernières parutions

Francky BOLAMBULI BOSINGA, *Le devoir de l'Homme africain. Repenser la démocratie et la culture négro-africaine avec Phambu Ngoma-Binda*, 2024.

Albert JIOTSA (coord.), *Dynamique de la protection sociale de l'enfance au Cameroun et en Afrique*, 2024.

Ahmed Salem OULD MOHAMED BABA, *Introduction au dialecte ḥassāniyya de Mauritanie. Étude grammaticale et lexicale*, 2024.

Emmanuel NGWE, *La population du Cameroun, Du comptage des effectifs à l'analyse des phénomènes démographiques*, 2024.

Téphy-Lewis EDZODZOMO NKOUMOU, *L'office du juge constitutionnel en Afrique subsaharienne. Etude comparative à partir des exemples béninois, gabonais et malgache*, 2024.

Jeanne HEURTAULT, *L'exode de jeunes sénégalais vers l'Europe, Une ethnographie en Casamance*, 2024.

Sylvain SHOMBA KINYAMBA, *Critique de l'université congolaise par l'université. Reculade scientifique et marchandisation des patrimoines*, 2024.

Babou DIÈNE, Modou Fatah THIAM et Mamadou Hady BA (dir.), *La littérature africaine à l'épreuve des récits de filiation. L'autofiction et le récit transpersonnel*, 2024.

Mamane HALIDOU, *Un pouvoir traditionnel à l'épreuve de l'histoire au Niger (1849-2017). La Sarauta Samna Karhe de Tibiri dans le Dallol Mawri*, 2024.

Sous la direction de
Jean Pierre Mékindé

Moscou et l'Afrique

Trajectoires historiques, représentations,
perturbation d'un ordre traditionnel
ou fantasme ?

Préface de Manassé Aboya Endong
Postface de Frank Ebogo

© L'Harmattan, 2024
5-7, rue de l'École-Polytechnique ; 75005 Paris

http://www.editions-harmattan.fr/

ISBN : 978-2-336-44678-3
EAN : 9782336446783

SOMMAIRE

SOMMAIRE 7
PRÉFACE 11
INTRODUCTION 15

PREMIÈRE PARTIE
MOSCOU ET L'AFRIQUE : HISTOIRE ET TRAJECTOIRES 19

   Chapitre 1 21
   Comprendre les relations russo-africaines depuis les années 60 : la politique
   africaine de Moscou entre engagement, recul et relance
   Jean Pierre MEKINDE 21

   Chapitre 2 : 49
   Comprendre la formation des jeunes camerounais en URSS :
   de la genèse à 1990
   Alphonse Bertrand Eng Ndjel 49

   Chapitre 3 : 71
   La Conférence du Caire (1957 – 1958) : un " Kominform afro-asiatique " ?
   Nicolas Fernandez BOUVERET 71

DEUXIÈME PARTIE :
MOSCOU ET L'AFRIQUE : COOPÉRATION ET DIPLOMATIE 97

   Chapitre 4 : 99
   La Russie et l'Angola depuis 1975 : des relations militaires
   à une coopération diversifiée
   Magloire GUIALA 99

   Chapitre 5 : 121
   La coopération militaire russo-camerounaise : diversification
   ou alternative ?
   Paul Amour Destin MBEGUELE 121

   Chapitre 6 : 143
   Redynamisation des partenariats commerciaux Russie-Afrique :
   Quelle analyse du Sommet de Sotchi du 23 au 24 octobre 2019 ?
   Hanse Gilbert MBENG DANG & Sotherie MENGUE OLEME ... 143

   Chapitre 7 : 163
   Contours de la neutralité de certains États africains
   face à la crise russo-ukrainienne
   Rycado-Salex TONFACK 163

TROISIÈME PARTIE :
LE REDÉPLOIEMENT RUSSE DANS LE CONTINENT AFRICAIN: ENJEUX ET PERSPECTIVES 183

Chapitre 8 : 185

Le panafricanisme au service de Moscou : une immersion dans les réseaux pro-russes en Afrique
Lucie MESSY 185

Chapitre 9 : 207

Le redéploiement de la Russie en Afrique : Acteurs, axes et manifestations d'un retour aux considérations géopolitique et géostratégique
Hanse Gilbert MBENG DANG & Jean Pierre MEKINDE 207

Chapitre 10 : 235

Le retour de Moscou en Afrique : éléments de compréhension d'un sursaut offensif
Stepan VASILENKO 235

Chapitre 11 : 263

Émergence des territoires conflictogènes en Afrique et redéploiement de Moscou : Enjeux des accords géostratégiques et géopolitiques russes en Centrafrique, au Mali et au Cameroun
Martial AZAOU ATEMKENG & Jolin TAFELEFACK 263

POSTFACE 281

COMITÉ SCIENTIFIQUE

Pr Daniel ABWA, Université de Yaoundé I
Pr Jean KOUFAN MENKENE, Université de Yaoundé I
Pr Verkijika G. FANSO, Université de Yaoundé I
Pr Manassé ABOYA ENDONG, Université de Yaoundé II
Pr Raymond EBALLE, Université de Yaoundé I
Pr Célestin Christian TSALA TSALA, Université de Yaoundé I
Pr Jean-Emmanuel PONDI, Université de Yaoundé II
Pr Alain Didier OLINGA, IRIC, Université de Yaoundé II
Pr Mathias Eric OWONA NGUINI, Université de Yaoundé II
Pr NKOLO FOE, Université de Yaoundé I
Pr André TASSOU, Université de Yaoundé I
Pr Gabriel Maxime DON MOUGNOL, Université de Yaoundé I
Pr Edouard BETOBO BOKAGNE, Université de Bamenda
Pr Virginie WANYAKA BONGUEN, Université de Yaoundé I
Pr MOUSSA II, Université de Yaoundé I
Pr Frank EBOGO, Université de Yaoundé II
Pr Cyriaque ESSEBA, Université de Yaoundé II
Pr Nicolas YEBEGA NDJANA, Université de Yaoundé II
Pr Japhet ANAPHACK, Université de Yaoundé I
Pr Pierre François EDONGO NTEDE Université de Bertoua
Pr Alain Roger BOULA MEVA'A, Université de Yaoundé I
Pr Joseph TANGA ONANA, Université de Yaoundé I
Pr Jeannot MVE BELINGA, Université de Yaoundé I
Pr Christian Gabriel MBEDE, Université de Douala
Pr Cyrille Christal ONDOUA ENGONG, Université de Bertoua
Pr Raphael AZIL BATENGUENE, Université de Douala
Pr Ernest MESSSINA MVOGO, Université de Douala
Pr Jean Baptiste NZOGUE, Université de Douala
Pr Hanse Gilbert MBENG DANG, Université de Douala
Pr George FUH KUM, Université de Yaoundé I
Pr Alain ONDOA, Université de Yaoundé II
Pr Paul Elvic BATCHOM, Université de Yaoundé II
Pr Guy MVELLE, Université de Yaoundé II

COMITÉ DE LECTURE

Dr Timothée TOMO NDIOBO, Dr Fabrice AKONO ABINA, Dr Georges ETOA OYONO, Dr Alphonse ZOZIME TAMEKAMTA, Dr Belmond Nicaise MPEGNA, Dr. Innocent AFUHNGHANG ATHEGHANG, Dr Rose Nadine MAHOULA NDJOKWE, Dr Zacharie ONDOA, Dr Calvin BANDAH PANGA, Dr. Magloire GUIALA, Dr Julien Stanislas NOA, Dr Patrick Romuald JIE JIE, Dr Denis Adrien ATANGANA NGONO, Dr Constantine KOUANKEM, Dr Simon Pierre PETNGA NYAMEN, Dr Jean Marie YOMBO, Dr JULIEN NOA, Dr Carin ZE AYE, Dr FABRICE ANABA, Dr Daniel EBALE, Dr Frantz Stéphane ENYEGUE ESSO ABOUDI, Dr. Julien DANGA, Dr La Plage YOUSSOUF MOUMBAGNA, Dr Pierre Olivier EMOUCK, Dr Benjamin EYOUNGA, Dr René BIDIAS, Dr Robert FANKEM.

PRÉFACE

La réinvention de Moscou en Afrique

Moscou et l'Afrique : trajectoires historiques, représentations, perturbation d'un ordre traditionnel ou fantasme ? C'est le titre révélateur de cet ouvrage dirigé par l'historien Jean Pierre MEKINDE, Chargé de Cours à l'Université de Bertoua/Cameroun. Structuré en trois parties relativement équilibrées et de onze chapitres, il réunit quatorze contributeurs aux champs disciplinaires variés.

En s'intéressant à la Russie et à l'Afrique, ces contributeurs s'inscrivent dans une ambition titanesque. C'est ainsi qu'ils relèvent brillamment le pari de décrypter un siècle d'histoire entre la Russie et l'Afrique. La première entité incarne à ce jour la plus grande puissance nucléaire du monde. La seconde met en évidence un continent qui, après plus de soixante ans d'indépendance, peine à trouver sa véritable voie de développement ou son chemin vers l'émergence, en dépit de son potentiel humain et de ses diverses ressources naturelles.

Globalement, les onze chapitres qui meublent ce travail proposent au lecteur un menu scientifique fouillé et pertinent. Avec aisance, les auteurs naviguent de la géopolitique à la géostratégie, en passant par l'histoire des relations internationales, la diplomatie ou la coopération internationale, etc. Ils mettent une emphase particulière sur trois moments phares des relations russo-africaines, à savoir : l'engagement, la rupture et le redéploiement, qui en constituent la trajectoire depuis les années soixante. Le cours du XXe et tout récemment le début du XXIe siècle ont imprimé à ces relations des circonvolutions au gré des contingences malheureuses ou heureuses, justifiant ces différentes séquences historiques. Si l'on peut résolument situer l'engagement dans un contexte de guerre froide et la rupture avec le démantèlement du bloc soviétique en 1991, le retour ou le redéploiement russe en Afrique a régulièrement fait l'objet de questionnement.

Durant la guerre froide, Moscou a constitué un facteur perturbateur sur le continent africain, par un appui à peine voilé aux mouvements de libération qui voulaient se défaire du joug colonial. Son retour manifeste au début des années 2000 met le monde occidental aux abois. En effet, régulièrement isolée sur la scène internationale du fait des deux crises ukrainiennes (2013 et 2022) et leur corollaire, dont l'annexion de la Crimée et l'occupation du Donbass, la Russie n'avait pas d'autres choix que de reprendre pied en Afrique. Dans cette politique d'extension des liens avec d'autres continents, consécutive aux sanctions occidentales, les dirigeants russes n'auraient pu ignorer indéfiniment le potentiel de croissance démographique et économique de l'Afrique, susceptible de leur permettre de retrouver une place majeure dans l'échiquier géopolitique mondial. Dans cette option, la Russie rejoint d'autres puissances ou pays émergents en compétition dans cette espèce de *new scramble of Africa* et y contribue au recul des positions occidentales, notamment celles françaises, en République Centrafricaine, au Mali, au Burkina Faso et au Niger.

C'est forcément que les auteurs font irruption dans l'histoire immédiate, en traitant parfois des questions d'actualité. Ils mettent brillamment en relief les manifestations et les moyens de ce renouveau russe en Afrique. Des rencontres entre les Présidents et les Ministres des Affaires étrangères, à la tenue des sommets et foras internationaux, comme celui des BRICS ou encore la propagande médiatique, la Russie ne lésine de bonne guerre devant rien. En réalité, les auteurs s'accordent à reconnaître avec une rare pertinence que ce déploiement russe en Afrique constitue une véritable alternative face aux puissances traditionnelles en mal d'inspiration. Ces dernières n'arrivent pas à se réinventer sur le continent ou à susciter de nouveau l'espoir face à une jeunesse désabusée, ayant pour ambitions légitimes de changer de paradigme ou d'aspirer à de meilleures conditions de vie.

Cet ouvrage est une alerte intellectuelle à vocation pédagogique destiné aux milieux universitaires, à la société civile ou au monde politique. Il est aussi une interpellation aux Africains à la prudence géopolitique et à la vigilance politique. L'euphorie souvent observée ici et là, liée au départ des troupes françaises et à l'arrivée des Russes sous la bannière de Wagner, pourrait également se transformer en désillusion à moyen ou à long terme si les intérêts communs ne sont pas scrutés de manière réaliste. Il n'est d'ailleurs pas exclu qu'une nouvelle forme de domination ou d'exploitation ne veuille se substituer à l'ancienne.

Aussi, au-delà des effets d'annonce pompeux, s'agit-il pour l'Afrique de tirer parti de ce moment de frémissement en donnant libre cours à la concurrence, tout en faisant valoir ses propres intérêts dans le cadre d'un partenariat véritablement gagnant-gagnant. L'Afrique, devrait donc démontrer sa capacité à se réinventer, tirer naturellement profit de cette conjoncture qu'est le retour de Moscou sur le continent en sécurisant positivement ses ressources naturelles, redéfinir ses priorités de développement et mobiliser toutes ses ressources pour son émergence.

M. Manassé ABOYA ENDONG
Professeur Titulaire de Science Politique
Vice-recteur à l'Université de Yaoundé II
m.aboya.endong@gmail.com

INTRODUCTION

Fondée en 1147, Moscou a été respectivement la capitale de la Russie post-tsariste, puis celle de l'URSS, avant d'être, de nouveau, la capitale de la Russie, à l'issue de la dislocation du bloc communiste en décembre 1991. Centre politique, économique et culturel de la fédération russe, Moscou a joué un rôle majeur, aussi bien dans l'histoire du bloc communiste que dans celle de la Russie. Mais, au-delà de la métropole urbaine vieille de plusieurs siècles, c'est la réalité politique (URSS/Russie) qu'elle incarne depuis un siècle (1922-2023) qui nous intérese dans ses différents rapports avec l'Afrique.

S'agissant notamment de ses rapports avec ce continent, il ne fait pas de doute que le redéploiement - fort remarqué - de Moscou, au début des années 2000 dans certains pays africains, n'est pas sans susciter des interrogations auprès des observateurs de la scène internationale. En 2021, le grand reporter et essayiste français, Vincent Hugueux, relevait que la Russie fait partie « des puissances étrangères qui ont envie de tailler des croupières et qui ont commencé de le faire en Centrafrique, au Mali et ailleurs »[2].

En outre, les nombreuses crises à ses portes, dont le conflit russo-ukrainien de 2022 et ses corollaires, apparaissent comme un nouvel élément moteur dans les relations entre Moscou et l'Afrique. Dans la foulée, cette puissance nucléaire qui bouscule le « pré carré français » a signé de nouveaux accords de défense avec des pays comme le Cameroun[3]. La visite officielle du président sénégalais Macky Sall, président en exercice de l'UA en Russie et, peu avant, les positions disparates des pays africains face aux sanctions onusiennes contre ce pays[4], constitue bien d'autres marqueurs dans les relations russo-africaines[5]. À cet égard, il est significatif de relever que nombre d'États africains ont réitéré leur attachement au « Mouvement des non-alignés » apparu dans le contexte de la guerre froide. « Refusant à cette

---

[2] *Le Débat France 24*, « Terrorisme au Sahel : les États impuissants ? », https://www.france24.com, consulté le 7 juin 2022.
[3] F. Koute, « Cameroun-Russie : ce que contient leur nouvel accord de défense », www.jeuneafrique.com, consulté le 21 avril 2022.
[4] L. Petiot, « Conflit russo-ukrainien: quelle redistribution des cartes pour l'Afrique ? », *La Tribune*, www.latribune.fr, consulté le 07 juin 2022.
[5] *Le Monde*, « Le président de l'Union Africaine, Macky Sall, en visite en Russie pour s'entretenir avec Vladimir Poutine », www.lemonde.fr, consulté le 02 juin 2022.

époque de prendre parti pour aucun [sic] des deux blocs, de l'Est ou de l'Ouest, ils refusent désormais de s'aligner, ni derrière l'OTAN ni derrière la Fédération de Russie... »[6].

Le 26 juillet 2022, alors qu'il est en visite en Afrique au même moment que Sergueï Lavrov, ministre des Affaires étrangères russes, le président français dénonce l'influence russe en Afrique. Hasard de calendrier ou pas, le malaise est désormais clair pour tous. Si quelques pays au rang desquels la Turquie, l'Inde et surtout la Chine, effectuent des percées plus ou moins extraordinaires en Afrique, comment comprendre que la présence de la Russie fasse l'objet de tant de méfiance chez les Occidentaux ? L'Afrique est-elle la chasse gardée de certaines « puissances » ou un continent ouvert à la « compétition internationale » ? À l'évidence, l'on ne pourrait véritablement comprendre les relations entre Moscou et l'Afrique aujourd'hui, en faisant abstraction du cadre global dans lequel elles s'enracinent ou s'inscrivent, marqué par la décolonisation, la guerre froide, les priorités relatives à la relance dans les années 90.

Globalement, les relations entre l'URSS/Russie et l'Afrique depuis les années 60 ont été marquées par des allures tortueuses (engagement, désengagement et relance). L'activisme réel des premiers moments a -contre toute attente- cédé la place à un recul considérable, lié surtout aux difficultés rencontrées par l'Union Soviétique, de la fin des années 80, au début des années 90. Les tentatives de relance se sont vues également plombées par de nombreux handicaps à la fois endogène et exogène à la Russie renaissante, laissant souvent penser à un nouveau recul de sa présence en Afrique. Que non ! Le renouveau de ces relations, véritablement palpable au début des années 2000, va résolument connaître une accélération dans tous les domaines vers la fin de la décennie 2010, avec un fait majeur : le sommet de Sotchi. Celui-ci réunissait les représentants officiels des 54 pays africains, dont 45 étaient représentés par des chefs d'États et de gouvernements. De celui de Saint-Pétersbourg, du 27 au 28 juillet 2023, marqué par une participation, tout aussi importante, l'on retient une coopération accrue dans les domaines de l'approvisionnement alimentaire, de l'énergie et de l'aide au développement. Tenu en août 2023 en Afrique du Sud, le 15e sommet des BRICS, dont les membres revendiquent un équilibre politique et économique mondial plus inclusif et veulent étendre leur influence sur

---

[6]Petiot, « Conflit russo-ukrainien: quelle redistribution des cartes pour l'Afrique ? ».

la scène internationale, a procédé à son élargissement en intégrant six nouveaux pays, parmi lesquels deux Africains (Egypte et Ethiopie).

Il est clair que ces différentes rencontres constituent des opportunités au resserrement des liens entre Moscou et l'Afrique. En mode séduction dans un contexte international tendu, la Russie n'hésite pas à adouber ses partenaires africains de plus en plus nombreux.

Dr Jean Pierre MEKINDE
Chargé de Cours
Histoire des Relations Internationales

PREMIÈRE PARTIE

MOSCOU ET L'AFRIQUE : HISTOIRE ET TRAJECTOIRES

Chapitre 1

Comprendre les relations russo-africaines depuis les années 60 : la politique africaine de Moscou entre engagement, recul et relance

Jean Pierre MEKINDE

Résumé

Cet article plonge sa borne antérieure dans les années 60 et circonscrit son cadre temporel en 2019. Une période qui permet d'appréhender les relations entre Moscou et l'Afrique depuis l'époque de la guerre froide à la tenue du premier sommet Afrique-Russie. L'argumentaire fait cas des relations russo-mozambicaines dans un souci d'illustration, notamment en ce qui concerne les fondements idéologiques de cette relation et ses perspectives de relance. S'appuyant sur les théories réaliste et globaliste des relations internationales et l'analyse d'une documentation essentiellement numérique, cet article dont l'objet est de décrypter les relations entre Moscou et l'Afrique dans une démarche holistique et chronologique stipule que les relations entre l'URSS et l'Afrique, tout comme celles qui lient la Russie à ce continent, ont été marquées par des sinuosités. Toutefois, le renouveau de ces relations, véritablement palpable au début des années 2000, connaît une accélération dans tous les domaines vers la fin de la décennie 2010.

Mots clés : relation, guerre froide, engagement, recul, relance

Abstract

This article dips its limit in the 1960s and circumscribes its time frame in 2019. This period allows us to understand relations between Moscow and Africa from the time of the Cold War, to the holding of the first Africa–Russia Summit. For the sake of illustration, the analysis unveils the case of Russian-Mozambican relationships, particularly with regard to the ideological foundations of this relationship and its prospects for revival. Based on realist and globalist theories of international relations and the exploitation of essentially digital documentation, this article decrypts the relations between Moscow and Africa in a chronological approach. The study reveals that the relationships between USSR and Africa, as well as those that link Russia to this continent, have been marked by sinuosities. However, the revival of these relationships, truly palpable in the early 2000s, accelerated in all domains towards the end of the 2010s.

Keywords: *relationship, cold war, commitment, retreat, revival*

Introduction

La résistance contre l'administration coloniale, dans certains pays africains, bénéficie du soutien de l'un des « supers grands » de la période post seconde guerre mondiale : l'URSS. Le processus de décolonisation qui se déroule alors dans un contexte de guerre froide en est considérablement affecté. En effet, dès le déclenchement de la guerre froide, le leitmotiv de la politique soviétique dans le tiers monde et partant en Afrique, est la lutte d'influence idéologique à l'échelle mondiale. Au milieu des années cinquante, suite à l'abandon de la diplomatie stalinienne alors centrée sur l'Europe, les Soviétiques donnent une orientation nouvelle à leur politique, « cherchant systématiquement à développer leur engagement, leur influence et leurs capacités d'intervention dans le continent africain »[1]. Le soutien à la libération nationale et aux luttes pour le progrès social -il faut le souligner- figure dans la constitution soviétique comme l'une des principales finalités de

---

[1] S.M. Birgerson, A.V. kozhemiakin, R. E. Kanet, "La politique russe en Afrique: désengagement ou coopération"?, *Revues d'études comparatives Est-Ouest*, 1996, 3 (septembre), p.146.

sa politique étrangère[2]. Pour nombre d'observateurs et hommes politiques occidentaux, c'est de l'URSS que provenait la principale menace contre les intérêts du monde occidental, sous la houlette des USA[3].

Durant la guerre froide, et particulièrement vers la fin des années cinquante, l'URSS et la République de Chine adoptent des stratégies de déstabilisation des puissances occidentales, visant la perturbation du contrôle qu'elles ont sur leurs colonies africaines. Nikita Khrouchtchev, vit en l'humanité sous-développée que représentait le tiers monde, une opportunité, un moyen pour fragiliser l'Occident[4]. La guerre froide est, pour ainsi dire, le facteur structurant des relations soviéto-africaines à partir de la décennie soixante, caractérisées par un engagement plus ou moins significatif de l'URSS auprès des pays encore sous le joug colonial, dont le Mozambique. En effet, ce dernier va bénéficier du soutien de l'URSS durant sa guerre de libération nationale et pendant plus d'une décennie après son indépendance, augurant d'une relation qui allait davantage s'accentuer sans soubresauts. Mais, paradoxalement, la fin des années quatre et vingt marque le début du recul de la présence soviétique en Afrique, et, depuis lors, la Russie a essayé tant bien que mal de reprendre ses marques dans ce continent qui suscite de nombreuses convoitises. Comment comprendre donc cette trajectoire tortueuse des relations soviéto, puis russo-africaines, entre engagement, recul et relance depuis les années soixante ?

À l'évidence, une telle perspective ne saurait se départir des théories réaliste et globaliste des relations internationales. Descriptive, la première part du postulat que la finalité de toute politique étrangère est la défense de l'intérêt national ; laquelle conduit les États à se doter des moyens d'affirmer leur puissance par rapport aux autres États. Elle intègre également la puissance et le conflit au centre de son analyse[5]. La seconde, quant à elle, fait du contexte global au sein duquel les États et les autres entités interagissent, le point de départ de l'analyse des

---

[2] A. Arkhangelskaya, "Le retour de Moscou en Afrique subsaharienne ? Entre héritage soviétique, multilatéralisme et activisme politique", *Afrique contemporaine* 2013/4 n°248, pp.61-74 ; disponible sur www.cairn.info/revue-afrique-co.
[3] Birgerson, kozhemiakin, Kanet, "La politique russe en Afrique...", p.146.
[4] *Wikipedia*, "Guerre d'indépendance au Mozambique", https://fr.m.wikipedia.org ›wiki›.
[5] Lire H. Morgenthau, *Politics among nations, The struggle for power and peace*, Alfred A. Knopf, 1948.

relations internationales[6]. Au lieu de partir des États, ce paradigme s'intéresse aux objets qui suscitent des rapports politiques conflictuels ou coopératifs. Les globalistes mettent l'accent sur la structure globale du système international. Ils conviennent que pour expliquer le comportement des acteurs, il faut d'abord saisir l'environnement global au sein duquel ce comportement s'exerce. Il faut analyser comment la structure du système conditionne et prédispose les différents acteurs à agir d'une certaine manière. Ces deux approches théoriques nous permettent donc d'appréhender globalement la trajectoire historique des relations entre Moscou et l'Afrique, tout comme les motivations sur lesquelles elles reposent. En effet, elles suggèrent une grille de lecture et d'analyse des différents contextes qui justifient les trois séquences de la trajectoire des relations entre Moscou et l'Afrique, à savoir : l'engagement, le recul et la relance. Ces théories renseignent également sur les motivations économique, géopolitique et géostratégique qui poussent Moscou à renouer vigoureusement ses relations avec l'Afrique à partir des années 2000.

En s'appuyant sur des travaux scientifiques et des articles de journaux qui s'intéressent aux relations entre Moscou et l'Afrique, cette étude présente les fondements idéologiques de l'engagement de l'URSS en Afrique (1), puis les raisons de sa volte-face (2). En dernière analyse, elle s'attarde sur la relance ainsi qu'aux handicaps qui ont émaillé les relations russo-africaines de la décennie 90 à 2019 (3).

1. Un engagement à forte coloration idéologique aux premières heures de l'idylle : le cas des relations soviéto-mozambicaines

Dans la première moitié du XXe siècle, de nombreux États africains sont encore sous le joug des puissances coloniales. La confrontation idéologique qui débute vers la fin de cette même période n'allait pas tarder à se manifester dans certains empires coloniaux. Pour l'URSS, les territoires colonisés devaient, en quelque sorte, jouer le rôle de cheval de Troie, c'est-à-dire être instrumentalisés dans le but de provoquer une déchirure entre les Occidentaux et leurs colonies. Les Russes envisageaient ensuite la création des États procommunistes en Afrique avec lesquels ils comptaient forger des relations futures[7]. Pour parvenir à ses fins, l'URSS avait deux alternatives : soit elle patronnait

---

[6] J. Barrea, *Théories des relations internationales. La grammaire des événements*, Louvain-la-Neuve, Artel, 1994, p.10.
[7] *Wikipedia*, "Guerre d'indépendance au Mozambique".

des groupes révolutionnaires du tiers monde enclins à instaurer dans leurs pays respectifs des régimes marxistes-léninistes copiant le modèle soviétique, soit elle soutenait des États radicaux en conflit avec le monde occidental, telle la Libye en Afrique du Nord. Le contexte politique se prêtant favorablement à la première alternative en Afrique subsaharienne, les Soviétiques s'y engouffrèrent. Toutefois, la situation ne semblait pas si évidente au Mozambique, avant la formation du FRELIMO. S'il y existait une kyrielle de mouvements nationalistes, les Russes trouvaient qu'il y régnait de la confusion, qu'ils n'étaient pas suffisamment structurés et aucun ne présentait de véritable chance de succès dans l'accomplissement de leur dessein[8].

1.1. Les mouvements nationalistes mozambicains et le soutien de l'URSS dans la guerre de libération nationale

Les mouvements nationalistes mozambicains, à l'instar d'autres dans le continent, s'étaient érigés sur le socle des frustrations grandissantes au sein de la population qui percevait la domination étrangère comme une forme de mauvais traitement et d'exploitation, dont le seul but était la satisfaction des intérêts économiques de la métropole dans la région. C'était une politique coloniale discriminatoire pour les autochtones, avec des perspectives limitées dans les secteurs de l'éducation et les emplois qualifiés[9]. Mais surtout, leur évolution fut largement influencée par l'accession de plusieurs pays d'Afrique à l'indépendance, qui favorisa le développement des idées nationalistes dans le pays. C'est donc dans ce contexte que le 25 juin 1962, le Front de libération du Mozambique (FRELIMO), d'obédience marxiste-léniniste est fondé par un anthropologue formé aux États-Unis, Eduardo Chivano Mondlane. Ladite organisation voit le jour à Dar Es Salam (Éthiopie) avec la bénédiction des chefs d'État des pays environnants, dont la Tanzanie.

Soutenue militairement par la Chine et l'Union Soviétique, la guérilla lance ses premières offensives à partir de la Tanzanie, contre le colonisateur portugais dans le Nord et les grands centres du pays[10]. Cependant, il est à relever que l'option armée finalement préconisée par le FRELIMO apparait comme l'ultime voie de recours face à l'immobilisme des Portugais qui, contrairement aux autres puissances

---

[8] Ibid.
[9] Ibid.
[10] *Microsoft ® Encarta ®* 2008.

coloniales, persistent à maintenir leurs colonies sous la domination. À l'issue de deux ans de structuration et d'une tentative de libération pacifique avortée, du fait de l'inflexibilité des autorités portugaises, le mouvement nationaliste se radicalise par la rébellion armée. Le conflit débute en effet au cours de l'année 1964, consécutivement aux émeutes. L'exil massif de l'intelligentsia politique mozambicaine dans les pays voisins offre des refuges où les Mozambicains radicaux peuvent planifier leurs actions et fomenter des troubles au sein de leur pays[11]. Les groupes nationalistes mozambicains comme ceux d'autres pays africains bénéficient, de la part de Moscou et d'autres pays socialistes, d'une aide multiforme à partir de cette période en termes de formation-conseil et de logistique.

En 1967, le FRELIMO reçoit de l'URSS et de la Chine une aide précieuse, constituée d'une grande variété d'armes, dont le Mosin-Nagan bolt-action rifle, le SKS et le AK-47 automatic rifle, le PPsh soviétique, des mitrailleuses à l'instar du Degtyarev light largement utilisé avec le Dshk et le SG-43 Gorunov. La guérilla dispose également des mortiers, recoilless rifles, les RPG-2s et RPG-7s, les armes anti-aériennes comme le ZPU-4 et depuis 1974, le Strela 2[12]. Les nationalistes suivent des cours de subversion, de « guerre politique » et en 1972, la guérilla acquiert comme aide militaire des cargaisons de rockets d'artillerie de 122mm, 1600 conseillers (originaires de la Russie, de Cuba et d'Allemagne de l'Est). Samora Machel, successeur d'Eduardo Chivano Mondlane, assassiné en 1969, parlait des Soviétiques et des Chinois en ces termes : « *The only ones who will really help us...They have fought armed struggles, and whatever they have learned that is relevant to Mozambique we will use* »[13]. Que ces interventions russes jusqu'après les années soixante-dix fussent directes ou indirectes par l'intermédiaire d'autres États socialistes ci-dessus cités[14], elles permirent aux Russes d'affirmer leur capacité à se projeter largement au-delà de leur frontière[15]. Mais pour autant, cette aide fut-elle décisive pour faire pencher la balance en faveur du FRELIMO dans cette guerre de décolonisation ?

---

[11] *Wikipedia*, "Guerre d'indépendance au Mozambique".
[12] *Wikipedia*, "Guerre d'indépendance au Mozambique".
[13] Ibid.
[14] L'implication de Cuba au Mozambique, peut-être interprétée comme une volonté d'expansion de l'idéologie anti-impérialiste de la révolution cubaine et la recherche désespérée de nouvelles alliances. Voir Wikipedia, "Guerre d'indépendance au Mozambique".
[15] E. Brisson, *Histoire terminales*, Collection C. Quetel, Paris, Bordas, 1989, p.196.

En réalité, bien que bénéficiant de cette aide extérieure et du soutien inconditionnel de la population, par ailleurs revigorée par la volonté d'indépendance du pays, la branche armée de l'organisation faisait piètre figure face à une armée portugaise beaucoup plus nombreuse, mieux équipée et structurée. L'armée régulière portugaise a dominé les forces indépendantistes d'un bout à l'autre du conflit. Il faut toutefois se garder de croire que l'effort de démantèlement de la guérilla fut une partie de plaisir pour les troupes coloniales portugaises. D'ailleurs, progressivement, la guerre active céda le pas à une guerre d'usure[16]. Malgré tous les moyens dont disposait l'armée portugaise, elle ne parvenait pas à mettre la main sur les membres du FRELIMO qui se terrait pour éviter d'être capturés. Ce conflit aurait sans doute perduré, si de nombreux facteurs n'avaient influencé son dénouement.

Tout d'abord, notons que l'effort de guerre s'avérait difficilement soutenable, compte tenu des nombreux conflits coloniaux auxquels le Portugal devait faire face au même moment. Ainsi, le budget national s'en trouvait considérablement grevé (40%) et la population métropolitaine devint de plus en plus réfractaire à cette politique coloniale de statuquo[17]. Si les pressions appliquées de l'OTAN et des deux grandes puissances de la guerre froide devinrent trop importantes pour que le Portugal s'entête à conserver beaucoup plus longtemps le Mozambique, le coup de grâce vint justement du coup d'État connu sous le nom de « Révolution des œillets », qui mit définitivement un terme à l'empire colonial portugais en Afrique. Il n'est pas vain de relever que cette conjoncture heureuse qui permet au FRELIMO de remporter la victoire a vu les communistes y jouer un rôle capital[18]. En effet, l'influence du communisme était grandissante au sein des militaires révolutionnaires qui dirigèrent le coup d'État. Ils mirent fin à la dictature portugaise en 1974, par la destitution de Marcelo Caetano, successeur de Salazar.

Même si l'aide soviétique semble limitée avant le milieu des années soixante-dix, ses actions conjuguées à celles de ses alliés ont alimenté une forte poussée de violences qui se sont prolongées durant une décennie[19]. Ce conflit, assurément l'un des plus meurtriers de tout le continent africain, fit globalement 65300 morts, dont 10000 dans les rangs du FRELIMO et 3500 dans l'armée portugaise ; le gros des pertes

---

[16] Ibid.
[17] Ibid.
[18] *Wikipedia*, "Guerre d'indépendance au Mozambique".
[19] Brisson, *Histoire terminales*, p.196.

se dénombrant au sein de la population civile mozambicaine[20]. Au demeurant, si en Angola et en Éthiopie par exemple, l'URSS a démontré qu'elle était capable d'assurer à ses alliés une aide militaire importante et prouvé que celle-ci était suffisante pour modifier en leur faveur l'équilibre local des forces, il n'en fut rien au Mozambique[21].

1.2. Le soutien de Moscou au Mozambique post-indépendant

À l'issue de la longue guerre de libération menée par le FRELIMO, son leader, Samora Machel, négocie avec le nouveau gouvernement établi à Lisbonne, l'indépendance effective du pays le 25 juin 1975[22]. Il devient le premier président du Mozambique indépendant. D'obédience marxiste-léniniste, désireux de créer « un homme nouveau avec une mentalité nouvelle », il met en place un régime socialiste axé sur la collectivisation rapide de l'économie par la nationalisation des industries et le secteur agricole. Au plan international, il noue des alliances avec l'URSS et le Cuba[23]. Mariage de cœur ou de raison ? Toujours est-il que ce serait à partir de ce moment que l'URSS devient très active en Afrique. Son engagement alors limité aux aides octroyées à quelques gouvernements et mouvements progressistes, fait place à la recherche de facilités stratégiques et une intervention militaire et économique massive et ouverte directement ou par le biais d'intermédiaires[24]. L'URSS a maintenu son aide au jeune gouvernement mozambicain au lendemain de son indépendance[25]. Ainsi, ce pays a connu son soutien face à la rébellion née juste deux ans après, c'est-à-dire en 1977, opposant les marxistes au pouvoir à Maputo aux rebelles de la résistance nationale du Mozambique (RENAMO) alliés à l'Afrique du Sud[26].

Globalement, jusqu'au milieu des années 1980, les relations soviéto-africaines semblent ne souffrir d'aucun accroc. Au début de cette même décennie, il est le principal fournisseur d'armes dans le continent. On comptait 230 Russes (Soviets), 200 militaires cubains et plus de 600 conseillers civils cubains au Mozambique[27]. Toutefois, le soutien

---

[20] Birgerson, kozhemiakin, Kanet, "La politique russe en Afrique…", p.146.
[21] Ibid.
[22] *Microsoft ® Encarta ®* 2008.
[23] Ibid.
[24] Brisson, *Histoire terminales*, p.196.
[25] *Wikipedia*, "Guerre d'indépendance au Mozambique".
[26] m.rfi.fr ›hebdo›20150626-40 ans-mozambique
[27] *Wikipedia*, "Guerre d'indépendance au Mozambique".

soviétique aux régimes africains était subordonné à leur volonté d'adopter le mode non capitaliste de développement sous la forme d'une gestion centralisée et étatique de la production[28]. Peuvent encore témoigner de la bonne santé de ces relations, les centaines d'accords que l'URSS signe avec les pays africains au milieu des années 1980. Environ 25000 Africains sont formés dans les universités et collèges techniques soviétiques, dans divers domaines d'activités et des milliers sortent des académies militaires et politiques de l'URSS. À titre personnel, de nombreux dirigeants africains tirent profit du soutien et de la formation proposés par l'URSS, sans compter les 200 000 « experts » que les conseillers soviétiques ont formés[29]. Les nouveaux accords signés pendant cette période couvrent notamment 37 pactes d'assistance technique et économique et 42 accords commerciaux[30]. Dans le domaine de la pêche notamment, ces accords sont signés avec de nombreux pays au rang desquels : le Mozambique, l'Angola, Sao Tomé-et-Principe, le Sénégal, les Seychelles, la Sierra Leone, etc[31].

Les Soviétiques et les Mozambicains initient également un projet de coopération concernant le fleuve Limpopo, qui traverse la région la plus fertile du Mozambique. Ledit projet devait tester la viabilité d'un programme de traitement des eaux, élaboré par les anciens colonisateurs portugais. Envoyés au Mozambique, des experts soviétiques y séjournent aux frais du contribuable pendant plusieurs années, vivant confortablement sous le fallacieux prétexte d'étudier les plans[32]. Mais, les résultats ne sont pas probants ; car, en réalité, ce projet par ailleurs irréalisable techniquement et onéreux, est sans commune mesure avec les moyens du pays[33]. Il est clair qu'à partir de ce moment, la note pour les Soviétiques en Afrique devient difficilement soutenable.

2. Les mobiles et manifestations d'une volte-face à partir de la décennie 1980

Dans un contexte marqué entre autres par l'effondrement des empires coloniaux européens, la radicalisation de nombre d'États nouvellement indépendants et le relatif effacement de l'Amérique de

---

[28] Birgerson, kozhemiakin, Kanet, "La politique russe en Afrique…", p.146.
[29] Arkhangelskaya, "Le retour de Moscou en Afrique subsaharienne".
[30] Ibid.
[31] Birgerson, kozhemiakin, Kanet, "La politique russe en Afrique…", p.157.
[32] Ibid., p.150.
[33] Ibid.

Jimmy Carter (après le traumatisme vietnamien), on aurait pu prophétiser dix ans après l'indépendance du Mozambique, la célébration de ses noces d'argent avec les Soviétiques. Cependant, c'était sans compter avec les difficultés qui se profilaient déjà à l'horizon et qui allaient finir par impacter négativement et rapidement les relations entre l'URSS et l'Afrique vers la fin des années 1980.

2.1. Les diverses raisons de la volte-face soviétique en Afrique

C'est effectivement vers la fin des années 1980 que les relations entre les Soviétiques et les Africains trinquent. Se caractérisant par un recul ou un début de retrait massif des Soviétiques de l'Afrique, la fin de la décennie quatre et vingt ne verra donc point se rééditer les succès des années soixante-dix. Si cette situation tient de plusieurs causes, les Africains en sont aussi en partie responsables. Ils ne purent pas suffisamment remplir le cahier de charge. Mais en fait, était-il évident de transporter une idéologie essentiellement européenne en Afrique, ou alors était-ce une erreur ?

Aux préoccupations croissantes nées de la ponction effectuée sur l'économie soviétique par le développement massif des capacités militaires de l'URSS et le coût du soutien accordé -pour des considérations idéologiques- à ses protégés africains et d'autres pays du tiers monde, s'est ajouté l'échec des régimes nouvellement installés[34]. Des spécialistes soviétiques estimaient que les conditions sociales, économiques et politiques de l'Afrique excluaient l'application du modèle économique soviétique et que les tentatives d'y reproduire ce modèle n'avaient été qu'une longue série d'erreurs coûteuses. De telles initiatives, non seulement distrayaient de l'argent et d'autres ressources que l'on aurait pu consacrer aux besoins internes de l'Union Soviétique, mais, elles étaient également préjudiciables à sa politique ; ce qui pouvait avoir un effet sur l'avenir de la coopération avec les pays africains[35].

---

[34]Birgerson, kozhemiakin, Kanet, "La politique russe en Afrique...", pp.148-149. Après leur victoire initiale, les mouvements de libération nationale se sont révélés largement incapables de créer et de consolider des systèmes politique et économique viables. Plutôt que de personnifier avec éclat l'attrait du communisme de type soviétique, ainsi que le proclamaient les dirigeants et les propagandistes soviétiques, ces régimes pesaient d'un poids croissant sur les ressources économiques et militaires de l'URSS
[35]Ibid., p.148.

On peut comprendre ici qu'au cours de cette période, une inquiétude croissante gagnait les décideurs soviétiques au sujet de l'énormité des coûts engagés pour le maintien de leur « empire » et l'octroi d'une aide aussi bien économique que militaire à des alliés faibles et instables[36]. Or, Gorbatchev, qui initie aussitôt d'audacieuses réformes dès sa montée au pouvoir, hérite d'un pays financièrement exsangue. L'URSS fait alors figure d'une grande puissance, cependant affaiblie par son économie de pénurie et par la guerre d'Afghanistan, gênée par la montée des mouvements de contestation dans le bloc soviétique[37]. En 1990, l'économie soviétique s'affaiblit toujours et aucun résultat probant ne ressort de la perestroïka. Gorbatchev doit faire face à de fortes pressions politiques. Les communistes intransigeants vivent mal l'idée d'avoir perdu le monopole sur l'Union Soviétique. Les champions de l'économie de marché réclament des réformes plus radicales, tandis que les nationalistes exigent l'indépendance de leurs républiques[38]. Impuissant devant la montée de la contestation sociale et politique, trop attaché au sauvetage de l'URSS et à la réforme interne du socialisme, Gorbatchev semblait ne plus se soucier de l'accessoire, privilégiant l'essentiel. En raison de ces difficultés internes et notamment économiques, les Soviétiques furent ainsi contraints de renoncer à leur empire extérieur en Afrique.

Dans les dernières années d'existence de l'Union Soviétique, époque où la superpuissance en déclin souffrait d'une crise économique s'aggravant de jour en jour, et où la guerre froide arrivait à son terme, l'Afrique fut rapidement considérée comme secondaire. Les Soviétiques dénoncèrent nombre de leurs engagements africains et se retirèrent du continent pour se consacrer au développement de leur pays et à l'amélioration de leurs relations avec le monde occidental, jugé seul apte à leur procurer la technologie et les capitaux nécessaires pour la remise à neuf de leur économie[39].

2.2. Les manifestations du désengagement soviétique en Afrique

Loin de s'arranger après la « chute » de l'Union Soviétique, la situation s'aggrave davantage au cours de la décennie 90. Et pour cause : il est avéré que les difficultés économiques internes de la Russie

---

[36] Ibid.
[37] *Microsoft ® Encarta ®* 2008.
[38] Ibid.
[39] Birgerson, kozhemiakin, Kanet, "La politique russe en Afrique…", p.151.

ont été provoquées, voire exacerbées, par les liens extrêmement coûteux de Moscou, particulièrement avec l'Afrique[40]. À l'époque, la Russie est incapable de maintenir ses subventions aux régimes « clients » et l'Afrique recule dans ses priorités. Les relations avec certains États finissent même par se tendre à la fin de l'année 1991, lorsque le Président Boris Eltsine arrête toute aide étrangère et exige le remboursement immédiat des dettes impayées[41]. Cette nouvelle ère est également marquée par la fermeture d'ambassades dans neuf pays, des consulats, dont ceux du Mozambique et d'Angola, de la plupart des missions commerciales, et de centres culturels en 1992. Des projets d'aide initiés, même ceux presque entièrement réalisés, dont l'aciérie à Ajaokuta au Nigéria 98%, sont interrompus[42].

Cependant, la politique de désengagement de Moscou vis-à-vis des pays africains n'a pas connu de rupture radicale. Ibrahim Souleymane pense d'ailleurs que les ponts n'ont jamais été coupés avec l'Afrique[43]. Il faut noter que parallèlement à cette option de désengagement, elle a joué en coulisse un rôle important dans la résolution des guerres civiles dans le continent. À titre d'exemple, en effet, la résolution de la guerre civile au Mozambique a bénéficié de la contribution de Moscou, notamment en ce qui concerne le lancement du processus de paix[44]. Il est toutefois possible que son implication officieuse ici, n'ait pas eu la même ampleur comme en Namibie et en Angola. Quoi qu'il en soit, c'est favorablement que cette puissance a accueilli toutes les initiatives préconisées par le président sud-africain De Klerk, et dont la volonté manifeste était, après avoir coupé son soutien à la RENAMO, de participer à la résolution du conflit[45]. En 1990, le Mozambique est épuisé : la guerre a fait près de 1 million de morts, dont 600 000 victimes de la famine, 1,3 million de réfugiés et 2 millions de personnes déplacées à l'intérieur du pays.

Un fait important devrait peut-être retenir l'attention ici. C'est que cette contribution de Moscou dans les processus de paix n'était plus vraisemblablement subordonnée aux accointances avec ses anciens

---

[40] Ibid., p.154.
[41] Ibid.
[42] Arkhangelskaya, "Le retour de Moscou en Afrique subsaharienne".
[43] I. Souleymane, "Que cherche la Russie en Afrique ?", *Les Afriques*, www.lesafriques.com/relations, 14-09-2015.
[44] Birgerson, kozhemiakin, Kanet, "La politique russe en Afrique...", p.152.
[45] En juillet 1989, le président De Klerk a effectué une visite officielle à Maputo pour rencontrer le président Joaquim Chissano et discuter des relations entre les deux pays ainsi que des problèmes régionaux, et plus particulièrement de la guerre civile au Mozambique.

protégés en terme idéologique. Entre temps, le Frelimo avait perdu l'ancien allié soviétique et avait annoncé en 1989 son renoncement au marxisme-léninisme. Le président Chissano fit adopter une Constitution pluraliste ; et des négociations entre les parties en conflit débutèrent à Rome, sous l'égide du Kenya et du Zimbabwe[46]. Il faut relever qu'après s'être réclamé du Marxisme-léninisme pendant plusieurs années, le Mozambique, comme d'autres pays du continent, a commencé à récuser ce modèle vers la fin des années 1980. Il apparaissait alors comme une idéologie étrangère, inapte à résoudre les problèmes du tiers monde, un message matérialiste, internationaliste, qui veut détruire l'esprit de nation. Raison pour laquelle, les dirigeants proclamaient généralement leur attachement à un socialisme adapté. Trouvant que l'État devait jouer un rôle moteur dans le développement national et recourir à la planification, ils refusaient cependant de collectiviser toute l'économie et acceptaient les capitaux étrangers[47].

Les pays africains n'ont cependant pas assisté passivement au rétrécissement de leur rapport avec la Russie. Dans ce sens, une initiative commune menée par le Sénégal, le Ghana, le Zimbabwe et Madagascar auprès des autorités moscovites, se donna pour objectif d'obtenir l'assurance que ces dernières ne se détourneraient pas de l'Afrique. Mais, cet appel à plus d'engagements n'eut malheureusement pas une suite positive, car, le retrait massif russe se poursuivit inéluctablement dans tous les domaines (politique, militaire et économique)[48].

3. Les relations russo-africaines de la décennie 90 à 2019 : relance et handicaps

D'emblée, il y a lieu de noter ici le caractère ambivalent ou l'attitude paradoxale de la Russie postsoviétique dans sa politique étrangère africaine durant la décennie 1990. Nous l'avons évoqué plus haut, en mentionnant son rôle dans le processus de paix. En effet, alors même qu'elle se retirait du continent, elle n'en affichait pas moins son intérêt à long terme pour des relations avantageuses[49]. Et de fait, alors que l'on ne s'y attendait pas, dès 1994, Moscou amorce un véritable tournant, partie intégrante d'une réorientation plus vaste de sa politique

---

[46]Microsoft ® Encarta ® 2008.
[47]Brisson, *Histoire terminales*, p.329.
[48]Birgerson, kozhemiakin, Kanet, "La politique russe en Afrique...", p.155.
[49]Ibid.

étrangère, dans son attitude à l'égard du continent africain et du tiers monde en général. C'est que, réévaluant les perspectives d'une coopération avec les pays africains et prenant conscience de l'ampleur des pertes stratégiques dues à la politique de retrait total du continent, les autorités russes commencèrent à déplorer la rapide détérioration des relations avec l'Afrique[50]. Les nouvelles relations russo-africaines, appréhendées mutuellement avantageuses et fondées fort pragmatiquement sur l'intérêt économique, constituaient quelque chose de récurrent dans les discours officiels. L'orientation idéologique était donc désormais reléguée aux oubliettes.

3.1. Les velléités de relance

L'un des faits majeurs à l'origine de l'accélération du renouveau des positions russes en Afrique est à n'en point douter la réunion des ambassadeurs russes en fonction dans les divers pays africains, tenue en été 1994 à Moscou. Le Premier ministre russe de l'époque, Victor Tchernomyrdine, reconnut alors devant les plénipotentiaires que la suspension prolongée des relations avec l'Afrique était défavorable aux intérêts russes. De son intervention, il apparut en filigrane que la Russie s'affairait de nouveau en Afrique pour reconquérir sa place de gros fournisseurs d'armes. À relever que 60% environ, voire 90% dans certains cas, des équipements militaires couramment utilisés par les armées africaines étaient fabriqués en Russie[51]. Il pouvait alors être raisonnable de supposer dès ce moment que la Russie allait se montrer très active pour être à nouveau présente en Afrique.

Toutefois, ce *new deal* semblait dès les premiers moments avoir peu de chance de prospérer sans entrave, du fait de l'attitude sélective de Moscou, elle-même tributaire de la situation politico-économique de ses partenaires africains. Au plan économique par exemple, les efforts entrepris pour revigorer les exportations russes d'armements se heurtèrent à de graves difficultés, notamment la capacité réduite des États africains de payer leurs importations et la concurrence croissante des vendeurs d'armes originaires aussi bien d'occident que de la CEI[52]. À en croire Victor Tchernomyrdine, il était impératif « de se montrer plus actif et plus efficace » dans les exportations d'armes vers les marchés africains, sans ignorer les besoins réels des clients et leurs capacités de

---

[50]Ibid.
[51] Ibid., p162.
[52] Ibid., p.152.

paiement[53]. Cette politique eut donc pour corollaire une rude sélection, car, l'état financier déplorable de nombreux pays africains pouvait considérablement freiner les plans russes d'expansion économique dans la région, même en dehors du secteur de vente d'armes. Le problème était encore compliqué par l'endettement des pays africains envers l'ex-URSS et la Russie. Ainsi, confrontée à de sérieux problèmes de remboursement, Moscou concentra en priorité son attention sur les pays africains les mieux dotés économiquement, à savoir les producteurs de pétrole (Nigéria) ou de matières premières recherchées (Zimbabwe) ; le principal partenaire étant l'Afrique du Sud, qui disposait du potentiel économique et commercial le plus important de la région[54].

Au plan politique, malgré ses projets de réactivation de la coopération économique avec les pays africains, la Russie se montrait peu disposée à s'impliquer politiquement et militairement pour régler les conflits en cours sur le continent, elle-même en proie à des problèmes politiques, économiques et de sécurité. Elle préférait donc voir les Africains résoudre eux-mêmes leurs problèmes[55].

En 1996, ces différentes considérations amènent Birgerson, kozhemiakin, et Kanet, à conclure leur étude en des termes pessimistes :

La présence politique de la Fédération de Russie sur le continent africain a toutes les chances de rester limitée en raison de la contradiction existant entre les objectifs ambitieux du gouvernement russe en matière de politique étrangère et la faiblesse des ressources dont il dispose. Préoccupée par les multiples problèmes de sécurité de son « étranger proche » et par ses difficultés socio-économiques internes, la Russie, du moins dans un avenir proche, ne pourra guère prétendre à un rôle actif en politique africaine.[56]

Il est clair que ce revirement de la politique africaine de la Russie, avant le milieu des années 90, a été très peu perçu par des observateurs de la scène internationale qui ont essentiellement situé le renouveau de ces relations dans la décennie 2000, en l'appréciant sous le prisme de la conquête. Cependant, force est de constater effectivement que l'enthousiasme a fini par céder le pas à la tiédeur dans ces relations, du milieu à la fin des années 90 et vraisemblablement, un peu après la première décennie des années 2000. En 2014, cette situation fait dire à

---

[53] Ibid.,, p.156.
[54] Ibid., pp.158-159.
[55] Ibid., p.158.
[56] Ibid., p.168.

Muriel Pomponne, correspondante de RFI à Moscou, qu'il s'agit d' « une coopération atone »[57].

Toujours est-il que s'il faut de nouveau parler véritablement de relance, le retour de la Russie aux affaires africaines semble s'amorcer bien plus avec son intégration du G8 en 1998, qui a pour conséquence son inclusion dans la gestion des grands équilibres mondiaux, parmi lesquels figurent les dossiers de maintien de la paix et de développement en Afrique[58]. À certains égards, le sommet du G8 de 2001 peut aussi être considéré comme un prélude à la réactivation des relations russo-africaines à partir de l'ère 2000. Vladimir Poutine y avait alors soutenu le plan de Gênes pour l'Afrique[59].

Ce regain d'intérêt n'est pas un fait hasardeux. En réalité, non seulement il coïncide avec la reprise économique en Russie, mais aussi, il est l'effet d'ouverture d'esprit qui caractérise les nouveaux dirigeants qui ne peuvent passer à côté du potentiel de croissance démographique et économique très important dont regorge l'Afrique à partir de cette période, et qui devrait leur permettre de retrouver une place majeure dans l'échiquier géopolitique mondial. Il s'agit donc d'une conjonction de faits ayant permis d'améliorer de nouveau ces rapports, en leur imprimant une vigueur nouvelle. Ainsi, c'est dans ce contexte que les années 2000 voient un renouveau de ces relations qui apparaissent davantage comme une nécessité à la fois économique et politique, qu'un projet à dimension culturelle ou idéologique[60]. Les pays africains ont renouvelé leurs intérêts pour la Russie et la Russie a fait de même, sous l'impulsion de Vladimir Poutine. Les visites de présidents africains et russes dans leurs pays respectifs ont commencé, les ministres des Affaires étrangères ont multiplié leurs échanges ; et depuis lors, ce sont des partenariats économiques et des investissements variés que la Russie effectue en Afrique[61].

Il faut souligner que ce sont les déplacements de Vladimir Poutine et de Medvedev sur le sol africain, respectivement en 2006 et 2009, qui

---

[57] M. Pomponne, "Vers un retour de la Russie en Afrique ?", m.rfi.fr/hebdo/20141205-russie, 05-12-2014.
[58] J. R. Jouanny, "Le retour russe en Afrique subsaharienne : enjeux, vecteurs et perspectives", L'Afrique des idées, Note d'analyse N°9, septembre 2015, p.7.
[59] Arkhangelskaya, "Le retour de Moscou en Afrique subsaharienne". Ledit plan prévoit que chaque État membre nomme un représentant pour l'Afrique, afin d'assurer la liaison avec les dirigeants africains et d'élaborer un plan d'action concret.
[60] Jouanny, "Le retour russe en Afrique subsaharienne...", p.4.
[61] J. Press, "L'appétit des Russes grandit pour le marché africain" ; www.economiematin.fr/news-m, 17/05/2013. Au-delà de l'économie, il convient également de relever les volets sécuritaire et politique du renouveau des relations russo-africaines.

donnent le signal fort de l'établissement de nouvelles relations bilatérales entre Russes et Africains. S'il a fallu attendre 2006, pour assister à la première visite modeste d'un chef d'État russe sur le continent africain au Maroc et en Afrique du Sud, celle du président Dimitri Medvedev (qui concluait le vendredi 26 juin 2009 sa tournée africaine), était la plus importante pour un chef d'État russe depuis la chute de l'URSS. Elle l'a conduit dans quatre pays : Égypte, Nigeria, Namibie, Angola, jugés stratégiques notamment pour la richesse de leur sous-sol[62]. Prônant régulièrement le renforcement de la place de la Russie dans cette région, Medvedev se déplace avec 400 hommes d'affaires et signe plusieurs accords. Poutine dira plus tard :

Si à une époque, nous avons pu donner l'impression d'avoir perdu tout intérêt pour le continent africain, il est de notre devoir de rattraper le temps perdu. Nous avons quantité de projets et d'idées intéressantes et de qualité pour développer notre coopération. La Russie (constate) sans jalousie que d'autres pays ont noué des liens en Afrique, mais elle entend bien défendre (ses) intérêts sur le continent[63].

D'après Irina Ivanovna Filatova, professeur émérite à l'Université de Kwazulu-Natal en Afrique du Sud, « Une de ses idées était que la richesse de la Russie passait par le contrôle des ressources minérales et énergétiques, et c'est dans ces secteurs que des grands hommes d'affaires russes ont commencé à investir dans les années 2000, y compris en Afrique »[64].

3.2. Vers l'envol des relations russo-africaines à partir de 2010 : le cas des relations russo-mozambicaines

S'agissant particulièrement des relations russo-mozambicaines, elles semblent connaître une impulsion dynamique et féconde au début des années 2010. De 2010 à 2011 en effet, plusieurs grandes découvertes sont faites sur le plateau continental du Mozambique. Les ressources de gaz, préalablement évaluées à 3700 milliards de mètres cubes, se sont finalement avérées être de l'ordre de 1030 milliards de mètres cubes en 2014[65]. En 2012, la compagnie russe Rosneft négocie la construction

---

[62]A. Billette, "La Russie reprend pied sur le continent africain", mobile.lemonde.fr/afrique/artic, 26-06-2009.
[63]Arkhangelskaya, "Le retour de Moscou en Afrique subsaharienne".
[64]*Le Point Afrique*," Moscou ne tourne pas le dos à l'Afrique, bien au contraire", afrique. Lepoint.fr/economie/moscou, 18-06-2018, consulté le 24-02-2019.
[65]O. Souza,"Le pétrolier russe Rosneft envisage d'ouvrir une représentation au Mozambique", www.agenceeCofin.com›compagnies.

d'un oléoduc entre le port mozambicain de Beira et le Zimbabwe, ainsi que celle d'un réservoir près de la capitale Zimbabwéenne[66].

En février 2013, Serguei Lavrov, ministre russe des Affaires étrangères réalise une série de visites dans plusieurs pays africains dont le Mozambique[67]. Juste un mois plus tard, le cinquième sommet des BRICS, organisé en Afrique du Sud, conclut le premier cycle des réunions de ces pays et donne à son tour un nouvel élan aux relations Russie-Afrique. Bien que certaines sources russes présentent ces relations comme purement économiques, soulignant qu'elles visent à aider les entreprises russes à obtenir des avantages réciproques, les échanges diplomatiques et politiques s'intensifient eux aussi[68]. Les choses semblent s'accélérer davantage l'année suivante entre Russes et Mozambicains, dont les Premiers ministres Dimitri Medvedev et Alberto Vaquina se rencontrent pour évoquer les perspectives de coopération entre les deux pays. Ces échanges, dont la teneur portait essentiellement sur des secteurs variés, dont l'économie, l'énergie, l'éducation et les investissements, devaient déboucher sur la signature de plusieurs documents[69].

Un contexte particulier a cependant influencé la tenue de ces pourparlers ; lesquels s'inscrivaient dans la politique russe d'extension des liens avec les pays d'Asie, d'Afrique et d'Amérique latine, dans la conjoncture de la détérioration des relations avec l'Occident et l'adoption de sanctions continues, dues aux divergences sur la question ukrainienne[70]. Alexeï Vassiliev, ancien représentant spécial de la Russie pour les relations avec l'Afrique et conseiller du président Poutine, faisait l'aveu ci-après :

Oui, nous reprenons pied. Les sanctions économiques européennes au moment de la crise ukrainienne y sont sans doute pour quelque chose…Grâce à ce boycott économique, nous avons été obligés de diversifier nos partenaires. Je crois que l'Afrique est une formidable opportunité pour la Russie, car elle nous offre la possibilité de sortir de notre dépendance envers l'Union européenne.[71]

---

[66] Ibid.
[67] *Sputnik France*, "Russie-Guinée : liens historiques et atouts", https:/fr.sputniknews.com/actualité/201304191022587711, 19-04-2013.
[68] Arkhangelskaya, "Le retour de Moscou en Afrique subsaharienne".
[69] *Sputnik France*, "Russie-Afrique : Moscou élargit la coopération avec le Mozambique", https://fr.Sputniknews.com/international/20140725201941785/.
[70] Ibid.
[71] F. X. Freland, "Alexeï vassiliev : « la Russie peut être utile à l'Afrique »", Jeune Afrique, www.jeuneafrique.com/278717, 13-11-2015.

L'isolement de la Russie sur la scène internationale depuis la crise ukrainienne et l'annexion de la Crimée, la poussait donc inéluctablement à reprendre pied en Afrique[72]. En prélude à cette rencontre au sommet, un entretien entre les ministres des Affaires étrangères des deux pays s'est tenu à Moscou, au mois d'avril 2014. Oldemiro Julio Marquez Baloi, ministre mozambicain des Affaires étrangères, s'est entretenu avec Igor Setchine, le président du conseil d'administration (qui fut par ailleurs interprète en Angola et au Mozambique) pour développer d'éventuels accords[73]. Selon la compagnie qui fournit 40% de la production pétrolière en Russie, les deux parties avaient « discuté des sujets d'intérêt général y compris l'éventuelle implication de Rosneft dans les projets de production en Mozambique »[74]. Le ministre russe des Affaires étrangères, Sergueï Lavrov, déclara dans ce cadre que les parties souhaitaient accroître leurs échanges commerciaux et coopérer dans les domaines tels que la prospection géologique, la sidérurgie, la pétrochimie, l'agriculture, la pêche, les projets énergiques et d'investissement, ainsi que dans la défense. Il ajouta également que la Russie avait une fois de plus augmenté le quota d'étudiants mozambicains dans les Universités russes grâce aux bourses d'État (jusqu'à 40 places). En termes de perspectives, le représentant du gouvernement russe nota qu'elles étaient bonnes dans le secteur énergétique ; le Mozambique disposant d'importantes ressources de gaz et d'une bonne localisation géographique (accès à la mer). Gaz prom, Lukoil, Inter RAO tout comme Rosneft, toutes des compagnies russes, étudièrent la possibilité de participer aux projets de prospection et de mise en valeur des gisements d'hydrocarbures et de coopérer dans le secteur électrique et houiller[75].

Le mémorandum d'entente sur la prospection et l'exploitation conjointes des gisements d'hydrocarbures entre Rosneft et l'Empresa Nacional de Hidrocarbonetos (ENH) du Mozambique est signé en juin 2014, même si, par la suite, Igor Setchine, a précisé qu'il s'agissait avant tout du gaz[76]. Avec ce potentiel gazier colossal, le leader russe de l'industrie pétrolière et plus grande compagnie publique pétrolière du

---

[72]Souleymane, "Que cherche la Russie en Afrique ?".
[73]*Sputnik France*, "Russie-Afrique : Moscou élargit la coopération".
[74]Romain, "Gaz de schiste : le géant russe Rosneft en Mozambique ?", 24-04-2014, m.legazdeschiste.fr/exploitation.
[75]*Sputnik France*, "Russie-Afrique : Moscou élargit la coopération".
[76] Ibid.

monde comptait bien se tailler la part du lion en engageant l'exploitation[77]. Cette exploitation offrait l'avantage d'avoir les plus grands gisements à la surface : les ressources du fleuve Ruvuma (2200 milliards de m^3). Dans les bassins du fleuve Mozambique, les gisements de gaz de schiste sont estimés à environ 56 milliards de m^3. Par ailleurs, du fait de son ouverture maritime sur le littoral-est de l'Afrique, le Mozambique dispose de débouchés aux marchés gaziers promoteurs d'Asie et d'Amérique latine. C'est cette localisation géographique favorable qui pousse le gouvernement à développer des projets de gaz naturel liquéfié (GN), moins cher que celui d'Europe et d'Asie, et dont il envisageait la commercialisation vers le marché mondial dans les années à venir.

À en croire Mario Saraiva Ngwenya, diplomate mozambicain, Rosneft prévoyait ouvrir un bureau au Mozambique en 2017[78]. En collaboration avec l'américain Exxon Mobil, le géant pétrolier russe comptait démarrer l'exploration de pétrole et de gaz en offshore sur les blocs A5-B dans le bassin d'Angoche, Z5-C et Z5-D dans le delta du Zambèze pendant le second semestre de 2017. Un accord de développement avec le gouvernement mozambicain et les partenaires sur ces périmètres devait être signé avant la fin 2017, avait également confié le diplomate mozambicain[79].

Même si cette coopération bilatérale dans le domaine énergétique se pose comme prioritaire et à long terme, la Russie accorde aussi un intérêt aux richesses biologiques de la Mozambique. Ainsi, le service fédéral de contrôle vétérinaire et phytosanitaire (Rosselkhoznadzor) avait annoncé en 2014 que la Russie pourrait commencer à importer du poisson et des fruits de mer de ce pays, après la limitation des livraisons en provenance de la Norvège qui est l'un des principaux fournisseurs du marché russe[80].

Par ailleurs, le 22 décembre 2015, un contrat complet de coopération militaro-technique assurant la livraison au Mozambique d'armements russes, d'équipements, ainsi que la formation du personnel a été signé. Le 28 mai 2018, le ministre des Affaires étrangères du Mozambique, José Pacheco, déclarait que la nomenclature de ces livraisons était en

---

[77]Romain, "Gaz de schiste : le géant russe Rosneft en Mozambique ?", 24-04-2014, m.legazdeschiste.fr/exploitation
[78]O. Souza, "Le pétrolier russe Rosneft envisage d'ouvrir une représentation au Mozambique", www.agenceecofin.com/compagnies, 13-07-2017.
[79] Ibid.
[80]Pomponne, "Vers un retour de la Russie en Afrique ?".

cours de discussion. Un accord, qui, selon ce dernier, faisait partie du processus général de lancement des relations bilatérales entre le Mozambique et la Russie[81].

Au plan stratégique, les ministres de la Défense de la Fédération de Russie et du Mozambique ont signé en 2018 un accord sur l'entrée gratuite des navires de guerre russes dans les ports du Mozambique. En vertu dudit accord, les navires de guerre russes peuvent s'arrêter dans les ports mozambicains, selon le schéma simplifié de service et de ravitaillement, qui fait de ce pays sud-africain, pratiquement une base de la marine russe[82].

Sur un tout autre plan, les relations russo-mozambicaines, érigées sur le substrat des principes d'amitié et de respect mutuel, ne sont pas affectées par les considérations politiques. Ainsi, dans le cadre de la crise en Ukraine, Maputo s'abstint de voter le 27 mars 2014, la résolution de l'Assemblée générale de l'ONU sur « l'intégrité territoriale de l'Ukraine »[83]. À l'époque, les efforts russes de réengagement avec la plupart des pays africains ne lui permettaient que de compter, au mieux, sur leur indifférence polie quant à sa politique étrangère dans « l'étranger proche »[84].

3.3. Au-delà de la relance, la persistance de nombreux handicaps ?

Jusqu'ici, la récurrence de la rhétorique interrogative dans la formulation des études ou thématiques relatives au renouveau russe en Afrique traduisait à suffisance les difficultés à cerner l'horizon de la coopération entre Moscou et le continent africain, à moyen ou à long terme. Peut-être, pour y voir clair, conviendrait-il d'abord de passer en revue quelques-uns des impédimentas qui ont constitué des freins à la relance des relations russo-africaines depuis 2000. Ils sont de plusieurs ordres.

Premièrement, il est à relever l'absence de stratégie[85] qui a caractérisé les relations russo-africaines de 2000 à 2019. Bien que

---

[81]Ria Novosti, "La Russie pousse l'Occident hors de l'Afrique sans combat", *Overblog*, le-blog-sam-la-touch.over-blog.com/2018, 29-06-2018.
[82] Ibid.
[83]La République du Mozambique, Commentaire du Département de l'Information et de la Presse du MAE de la Russie dans le cadre de la visite en Russie du ministre des affaires étrangères du Mozambique Oldemiro Baloi, 20 04 2014, www.mid.ru/fr/maps/mz/-/asse.
[84]Jouanny, "Le retour russe en Afrique subsaharienne…", pp.9-10
[85]Press, "L'appétit des Russes grandit pour le marché africain". Si la Chine présente une véritable stratégie en Afrique après les années 2010, ce n'est pas encore le cas de la Russie jusqu'à la veille de la tenue de son 1er sommet avec l'Afrique.

l'activisme soit volontariste, le plan n'avait pas été véritablement défini et mis en œuvre à l'époque[86]. Mikhaïl Gamandiy-Egorov, journaliste pour *La voix de la Russie,* faisait remarquer en 2013 que les Russes étaient à leur début et devaient désormais établir une véritable stratégie économique en Afrique[87]. C'est ce qui ressort également en filigrane des propos de Mikhaïl Marguelov, représentant spécial du président de la Russie, chargé de la coopération avec les pays africains et par ailleurs président du Comité du Conseil de la Fédération pour les Affaires étrangères. Lors d'une interview, il confiait que s'il faut se guider sur un programme à long terme de relations commerciales et économiques avec l'Afrique, cela nécessite une stratégie géoéconomique qui demande des efforts de l'État pour sa réalisation. De son point de vue, l'essentiel dans la résolution du devoir géoéconomique du retour en Afrique était le renforcement du soutien de l'État aux affaires russes dans cette région[88]. Partant du postulat que la géoéconomie oblige les États à créer les conditions qui renforcent les capacités des économies nationales à concourir sur le marché mondial, il apparait difficile de participer avec succès à la nouvelle répartition du revenu mondial et des ressources sans stratégie d'État, en ne se conformant qu'au principe « stimulant-réaction". C'est pourquoi Mikhaïl Marguelov souhaitait au « *business* dans la direction africaine une étroite collaboration avec l'État »[89].

Par ailleurs, il est à relever que le soutien public aux entreprises russes manquait de suivi en bout de chaîne. Ainsi, les commissions bilatérales prévues par les accords commerciaux signés par la Russie avec ses partenaires africains, supposés accompagner sur place l'intensification des échanges, peinaient à afficher des résultats concrets (l'exemple du Conseil économique Russie-Afrique du Sud, établi en sept 2006)[90]. En décembre 2011, s'est tenu en Éthiopie un forum d'affaires russo-africain qui devait se transformer en Davos russo-africain ; mais il n'en a rien été[91]. L'État russe devrait donc se doter d'une politique étrangère qui tienne véritablement compte des intérêts des entreprises russes.

---

[86] Ibid.
[87] Ibid.
[88] Ibid. D'après l'auteur, la concurrence bénéficie des soutiens directs de l'UE et de la Chine.
[89] *Russian View*,"L'Afrique - une région attrayante pour les affaires - Nouvelles de l'Ambassade", https:///drc.mid.ru/fr-FR/web/co., 2014.
[90] Jouanny, "Le retour russe en Afrique subsaharienne…", p.10.
[91] Ibid.

Un autre obstacle tenait en la méconnaissance réciproque entre entités gouvernementales et commerciales russes et leurs homologues africains, et de l'ignorance que pouvaient avoir les premières quant aux conditions prévalant sur le continent et, pour les secondes, de ce que les partenaires russes avaient à offrir[92]. Il est à signaler qu'en dehors des grands groupes, les autres entreprises russes n'osaient pas s'aventurer sur le continent noir, qui manquerait de sécurité, de stabilité politique et de garantie juridique pour faire des affaires sans mauvaise surprise. L'État lui-même était un mauvais exemple[93].

Le spectre des déboires financiers de la Russie postsoviétique a aussi constitué une inquiétude pour l'avenir de ces relations. Jouanny, déclarait dans ce sens que : « Tout porte à croire, cependant, que les difficultés économiques que traverse aujourd'hui la Russie ne vont pas porter à l'intensification de la relation russo-africaine[94] ». Cette inquiétude, déjà manifeste et exprimée vers le milieu des années 90, était donc encore d'actualité jusqu'en 2015. Selon le courant pessimiste, en dépit des discours de façade, le réinvestissement russe reste modeste, tant par ses moyens que par les effets qu'il produit. Et, à titre d'illustration, les échanges russo-mozambicains restent dix fois inférieurs à ceux réalisés par la chine dans la région[95]. En 2017, le volume d'échanges entre la Chine et l'Afrique a passé le cap de 200 milliards de dollars par an[96] ; ce qui était largement au-dessus de la valeur des échanges réalisés entre la Russie et ses partenaires africains.

Si ces faits rabat-joie présagent des avatars dans la coopération russo-africaine, il faut cependant relever que dans le contexte actuel de compétition des puissances en Afrique, la Russie est désormais disposée à nouer des relations avec tout pays africain qui exprimerait ce souhait[97]. Par ailleurs, on notera également en termes de perspectives optimistes à cette coopération qu'entre 2013 et 2014, la Russie a signé 25 contrats pour 1,7 milliard de dollars[98]. Les échanges mondiaux entre la Russie et l'Afrique ont progressé de manière régulière. En 2017, leur montant était évalué à 17 milliards de dollars, soit près de 15 fois la valeur enregistrée en 2000. Le stock d'investissements directs (sur la

---

[92] Arkhangelskaya, "Le retour de Moscou en Afrique subsaharienne".
[93] Ibid.
[94] Jouanny, "Le retour russe en Afrique subsaharienne…", p.10.
[95] Ibid., p.2.
[96] Press, "L'appétit des Russes grandit pour le marché africain".
[97] Mikhail Gamandiy-Egoro, "Tournée africaine de Serguei Lavrov : ce n'est qu'un début", *Sputnik France*, fr.sputniknews.com/points-de-vue/2018, 06-03-2018.
[98] Pomponne, "Vers un retour de la Russie en Afrique ?".

base d'intentions déclarées) quant à lui est estimé par la Banque africaine de développement à 20 milliards de dollars pour le quinquennat à venir[99]. D'autres actes concrets sus-évoqués et l'accélération en 2018 du rythme de signatures d'accords entre la Russie et l'Afrique dans les domaines militaires et techniques militent également en cette faveur[100]. En effet, le 05 mars 2018, Sergueï Lavrov a entrepris une tournée africaine qui devait le conduire tour à tour en Angola, Namibie, Mozambique, Zimbabwe et Éthiopie. « Ma prochaine visite, relevait-il, est destinée à intensifier les liens sur plusieurs axes, trouver de nouveaux terrains pour des efforts communs dans les domaines commercial et économique, scientifique, technique, humanitaire et d'autres encore »[101]. En octobre 2018 s'est tenu le premier forum social russo-africain à Moscou. Cette innovation qui marque davantage l'étroitesse des liens entre l'Afrique et Moscou avait pour but de préparer le terrain au premier forum d'affaires et surtout au premier Sommet Afrique-Russie tenu en 2019[102].

Conclusion

Il est clair que depuis le milieu des années 90, Moscou a pris la pleine mesure des conséquences néfastes de son retrait en Afrique sur son économie, et ne devrait pas être à même de réitérer pareille expérience. Le géant eurasiatique a adopté une politique extérieure expansionniste, dont l'un des volets vise précisément à renforcer sa présence économique sur le continent africain. Une intention qui a été rapidement suivie d'actes concrets. Aujourd'hui, la plupart des fleurons de l'économie russe sont présents en Afrique[103]. Le regain d'intérêt des entreprises russes pour le continent a prouvé à quel point Moscou et l'Afrique avaient besoin l'un de l'autre[104]. Même si l'activisme actuel de la Russie sur le continent n'est en rien comparable avec celui de l'ex-URSS, depuis quelques années, les échanges ont évolué à la hausse ; ce

---

[99] *Le Point Afrique*," Moscou ne tourne pas le dos à l'Afrique…".
[100] Ibid. Dans ce sillage, des accords ont été conclus notamment avec le Cameroun, le Soudan et le Mozambique.
[101] *Sputnik France*, "Lavrov dévoile les enjeux de sa tournée africaine", fr.sputniknews.com/international/2018, 05-03-2018.
[102] *Sputnik France*, "Premier Forum social russo-africain: pour un envol des relations bilatérales", fr.sputniknews.com/points-de-vue/2018, 2461062018
[103] H. Mckenson, "Commerce : la Russie de Poutine peut-elle réussir en Afrique ?", Forbes Afrique, m.forbesafrique.com/commerce, 28-12-2016.
[104] Arkhangelskaya, "Le retour de Moscou en Afrique subsaharienne".

qui témoigne du succès relatif de la nouvelle politique africaine de la Fédération de Russie. Des succès qui s'engrangent à partir de 2013, mais adossés sur des investissements massifs réalisés depuis plusieurs années[105]. Cette embellie laisse suggérer que les rythmes relativement élevés de l'augmentation des exportations russes dans la région témoignent de l'intention de la Russie de rétablir ses positions perdues. Les échanges mondiaux entre la Russie et l'Afrique ne cessent de progresser tandis que les exportations d'armes russes ont considérablement repris.

Il serait toutefois maladroit de poser le problème en termes de course contre la montre, c'est-à-dire, de vouloir absolument voir la Russie rattraper son retard dans cette sorte de course que se livrent les grandes puissances et les grands pays émergents pour prendre place en Afrique. C'est ce qui fait sans doute dire à Arkhangelskaya que ce retour qui a souvent été vécu comme le résultat de sa concurrence avec la Chine (elle aussi très active sur le continent) est une vision erronée des choses, car, leurs intérêts économiques sont divergents sur le continent[106]. De notre point de vue, le problème de fond ne devrait plus se poser en termes de relance ou non, car les différents indicateurs laissent suggérer qu'elle est désormais effective. La véritable question est donc celle de savoir, comment l'Afrique peut-elle capitaliser ce renouveau russe, pour en tirer profit dans la perspective de son développement ?

Cette réflexion consacrée aux relations soviéto puis russo-africaines, particulièrement dynamiques au début des années 2010, pourrait nous incliner à partager cet optimisme de Arkhangelskaya concluant son étude par ces propos : « Les relations russo-africaines semblent placées sous de bons auspices : des déclarations d'intérêt ont été prononcées et d'importants accords bilatéraux signés. Le tout est de savoir comment cela va se concrétiser sur le terrain »[107]. Cependant, une seule certitude pourrait se dégager : les pays africains devront encore attendre un bon moment, avant de tirer pleinement les dividendes de ces relations sur le plan économique.

---

[105]*Atlantico*, "La Russafrique, Après les Chinois, les Russes : Moscou à la reconquête de l'Afrique comme au bon vieux temps de l'URSS", 20-12-2015, www.atlantico.fr/decryptage/ap.
[106]Arkhangelskaya, "Le retour de Moscou en Afrique subsaharienne".
[107]Ibid.

Références bibliographiques

Arkhangelskaya A., « Le retour de Moscou en Afrique subsaharienne ? », *Afrique contemporaine,* 2013/4 n°248, pp.61-74.

Atlantico, « La Russafrique, Après les Chinois, les Russes : Moscou à la reconquête de l'Afrique comme au bon vieux temps de l'URSS », 20-12-2015,
www.atlantico.fr/decryptage/ap, consulté le 24-02-2022.

Birgerson S.M., Kozhemiakin A.V., Kanet R. E., « La politique russe en Afrique: désengagement ou coopération »?, *Revues d'études comparatives Est-Ouest*, vol. 27, 1996, n°3, pp.145-168.

Billette A., « La Russie reprend pied sur le continent africain », 26-06-2009 mobile.lemonde.fr/afrique/artic, consulté le 24-02-2022.

Brisson E., *Histoire terminales*, Paris, Collection C. Quetel, Bordas, 1989.

Freland F.X., « Alexeï Vassiliev : « La Russie peut être utile à l'Afrique », *Jeune Afrique*,
www.jeuneafrique.com/278717, 13-11-2015, consulté le 11 août 2022.

La République du Mozambique, Commentaire du Département de l'Information et de la Presse du MAE de la Russie dans le cadre de la visite en Russie du ministre des affaires étrangères du Mozambique Oldemiro Baloi, 20 04 2014
www.mid.ru/fr/maps/mz/-/asse, consulté le 11 août 2022.

Le Point Afrique, « Moscou ne tourne pas le dos à l'Afrique, bien au contraire », afrique.
Lepoint.fr/economie/moscou, 18-06-2018, consulté le 24-02-2022.

Mckenson H., « Commerce : la Russie de Poutine peut-elle réussir en Afrique ? », Forbes Afrique, m.forbesafrique.com/commerce, 28-12-2016, consulté le 11 août 2022.

Jouanny J. R., « Le retour russe en Afrique subsaharienne : enjeux, vecteurs et perspectives », *L'Afrique des idées*, Note d'analyse N°9, septembre 2015, consulté le 11 août 2022.

Microsoft ® Encarta ® 2008.

Mikhail Gamandiy-Egoro, « Tournée africaine de Sergueï Lavrov : ce n'est qu'un début », *Sputnik France*, fr.sputniknews.com/points-de-vue/2018, 06-03-2018, consulté le 24-02-2019.

m.rfi.fr ›hebdo›20150626-40 ans-mozambique, consulté le 11 août 2022.

Pomponne M., « Vers un retour de la Russie en Afrique »?, m.rfi.fr/hebdo/20141205-russie, 05-12-2014, consulté le 11 août 2022.

Press J., « L'appétit des Russes grandit pour le marché africain », 17/05/2013. www.economiematin.fr/news-marche-africain-partenariat-economique-russie, consulté le 11 août 2022.

Ria Novosti, « La Russie pousse l'Occident hors de l'Afrique sans combat », *Overblog*, le-blog-sam-la-touch.over-blog.com/2018, 29-06-2018, consulté le 24-02-2019, consulté le 24-02-2022.

Romain, « Gaz de schiste : le géant russe Rosneft en Mozambique ? », 24-04-2014, m.legazdeschiste.fr/exploitation, consulté le 11 août 2022.

Russian View, « L'Afrique- une région attrayante pour les affaires- Nouvelles de l'Ambassade », https///drc.mid.ru/fr-FR/web/co., 2014, consulté le 11 août 2017.

Souleymane I., « Que cherche la Russie en Afrique ? », *Les Afriques*, www.lesafriques.com/relations, 14-09-2015, consulté le 11 août 2022.

Souza O., « Le pétrolier russe Rosneft envisage d'ouvrir une représentation au Mozambique », www.agenceecofin.com/compagnies, 13-07-2017, consulté le 11 août 2022.

Sputnik France, « Lavrov dévoile les enjeux de sa tournée africaine », fr.sputniknews.com/international/2018, 05-03-2018, consulté le 24-02-2022.

Sputnik France, « Premier Forum social russo-africain: pour un envol des relations bilatérales », fr.sputniknews.com/points-de-vue/2018, 24-10-2018, consulté le 24-02-2022.

Sputnik France, « Russie-Afrique : Moscou élargit la coopération avec le Mozambique », 25-07-2014, https://fr.Sputniknews.com/international/20140725201941785/, consulté le 11 août 2022.

Sputnik France, « Russie-Guinée : liens historiques et atouts indéniables-sputnik France » ; https:/fr.sputniknews.com/actualité/201304191022587711, 19-04-2013, consulté le 11 août 2022.

Wikipedia, « Guerre d'indépendance au Mozambique », https://fr.m.wikipedia.org›wiki›, consulté le 11 août 2022.

Chapitre 2

Comprendre la formation des jeunes camerounais en URSS : de la genèse à 1990

Alphonse Bertrand Eng Ndjel

Résumé

De 1704 à 1865, la formation des étrangers en Russie est justifiée par les transformations sociopolitiques internes et par les orientations de la politique étrangère de cet empire. Dès 1950, cette action orientée vers l'Afrique par l'Union soviétique se déroule dans le contexte de guerre froide, soutenant la mouvance des revendications de libération et d'indépendance. Comment comprendre historiquement la genèse de la formation des Camerounais en URSS ? Cette analyse apporte quelques explications historiques de la mise en place de la formation des Camerounais sur ce territoire. Elle emprunte un outil théorico-méthodologique basé sur le réalisme dans une approche historique et sur la conjonction des méthodes explicatives et compréhensives. Aussi, cette réflexion tente de montrer que la politique de formation des jeunes camerounais s'inscrit dans la continuité, même si sa courbe présente des variations à la fois croissante et décroissante.

Mots clés : Culture, formation, coopération, géopolitique, genèse.

Abstract

From 1704 to 1865, the training of foreigners in Russia was justified by internal socio-political transformations and by the orientations of the foreign policy of this empire. From 1950, this action directed towards Africa by the Soviet Union took place in the context of the Cold War, supporting the movement of demands for liberation and independence. How to historically understand the genesis of the formation of Cameroonians in the USSR? This analysis provides some historical explanations of the establishment of the training of Cameroonians in this territory. It borrows a theoretical-methodological tool based on realism in a historical approach and on the conjunction of explanatory and comprehensive methods. Also, this reflection attempts to show that the policy of training young Cameroonians is part of continuity, even if its curve presents both increasing and decreasing variations.

Keywords: *Culture, training, cooperation, geopolitics, genesis.*

Introduction

Les premières traces de la mobilité estudiantine camerounaise en URSS sont visibles entre 1955-1959[1]. Cette migration pour la formation n'avait aucune assise jurico-diplomatique[2]. À partir de 1963, les gouvernements soviétiques et camerounais signent le premier accord culturel[3], qui intervient dans un contexte de guerre froide. À cette époque, l'emprise de l'idéologie et des valeurs occidentales sur le Cameroun indépendant ne constituait pas un véritable handicap à l'implémentation de sa politique de diversification partenariale4. Toutefois, cette omniprésence des pays capitalistes avait freiné le rapprochement diplomatique entre les Camerounais et les Soviétiques dans de nombreux domaines, dont la coopération à la formation[5]. L'utilisation du concept de formation dans la littérature commence au XIe siècle[6]. Dans un sens pédagogique, Émile Durkheim l'appréhende comme un processus d'éducation basé sur l'humanisation de

---

[1] C. Katsakioris (2018), « Une superpuissance éducative : l'Union Soviétique et la formation des élites du tiers-monde (1956-1991) », *Travers, Accueillir l'Etudiant(e) Etranger (e)*, vol.1, p.109.
[2] Les premiers Camerounais migrent vers l'Union Soviétique pour la formation, en raison de la proximité entre les intellectuels soviétiques et camerounais. Voir C. Katsakioris (2006), « L'Union soviétique et les intellectuels africains : internationalisme, panafricanisme et négritude pendant les années de la décolonisation de 1954-1964 », *Cahiers du Monde Russe*, 47/1-2, pp. 16-19.
[3] Données de l'entretien au Minrex, 2016. Cité par A. B. Eng Ndjel (2023), « La formation des Camerounais en Russie : essai de compréhension et d'évaluation d'une coopération éducative (1963-2022) », Thèse de doctorat en science politique, en attente de soutenance.
[4] F. Pigeaud (2011), *Au Cameroun de Paul Biya*, Paris, Karthala.
[5] C. Katsakioris (2021), « Des cadres pour une Afrique socialiste : l'université Patrice Lumumba et la formation des étudiants africains (1960-1991 », *Varias*, https://oap.unige.ch/rhca/article/viewcariakatsakioris.
[6] M. Fabre (1992), « Qu'est-ce que la formation », *Recherche et formation*, n°12, p.120.

l'homme[7]. Dans la présente étude, nous y voyons un processus de transmission des savoir-faire d'ordre théorique et pratique sovieto-russe en vue d'une transformation intellectuelle des Camerounais.

Ces derniers migrent en Union soviétique pour se former, dans différents domaines tels que la médecine, la science, les technologies, les techniques de l'information, la politique, les sciences sociales, la défense, etc. Parmi les Camerounais bénéficiaires de ces formations, on peut citer Ernest Ouandié, le Dr Njontu Laurent, le Professeur Basseka Charles, Monsieur Antoni Zumafor, le Dr Kouma Jean Gelin, le Dr Nyagnye Daniel, entre autres[8]. Ces formations s'inscrivent dans le cadre de la coopération culturelle entre les deux États. La culture, selon Edwards Burnett Tylor, est un ensemble complexe qui inclut les croyances, les arts, les mœurs, les lois, les coutumes et toutes autres capacités et habitudes acquises par l'homme en tant que membre de la société[9]. Radcliff Brown quant à lui, la positionne comme un facilitateur d'interaction entre les groupes sociaux appartenant aux territoires diversifiés avec des référents culturels différents[10]. Cette formation devient un instrument de diffusion ou de transmission des valeurs idéologiques et culturelles[11]. Mais quelles sont donc les raisons historiques qui justifient la formation des Camerounais en URSS durant plusieurs décennies?

Il faut rappeler que l'action internationale de Moscou et son rapprochement avec le Cameroun s'inscrivaient dans le *soft power*, et dans l'interaction entre les peuples[12]. La formation des Camerounais était justifiée par des intérêts réciproques. À ce propos, l'approche réaliste selon Hans Morgenthau, stipule que dans les rapports interétatiques, l'intérêt est central dans l'action internationale de chaque État-nation[13]. Les ambitions d'ouverture internationale de Moscou[14], et

---

[7]E. Durkheim (1985), *Education et sociologie*, Paris, PUF, p. 51.

[8] Ces données proviennent des entretiens menés en 2021, pour la rédaction de notre thèse de doctorat en cours : « La formation des Camerounais en Russie : essai de compréhension et d'évaluation d'une politique publique internationale 1963-2022 ».

[9] T. E. Burnett (1871), *Primitive Culture*, Cambridge, Cambridge University Press.

[10] Radcliffe Brown, cité par P. Perrineau (1975) « Sur la notion de culture en anthropologie », *Revue française science politique, fondation nationale des sciences politiques*, vol. 25, n° 5, p. 947.

[11]A. B. Eng Ndjel, « La formation des Camerounais en Russie… ».

[12]P. Yengo, M. De Saint Martin, (2017), « Quelles contributions des élites « rouges » au façonnement des États post-coloniaux ? », *Cahiers d'Etudes Afriques*, n°226, pp. 5-6.

[13]J.J. Roche (2001, 2002), *Théories des relations internationales*, Montchrestien, 4ᵉ édition. H. Morgenthau (1952), « Another great debate: the national interest of the united states », *American political science, Review*, Vol46, n°44.

[14] Moscou, érigé en 1147, est compris dans cet article comme le territoire russe.

l'esprit de dénonciation de la domination occidentale ont contribué à la mise en place du processus de formation des Africains et des Camerounais en particulier[15]. À l'époque soviétique, ces visées cadrent avec l'intérêt de ces deux pays. Les voyages des étudiants camerounais vers Moscou pour la formation dégagent un intérêt à la fois social et politique dans le sens où, en plus de se former pour l'acquisition des connaissances et de l'expertise, il fallait contribuer à l'action de libération et de réveil des consciences[16], tout en favorisant un rapprochement diplomatique entre les deux peuples. Cette réflexion explique l'origine de cette formation par les transformations orientées de la politique étrangère russe de 1865 jusqu'en 1960 (1), les pesanteurs du contexte de lutte de libération de 1950 à 1975 (2), ainsi que le rapprochement diplomatique réciproque des deux pays de 1960 à 1990 (3).

1. Les transformations de la politique internationale de Moscou comme justificative de la formation des Camerounais en Russie

L'orientation de Moscou vers le tiers-monde commence au XIXe siècle, en raison des conjonctures sociopolitiques internes de l'époque[17]. Ces questions endogènes ont obligé l'empire à porter son intérêt vers l'extérieur et vers la dénonciation de la domination occidentale sur le tiers-monde (1.1). Mais, à partir de 1960, le contexte d'indépendance du Cameroun, le triomphe de l'idéologie dans l'action soviétique, et la volonté de visibilité de la puissance soviétique, influencent la volonté des autorités soviétiques à accepter les étudiants africains en général et camerounais en particulier dans ses Universités (1.2).

---

[15] A. B. Eng Ndjel, « La formation des Camerounais en Russie ».
[16] Idem, C. Katsakioris (2006), « L'Union Soviétique et les intellectuels africains... », pp. 16-19.
[17] A. Bassou (2019), « La Russie en Afrique, renouvellement d'une ancienne relation ou création d'une nouvelle ? », *Policy Center for the New/South*, pp. 85-87.

1.1. L'influence des changements sociopolitiques internes sur l'engagement de Moscou à former des Africains et des Camerounais (1865-1960)

Les contacts entre l'Afrique et la Russie remontent aux relations diplomatiques du XVIIIᵉ siècle[18]. Durant cette période, Moscou a accentué à la fois sa présence et les échanges avec quelques pays africains, notamment le Maroc et l'Éthiopie[19]. L'arrivée d'Abraham Petrovic Hannibal dans l'empire russe en 1704, et son intégration dans la cour impériale de Pierre Le Grand a conforté cette relation russo-africaine[20]. L'idée d'accorder la formation aux étrangers africains en cette période est relative à la conjoncture sociopolitique avec la fin du servage sur le territoire russe en 1861, la reconfiguration du lien enseignant-enseigné et les effets du contexte international sous la conduite de la politique étrangère du pays[21]. Ces questions internes ont amené l'empire russe à porter son action internationale vers la dénonciation, par la promotion des idées de libertés des peuples et du respect des droits de l'homme[22].

Lors de la révolution bolchévique de 1917, ces changements sociopolitiques internes avaient guidé le déploiement de la politique internationale de la Russie post-tsariste[23]. Par conséquent, ces contingences internes du XIXᵉ siècle ont conduit l'empire russe à s'investir dans la transformation des mentalités, par l'octroi des savoirs aux peuples opprimés du monde et particulièrement ceux du tiers-monde[24]. En 1865, le Ministère impérial de l'éducation russe, à travers un décret, décida d'octroyer des bourses d'études de formation, aussi bien aux étrangers qu'aux Africains dans les universités russes[25]. L'intérêt des Russes pour l'Afrique entre le XVIIIᵉ et la fin du XIXᵉ

---

[18] Ibid.
[19] Ibid.
[20] Pour comprendre l'histoire des relations russo-africaines, voir I. Diener (2017), « Migrants d'Afrique subsaharienne en quête de formation à Moscou et Saint-Peterbourg : image de soi et d'autrui », *Cahier d'Etudes Africaines*, p.5 et A. Bassou (2019), « La Russie en Afrique... », p.5.
[21] N. Krylova (2017), « Le centre Perevalnoe et la formation des militaires en URSS », *Elites de retour de l'Est*, 226, pp. 309-401 ; I. Diener (2017), « Migrants d'Afrique subsaharienne... », p.5.
[22] Ibid.
[23] La chute du régime tsariste en 1917 a facilité l'élaboration des reformes au plan national ; telle que la priorisation de l'esprit idéologique. Ces transformations de la nation soviétique ont eu des effets dans la conduite de l'action à l'internationale.
[24] I. Diener (2017), « Migrants d'Afrique subsaharienne... », p. 5.
[25] Ibid. Seuls les Éthiopiens se retrouvaient dans l'école militaire de Perevalnoe.

siècle était plus manifeste en Afrique du Nord[26]. On peut dire que les transformations endogènes de l'empire russe ont eu des conséquences sur l'orientation et la perception des gouvernants politiques de l'empire russe sur l'étranger-proche ou lointain.

Le contexte international avant 1960 était une motivation historique de l'Union Soviétique pour la formation des Africains en général. À cette époque, les déterminants réorientés de la politique étrangère de l'Union des Républiques Socialistes et Soviétiques (URSS) reposaient sur le triomphe de l'esprit idéologique à travers la révolution lenino-marxiste, la promotion du communisme dans le monde et la volonté de reconnaissance de la puissance soviétique sur la scène internationale à partir de l'alliance amicale avec les pays capitalistes[27]. Mais, cette vision de la politique étrangère soviétique n'était pas destinée à s'orienter vers le Cameroun, au sens officiel, à cause de la divergence idéologique[28].

Le territoire camerounais sous l'emprise des puissances capitalistes ne s'ouvrait pas facilement au courant communiste[29]. Aussi, les gouvernants successifs en URSS, allant du régime tsariste jusqu'à Joseph Staline, en passant par Vladimir Oulitch Lénine, n'avaient pas pour priorité d'exporter la puissance de leur nation dans le tiers-monde. De même, seuls le maintien du contact et la construction d'une alliance pacifique avec les Occidentaux pouvaient permettre son rayonnement international[30], d'autant plus que le continent africain n'avait pas encore une valeur géopolitique[31]. Dans cette perspective, la coopération éducative et de formation entre le Cameroun et l'URSS ne s'illustre qu'à l'aune des indépendances. En cette période, elle était restreinte parce que de 1959 à 1960, treize Camerounais se sont rendus en Union soviétique pour des besoins de formation[32]. Des indépendances à la

---

[26] A. Bassou (october 2019), « La Russie en Afrique… », pp.81-115.
[27] M. Garder (1969), « La politique étrangère de l'URSS », *Politique étrangère*, n°2, 34ᵉ année, pp.134-136.
[28] Dans ces années 1950-1960, les divergences entre les deux pays étaient relatifs à l'omniprésence des puissances capitalistes sur le territoire camerounais et au soutien de l'URSS au mouvement de libération opposé à l'administration camerounaise.
[29] F. Pigeaud (2011), *Au Cameroun de Paul Biya*, Paris, Karthala, p. 17.
[30] G. Luciani (1939), « L'URSS comme facteur de la politique internationale », *Politique étrangère*, n°2, 4ᵉ année, pp.48-49 ; voir aussi E. P. Mosely. (1966), « La politique étrangère de l'URSS après Krouchtchev », *Politique Etrangère*, n°1, 31ᵉ année, p 13.
[31] V. Bartenev (2007), « L'URSS et l'Afrique noire sous Nikita Khrouchtchev : la mise à jour des mythes de la coopération », *Outre-mer, l'URSS et le Sud*, tome 94, n° 354-355, 1ᵉʳ semestre, pp 63-65.
[32] Voir statistiques de l'UNESCO 2014, cité par A. B. Eng Ndjel (2023), « La formation des Camerounais en Russie… ».

désintégration de l'URSS, les options de la politique étrangère de l'URSS adoptées par les différents leaders politiques justifient la politique de formation des Camerounais par les Soviétiques, puis les Russes.

1.2. 1.La redéfinition de la vision diplomatique de l'URSS pour la transmission des savoirs aux Africains (1960-1990)

Avec l'arrivée de Nikita Krouchtchev comme chef suprême de l'Union Soviétique en 1953, l'orientation internationale et la perception du monde de ce pays sont redéfinies[33]. Sa politique étrangère repose sur de nombreux marqueurs dont les principaux sont : la rupture de l'encerclement idéologique du capitalisme, le maintien de sa zone d'influence dans le tiers-monde et en Asie, la mise en place d'un cadre d'entente avec les USA et les autres puissances capitalistes[34]. Au courant des années 1960, l'intérêt de l'Union soviétique pour l'Afrique subsaharienne apparait mesuré[35], parce que les gouvernants précédents (Vladimir Oulitch Lénine et Joseph Staline) minimisaient le continent africain[36]. Il faut croire que « L'attitude du Kremlin envers les futurs leaders des nouveaux pays indépendants du tiers-monde resta idéologisée, dogmatique et méprisante. Le tiers-monde n'ayant pas encore une valeur géopolitique importante pour leur politique réelle »[37].

À ce titre, la volonté d'extension et de projection vers l'Afrique et particulièrement le Cameroun s'était réalisée par l'usage de la formation des cadres comme outil de « conquête des cœurs » du territoire[38]. Surtout que de nombreux territoires nouvellement indépendants avaient besoin des ressources humaines spécialisées, aptes à remplacer le départ des colonisateurs occidentaux[39]. À partir de 1963, l'Union Soviétique est considérée comme une superpuissance dans le domaine éducatif. De ce fait, l'origine de la formation des Camerounais dans ce pays s'explique par la vision interne appliquée des gouvernants précédents et par des rapports ambivalents qu'ils

---

[33] G. Luciani. (1939), « L'URSS comme facteur de politique internationale », pp.48-63.
[34] V. Bartenev, « L'URSS et l'Afrique noire sous Nikita Khrouchtchev… », pp.63-65.
[35] Ibid.
[36] Ibid.
[37] Ibid.
[38] C. Katsakioris (2017), « Creating a socialist intelligentsia: soviet educational aid and its impacts (1960-1991) », Cahiers d'Etudes Africaines, 226, pp.41-44.
[39] Voir les entretiens avec Dr M. Foutem, historien enseignant à l'Université de Dschang, le 14 novembre 2021, à 12h10-13h à Douala et avec le Dr L. S. Edong, historien enseignant à l'Université de Dschang, le 22 novembre 2021, à 13h35-15h à Douala.

entretenaient avec le camp capitaliste. En effet, la politique d'exportation de l'idéologie soviétique dans le monde, formulée par des dirigeants soviétiques, n'était pas un frein à leur volonté de garder le contact avec les Occidentaux capitalistes par un équilibre stratégique. La formation des Camerounais fut classée dans l'agenda soviétique, mais la mise en œuvre était lente et prudente parce que le Cameroun était idéologiquement proche du bloc capitaliste, notamment avec la France, en raison du poids de la colonisation[40].

La détente avec le camp occidental, notamment les États-Unis, se poursuivit jusqu'à l'arrivée au pouvoir en URSS de Leonid Brejnev en 1977 ; ce qui favorisa l'idée d'exportation idéologique et de poursuite de l'expansion dans le monde[41]. Cette période contrastée de détente et de dégradation des rapports entre les Soviétiques et les USA incita l'Union Soviétique à reconstruire son image de marque dans le tiers-monde et à faire face à la concurrence du bloc antagoniste[42]. C'est ainsi que l'engagement de l'Union Soviétique à la formation des Camerounais est accéléré au profit des entités organisationnelles et des mouvements de libération à l'instar de l'Union des Populations du Cameroun (UPC). C'est la raison pour laquelle on trouve dans des Universités et des écoles soviétiques, des militants comme : Felix Moumié, Ernest Ouandié, et Jacques Ngom.[43] Mais, dans les années 1980, la politique étrangère de l'Union Soviétique est marquée par des transformations et des basculements structurels[44]. Ces changements font suite aux différentes séquences survenues dans la succession politique en URSS : l'interrègne dirigé par Konstantin Tchernekov-Iouri Andropov et l'arrivée de Mikhail Gorbatchev[45]. Cette période de

---

[40]N. Mouelle Kombi (1996), *La politique étrangère du Cameroun*, Paris, L'harmattan. p.150.
[41] G. Luciani (1939) « L'URSS comme facteur de la politique internationale », p.49.
[42]Z. Laidi (1983), « L'URSS et l'Afrique : vers une extension du système socialiste mondial ? », *Politique Etrangère*, n°3, 48ᵉ année, p. 690.
[43]Voir les statistiques de l'URAP citées par C. Katsakioris (2017), « *Creating a socialist intelligentsia ...* », p.50. En fait, la tendance à l'évolution dans le processus de formation progresse à partir de l'année 1975-1976, avec 122 Camerounais formés, puis 347 autres de 1989-1990. Le dernier étudiant cité était devenu secrétaire général de l'Union Générale des travailleurs du Kamerun.
[44]E. Zalenskiy. (1991), « La crise du pouvoir en URSS (1988-juillet 1991) », *Revue d'Etudes Comparatives Est-Ouest*, vol 22, n° 2, pp. 5-12.
[45]Après la mort de Leonid Brejnev en 1982, l'Union Soviétique vit une période floue dans la conduite de sa politique étrangère. À cause d'une période d'intermède rotatif dirigée par Konstantin Tchernekov-Iouri Andropov, qui se succèdent jusqu'à la désignation de Gorbatchev au poste de premier secrétaire du PCUS et d'office dirigeant de l'URSS. Vers le milieu des années 1980, il engage des réformes orientées vers la « glasnost » et la « perestroika », et au plan mondial. Les déterminants de cette refondation institutionnelle s'appuient sur

transition, de 1982 à 1985, est marquée par des transactions internes au sein du Komintern en vue de trouver un successeur à Leonid Brejnev[46]. Ce qui fait que l'action internationale va connaître le statu quo, même si la vision du monde prônée par ce dernier est conservée au début du mandat de Gorbatchev.

Dès lors, la coopération éducative avec le tiers-monde et particulièrement avec le Cameroun n'avait aucune innovation ni de spécificités, car, elle était limitée. À ce titre, les données de l'Institut National des Statistiques de l'UNESCO (2014), allant de la période 1982-1985, montrent une variation décroissante de la formation des Camerounais en URSS[47]. La politique d'ouverture pacifique et de réformes, engagée par Mickhail Gorbatchev en 1985, maintient la formation des Camerounais de manière contrastée. Cette nouvelle politique visait l'embellissement de l'image de l'Union Soviétique auprès des acteurs internationaux du tiers-monde[48] en particulier, puisque les velléités d'exportation idéologique précédentes n'étaient pas acceptéess par les régimes politiques africains non-socialistes, voire non-communistes comme le Cameroun, à cause de la peur d'endoctrinement des étudiants[49]. Cet assouplissement idéologique adopté par l'Union Soviétique a favorisé non seulement la mise à disposition maximale des bourses pour les Camerounais vers l'URSS, mais a marqué aussi l'intérêt des Camerounais à son égard.

2. Les pesanteurs du contexte de luttes d'indépendances (1950-1975), une motivation pour former les Camerounais en URSS

Le contexte de lutte d'indépendance a impulsé la politique de formation des étrangers en URSS. La mobilité des étudiants camerounais pour des études en Russie avait aussi débuté durant ce contexte. Comment la quête de liberté en Afrique a-t-elle donc incité la mise en œuvre de la formation ? En fait, lorsque la mouvance de revendication des libertés au sein des nations africaines s'est amplifiée,

---

l'humanisation des relations internationales, la démilitarisation nucléaire, et la prévention des catastrophes nucléaires. Nous empruntons cet argument à A. B. Eng Ndjel (2023), « La formation des Camerounais en Russie… ».

[46] Ibid.

[47] Voir annexe cités par C. Katsakioris (2017), « *Creating a socialist intelligentsia…* », p. 50.

[48] V. Bartenev (2007), « L'URSS et l'Afrique sous Nikita Krouchtchev : la mise à jour des mythes de la coopération », *Outre-Mer*, pp. 63-82.

[49] C. Katsakioris(2017), « *Creating a socialist intelligentsia…*», p. 46.

l'Union Soviétique a décidé d'apporter son soutien aux mouvements de libération par l'entremise de la formation de ses cadres[50]. Cette option s'inscrivait dans la continuité de son engagement à soutenir des mouvements nationalistes étrangers pour lutter contre le fascisme en Europe. Ce soutien des groupes politico-nationalistes africains visait aussi à contrebalancer l'influence capitaliste. Dès lors, l'explication du contexte de liberté en Afrique, comme source de la formation, tient compte de l'aide soviétique à l'émergence des nouveaux mouvements nationalistes de libération (2.1) et du soutien accordé aux élites intellectuelles africaines (2.2).

2.1. Le soutien de l'URSS aux mouvements nationalistes de libération, un déclic de la formation des Camerounais

Les motivations de l'Union Soviétique à former les Africains et spécifiquement les Camerounais, dans le contexte de liberté de la période 1950-1960, étaient la continuité du soutien à la formation accordé aux nationalistes européens, en lutte contre le fascisme[51]. Ce soutien avait commencé lors de la Seconde Guerre mondiale, et progressait jusqu'au continent africain, notamment au Cameroun. Dans ce cadre, on distinguait deux types de mouvements de libération : les partis politiques anticoloniaux à l'instar de l'Union des Populations du Cameroun (UPC) et des organisations anti-gouvernementales comme l'Union Générale des Travailleurs du Kamerun (l'UGTK)[52]. L'URSS voulait renforcer l'engagement des mouvements nationalistes qui partageaient sa vision socialiste du développement. Les Soviétiques tentaient donc un renversement indirect des régimes capitalistes en place, et par conséquent, contrecarrer leur idéologie intégrée dans l'administration[53]. Toutefois, ces groupes nationalistes avaient bénéficié d'une formation qui évoluait au gré des rapports que l'URSS entretenait avec les puissances occidentales capitalistes d'une part et, avec les gouvernements africains non communistes d'autre part. Pendant les luttes d'indépendance au Cameroun, le soutien de l'Union Soviétique à l'UPC et ses branches armées, tel que le Comité Nationale d'Organisation (CNO) et l'Alliance Nationale de Libération du

---

[50] Ibid., pp 35-40.
[51] I. Diener (2017), « Migrants d'Afrique subsaharienne en quête de formation à Moscou… pp. 5-6 et N. Krylova (2017), « Le centre Perevalnoe et la formation des militaires en URSS », *Elites*…. p. 402.
[52] C. Katsakioris (2017), « Creating a socialist intelligentsia… », pp. 44-45. F. Pigeaud (2011), *Au Cameroun de Paul Biya*….pp. 17-18.
[53] Ibid.

Kamerun (ANLK)[54] a froissé la relation bilatérale sovieto-camerounaise[55]. À titre d'illustration, de 1955 à 1960, les Soviétiques ont ravitaillé les combattants de l'UPC et mis à la disposition des cadres du parti des bourses de formation idéologique[56]. En conséquence, leur coopération officielle avec le gouvernement camerounais s'est rompue[57].

Mais, l'impossibilité des mouvements de libération à renverser le gouvernement camerounais, d'essence capitaliste, avait conduit l'Union Soviétique à diminuer son soutien à la formation idéologique envers les groupes politico-armés de libération[58]. Certaines associations syndicales camerounaises comme l'UGTK, dont l'orientation idéologique n'était pas le communisme de facto, avaient aussi bénéficié de la formation soviétique[59]. Ce soutien visait à transformer et à réorienter leur vision du système politique et à recadrer leurs revendications vers une convergence avec l'idéologie sovieto-socialiste[60]. La logique de la formation qui guidait le parti communiste (PCUS) à cette époque était de donner aux leaders nationalistes africains un esprit critique et de dénonciation du système politique à orientation capitaliste[61]. Le processus de la formation des mouvements de libération et des organisations syndicales s'opérait dans le domaine civil (au plan universitaire) et militaire. À titre d'exemple, les militants de l'UPC tels qu'Ernest Ouandié, Felix Moumié et Jacques N'gom, Nyagnye Daniel, avaient reçu des formations universitaires, idéologiques et militaires de la part des Soviétiques[62]. La formation des jeunes camerounais en URSS s'explique aussi par le soutien intellectuel que manifestaient les Soviétiques pour la libération des colonies africaines.

---

[54] C'est le comité National d'organisation crée le 13 septembre 1958, après la mort de Um Nyobe Ruben. Le deuxième groupe est l'Armée Nationale de Libération du Kamerun créée le 1er octobre 1961.
[55] L.S Edong et T. Foutem, Historiens, entretiens.
[56] Ibid.
[57] A. D. Ndimina-Mougala (2009), « Les manifestations de la guerre froide en Afrique Centrale (1961-1989) », *Guerres Mondiales et Conflits Contemporains*, vol.1, n°233, pp.53-54.
[58] C. Katsakioris (2017), « *Creating a socialist intelligentsia…* », pp. 42-44.
[59] Ibid.
[60] Ibid.
[61] Pour bien comprendre les intentions qui commandent le processus de formation des Africains et des mouvements nationalistes de libération, lire C. Katsakioris (2007), « Transfert Est-Sud, échange éducatifs et formation des cadres africains en URSS pendant les années soixante », *Outre-Mer, l'URSS et le Sud*, tome 94, n° 354-355, 1er semestre, pp. 83-85.
[62] Ibid.

2.2. Le soutien de l'URSS à l'élite intellectuelle africaine : une voie vers la formation des Camerounais

Durant le processus de décolonisation en Afrique, l'Union Soviétique exprima son soutien aux pays colonisés qui militaient pour leur libération, en s'appuyant sur le volet éducatif et la formation[63]. Dès 1954, le soutien soviétique se manifeste par des actes de dénonciation de la colonisation occidentale dans les pays du tiers-monde. Par exemple, pendant le dîner d'une délégation de l'association France-Union soviétique à Tachkent, M. Kruckarov, Ministre de la Culture de la République Soviétique d'Ouzbékistan, porta un toast à l'indépendance de ces pays, après avoir condamné vigoureusement la politique coloniale du gouvernement français envers les pays d'Afrique du Nord[64]. Ces attitudes sont significatives de la perception que l'URSS avait sur la question de la décolonisation et de la libération des peuples. Pour l'URSS, « la véritable indépendance des colonies ne pourrait être que le fruit d'une révolution menée de front par le prolétariat de la métropole et celui des colonies »[65]. En plus de l'activisme dénonciateur des Soviétiques, s'ajoutait l'idée de rapprochement entre les intellectuels africains et soviétiques. Dans ce sens, des associations intellectuelles sovieto-africaines servaient de plateforme de lutte contre l'oppression des peuples du tiers-monde. À cette époque, il y avait le *Sovestkii Komitet solidarnoti stran Azii i Afriki* (SKSSAA)[66] qui était un comité de solidarité. Il a été fonctionnel après la conférence du Caire en Égypte en décembre 1957[67], et il facilitait la coopération politique, idéologique et culturelle avec ces pays d'Afrique.

En 1959, l'Union Soviétique fonde la *Sovetskaja associacijadruzby s narodani*i Afrikii (SADSNA) ; une Association d'Amitié avec les Peuples d'Afrique[68]. À travers cette association, l'Union Soviétique, en accord avec le Parti Communiste de l'Union Soviétique (PCUS), décide de fonder l'Université de Russie d'Amitié des Peuples (l'Urap) en

---

[63]C. Katsakioris (2006), « L'Union soviétique et les intellectuels africains : internationalisme, panafricanisme et négritude pendant les années de la décolonisation de 1954-1964 », *Cahiers du Monde Russe*, 47/1-2, pp.17-19.
[64]Ibid.
[65] Ibid.
[66]Il s'agit du Comité Soviétique de Solidarité avec les pays d'Asie et d'Afrique, il a été fondé en mai 1956.
[67] C. Katsakioris (2006), « L'Union Soviétique et les intellectuels africains ... », p.19.
[68]Ibid.

1960[69]. Cette *Universitet druzby narodov imeni P. Lumumby* était le canal privilégié de recrutement des Africains pour les études en URSS[70]. Le constat est qu'à cette époque, l'URSS se servait du regroupement des intellectuels des peuples colonisés, pour manifester son soutien à la libération de l'Afrique[71]. Cette mobilisation des écrivains africains s'inscrivait dans l'optique du développement de la conscience nationale des peuples pris dans le joug colonial[72]. Ce souhait fut martelé par Nikita Hruscev[73] lors de la première conférence organisée par l'Union des Écrivains Soviétiques à Tachkent en 1958[74]. Par conséquent, cet intérêt pour la décolonisation des peuples africains, par le canal de l'association des penseurs africains, permit le rassemblement des forces vives d'obédiences communistes et non-communistes[75]. Ces dernières militaient pour une cause commune à savoir : le combat anti-impérialiste.

Cette contribution intellectuelle à l'indépendance de l'Afrique positionnait les Soviétiques comme ces « amis sages » et guides intellectuels des États en quête de liberté, même si, la plupart de ces États comme le Cameroun, étaient sous l'emprise des valeurs anti-communistes. Grâce à cette proximité sovieto-camerounaise, le Cameroun a bénéficié du soutien intellectuel de l'Union Soviétique,[76] puisqu'à la conférence de Tachkent d'octobre 1958 à juin 1959, la participation et la prestation du poète camerounais, Benjamin Matip, avait été appréciée par les organisateurs soviétiques[77]. À partir de ce moment, les Camerounais et les Soviétiques décident de se découvrirent mutuellement au plan idéologique et éducatif[78]. Pourtant, d'autres intellectuels camerounais, membres de la Société Africaine de Culture (SAC), avaient des réticences vis-à-vis du système éducatif soviétique,

---

[69]G.J.C. Kouma (2019), «Russian scientific diplomacy in Africa: the case of the people's friendship», *University of Russia (RUDN University)*, n° 10, pp. 44-45.
[70]Ibid.
[71]C. Katsakioris (2006), « L'Union Soviétique et les intellectuels africains … », pp.16-19.
[72]Ibid.
[73] C'est selon la prononciation russe du nom Krouchtchev.
[74]C. Katsakioris (2006), « L'Union Soviétique et les intellectuels africains … », pp. 16-19.
[75]Ibid.
[76]Ibid
[77]Pour en savoir plus sur la lettre et le poème produit par Benjamin Matip, publiés au journal de Moscou le 28 avril 1959 et sur la conférence de Tachkent en général, voir également les rapports de l'ambassadeur de France à Moscou, D. Maurice, Dans les archives du Ministère des Affaires Etrangères, série « Europe », sous série « URSS 1944-1960 », n°229, série 36, sous série 36, dossier 4, Fo. 102-104, 113-123, cités par C. Katsakioris (2006), « L'Union Soviétique et les intellectuels africains… », pp. 16-19.
[78]Cette période marque aussi le début de la mobilité estudiantine en URSS.

à cause de leur formation initiale d'origine occidentale[79]. Retenons tout de même que ce rapprochement intellectuel fut le déclic du choix de l'itinéraire de l'Union Soviétique pour la formation en sciences sociales, en science politique, et en médecine[80]. Ces disciplines étaient des instruments de diffusion de l'idéologie communiste et d'apprentissage de la politique. Toutefois, dès 1968, ces disciplines deviennent facultatives pour les pays du tiers-monde non-communistes[81].

3. Rapprochement diplomatique des deux pays et formation des Camerounais en URSS (1960-1990)

L'orientation réciproque des politiques extérieures du Cameroun et de l'URSS aurait-elle un lien avec la formation des Camerounais en Russie? Cette question nous permet d'appréhender le rapprochement entre les deux pays qui s'est opéré dans le contexte des indépendances en Afrique, de la guerre froide et de la maturité politique du Cameroun indépendant[82]. Le Cameroun avait adopté une posture internationale stratégique et diversifiée, tandis que l'URSS tentait de manifester ses ambitions de projection dans le continent[83]. La coopération à la formation entre le Cameroun et l'Union Soviétique s'explique donc par les motivations du gouvernement camerounais de s'ouvrir vers l'Est (3.1) et la volonté de projection des gouvernements soviétiques vers ce jeune territoire (3.2).

3.1. Le rapprochement diplomatique du Cameroun vers l'Union Soviétique à partir des années 60 : un facteur favorable à la formation des jeunes Camerounais en URSS

Tout part de l'orientation diplomatique du Cameroun vers l'Union Soviétique après l'indépendance en 1960. Dans ce contexte, les nouvelles autorités politiques camerounaises avaient élaboré un corpus

---

[79]Ibid.
[80]Ibid. Ces spécialités étaient les plus attractives pour des raisons idéologiques, et pour la qualité de la technologie médicale.
[81]C. Katsakioris (2021), « Des Cadres formés pour une Afrique socialiste : l'Université Patrice Lumumba et la formation des étudiants africains (1960-1991) », Varias, https://oap.unige.ch/rhca/article/viewcariakatsakioris.
[82]Y. A. Chouala (2014), *La politique extérieure du Cameroun*, Paris, Karthala.
[83]F. Pigeaud (2011), *Au Cameroun de Paul Biya*, p. 18 et C. Katsakioris (2018), « Une superpuissance éducative : l'Union Soviétique et la formation des élites du tiers-monde (1956-1991) », *Travers Accueillir*......p.109.

de vision diplomatique[84]. Parmi les marqueurs récurrents et permanents de cette diplomatie, figuraient la souveraineté et l'indépendance nationale, le non-alignement et la coopération sans exclusive[85]. Ces piliers de la diplomatie camerounaise permettent de comprendre l'essence de la proximité diplomatique entre le Cameroun et l'URSS, même si la présence latente des valeurs de l'administration coloniale française et anglaise perdurait dans le système politique camerounais jusqu'aux années 1970[86]. En 1966, le Président Amadou Ahidjo affirmait : « Le Cameroun est ouvert à tout pays qui entend nouer des relations avec lui sur la base de l'égalité, de la réciprocité, du respect mutuel des souverainetés et de la non-ingérence »[87].

Au début des années 1980, le changement de l'ordre politique gouvernant au Cameroun, et la reconfiguration du contexte mondial n'ont pas empêché le maintien de cette politique internationale du Cameroun[88]. En 1985, le Président de la République Paul Biya avait aussi martelé qu'« Il s'agit par la diversification de nos échanges économiques et culturels, d'étendre aux confins de tous les territoires habités par les peuples de bonne volonté, le message fraternel, d'unité de paix du peuple camerounais »[89]. Ainsi, cette ouverture partenariale dévoilait la volonté du Cameroun d'exprimer sa maturité politique sur la scène mondiale. C'est ce que Yves Alexandre Chouala souligne en ces termes : « La présence diplomatique du Cameroun en Europe de l'Est, quoique symbolique (est le)…manifeste du non-alignement et de son émancipation à l'égard des blocs »[90].C'est la raison pour laquelle, en 1966, le Président Ahmadou Ahidjo, n'avait pas hésité à honorer l'invitation du Président du Soviet suprême : Leonid Brejnev, à Moscou. Par ailleurs, le gouvernement camerounais s'était tourné vers l'Union Soviétique dans un contexte de consolidation et de durcissement du régime post indépendant[91].

---

[84] Y. A. Chouala (2014), *La politique extérieure du Cameroun*, p. 176.
[85] Ibid.
[86] Ibid
[87] Voir A. Ahidjo (1964), *Contribution à la construction nationale*, Paris, Présence Africaine, pp. 47-49.
[88] Y. A. Chouala (2014), *La politique extérieure du Cameroun*, p. 39.
[89] Rapport de politique générale du Président National du Rassemblement Démocratique du Peuple Camerounais (RDPC), son excellence Paul Biya, le congrès du renouveau, Bamenda 21-24 mars 1985, p. 38.
[90] Y. A. Chouala (2014), *La politique extérieure du Cameroun*, p. 176.
[91] J. Siègle (16 mai 2022), « La Russie et le futur ordre international en Afrique », *Centre d'Etudes Stratégiques de l'Afrique*.

Dans sa relation avec l'URSS, le Cameroun tentait d'obtenir une assistance afin de stabiliser le pays[92]. À ce propos, Thierry Foutem et Léopold Sedar Edong, relèvent que : « La menace sécuritaire brandie par les derniers nationalistes résistants de l'UPC dans les années 1970, visait à contester l'indépendance « factice » octroyée par la France. Ce qui obligea le Président Ahidjo à se tourner vers les Soviétiques »[93], dans un contexte où l'aide française s'était avérée insuffisante[94]. À travers ce revirement vers les Soviétiques en cette période de confrontation idéologique des blocs, le Cameroun, par l'entremise du Président Ahidjo, a pris une option stratégique. L'évolution de la relation diplomatique entre les deux pays allait donc justifier la mise en œuvre de la coopération éducative et plus précisément la formation des jeunes camerounais en Union Soviétique. Cette formation en URSS avait succédé à une période de rupture diplomatique entre les deux États. Narcisse Mouelle Kombi note que : « L'évolution dans l'attitude de Moscou vis-à-vis du régime en place à Yaoundé a redynamisé les relations entre les deux pays et ajouté à cela l'adoption de la politique de diversification des partenaires souhaitée par les deux États »[95].

Le rapprochement sovieto-camerounais amena ainsi le gouvernement camerounais à copier le modèle de gouvernance soviétique, notamment le socialisme planifié[96]. Cette proximité vers le modèle soviétique avait impacté la croissance des étudiants camerounais vers l'URSS de 1975 à 1981[97]. Toutefois, dans les années 1980, la coopération éducative qui liait les deux États n'était pas dense, car, de 1980 à 1981, l'on dénombrait 126 étudiants camerounais formés contre 50 de 1984 à 1985[98]. Cette coopération s'est poursuivie pendant la période 1982-1990.

---

[92] F. Pigeaud (2011), *Au Cameroun de Paul Biya*, p. 17.
[93] Entretien avec Dr T. Foutem, Historien des relations internationales, et, Dr L. S. Edong, Historien des civilisations. Tous les deux sont chercheurs à l'Université de Dschang au Cameroun.
[94] Ibid.
[95] Voir N. Mouelle Kombi (1996), *La politique étrangère du Cameroun*, p. 150 et suivant, cité aussi par A. B. Eng Ndjel (2017), « La Russie au Cameroun : analyse d'une offensive politico-diplomatique de l'an 2000 à nos jours », mémoire de Master en science politique, Université de Douala.
[96] F. Pigeaud (2011), *Au Cameroun de Paul Biya*, pp.17-18.
[97] Voir les statistiques de l'Unesco 2014, citées par C. Katsakioris (2017), « Creating a socialist intelligentsia... », p. 45.
[98] Ibid. Notons que ces chiffres ne comptent pas le nombre d'étudiants-militaires formés sur ce territoire.

La coopération sans exclusive[99] est toujours demeurée l'un des piliers importants de l'action internationale du Cameroun. Aussi, les transformations du monde à la fin du XXᵉ siècle ont influencé le maintien du contact entre les deux territoires. Dans ce sens, Léopold Edong explique que : « Le Président Biya, après la chute du mur de Berlin, suivie de l'avènement de la démocratie et ses contraintes, face donc aux pressions des grandes puissances capitalistes, le Cameroun décide de s'ouvrir à la nouvelle Russie »[100]. En 1992, le gouvernement camerounais reconnaissait officiellement la Russie renaissante comme héritière de l'URSS désintégrée et réaffirmait sa volonté de coopérer avec elle[101].

3.2. La volonté de projection des gouvernements soviétiques vers le jeune territoire du Cameroun à travers la formation des étudiants camerounais en URSS

La politique africaine de l'URSS, des années 60 et 70, s'était orientée vers le Cameroun[102], parce qu'il fallait poursuivre le soutien aux pays africains qui continuaient à ressentir le joug colonial, malgré les indépendances[103]. Il est également à relever que les gouvernements soviétiques dirigeaient leur action diplomatique vers ce jeune État, à cause de l'atmosphère de guerre froide qui tendait ses ramifications en Afrique[104]. Ce bilatéralisme[105] soviéto-camerounais se développait et évoluait selon les contingences sociopolitiques endogènes de l'Union Soviétique. La projection de l'Union Soviétique vers le Cameroun était réalisée par la mobilité des jeunes Camerounais vers le territoire soviétique grâce aux bourses d'études.

En période de guerre froide, la formation et l'éducation étaient des vecteurs à partir desquels les gouvernants soviétiques pouvaient

---

[99] Y.A. Chouala (2014), *La politique extérieure du Cameroun*, p. 175.
[100] Ibid.
[101] Entretien avec Madame Zongo, diplomate à la direction de la coopération avec l'Europe Orientale, Minrex 2016.
[102] E. P. Mosely (1963), « La politique étrangère de l'URSS après Krouchtchev », *Politique Etrangère*, n°1, 1963, 31ᵉ année, p. 13.
[103] M.S. Birgerson, V. A. Kozhemiakin, E. R. M. Kanet (1996), « Politique russe en Afrique : désengagement ou coopération ? », *Revue d'Etudes Comparatives, Est-Ouest*, vol 27, n°3, p. 150.
[104] Cette relation diplomatique devient officielle le 20 février 1964, et, cette date correspond au contexte de la guerre froide entre l'URSS et le Bloc capitaliste.
[105] Ce concept a aussi été cité par G. J. C. Kouma (2022), *Le Bilatéralisme russo-camerounais : vers un véritable partenariat stratégique ?*, Paris, L'Harmattan, Il désigne le lien, les rapports entre les deux États sur le plan diplomatique, économique voire culturel.

diffuser leur vision sur le territoire camerounais[106]. Dans le milieu des années 1950, les voyages des étudiants camerounais vers le territoire soviétique s'opéraient sans traçabilité institutionnelle, parce que le Cameroun n'était pas encore un État souverain[107]. En 1964, l'officialisation du rapprochement diplomatique entre l'URSS et le Cameroun, à travers les accords et les protocoles[108], a contribué à institutionnaliser la formation des jeunes étudiants camerounais dans les universités et les instituts soviétiques. La volonté des Soviétiques de se projeter au Cameroun, à travers la formation a rendu possible la création des partenariats dans les domaines éducatifs, scientifiques, miniers et technologiques. Dans les années 1960, les deux pays ont signé des accords de partenariats pour la construction des écoles de formation, notamment l'école des eaux et forêts, et l'Institut de Recherche en Agronomie l'actuel IRAD[109]. La pénétration de l'URSS au Cameroun par le biais de la formation s'est poursuivie jusqu'aux années 80, par l'arrivée des missions d'études scientifiques et de prospections minières[110]. Il s'agit de la mission du Chercheur Sokolov, menée en 1984 au Cameroun pour la prospection minière et une étude aromagnétique. Cette mission d'étude soviétique avait suscité la curiosité et l'intérêt de certains jeunes Camerounais pour l'URSS[111]. C'est ainsi que vers la fin des années 80, le nombre d'étudiants camerounais dans les Universités soviétiques a augmenté rapidement, passant de 115 étudiants en 1985 à 321 en 1991[112]. L'orientation de la diplomatie soviétique vers le Cameroun, par l'entremise de son offre de formation, a favorisé la constance dans la relation bilatérale entre les deux États, notamment au plan diplomatique et culturel.

---

[106] A. B. Eng Ndjel (2023), « La formation des Camerounais en Russie : essai de compréhension et d'évaluation… ».
[107] Ibid.
[108] Il s'agit du cadre juridique qui encadre la coopération éducative entre l'URSS et le Cameroun. A ce titre, l'accord de coopération culturelle a été paraphé le 22 mars 1963 et celui relatif à la formation des cadres a été renouvelé le 07 octobre 1999. Entretien avec G. J. C. Kouma, Conseiller à l'Ambassade du Cameroun en Russie le 18/11/2021.
[109] Ibid.
[110] A.B Eng Ndjel (2023), « La formations des Camerounais en Russie : essai de compréhension et d'évaluation… » ; entretien avec un ancien étudiant de Russie et enseignant de la faculté des sciences de l'Université de Douala, octobre 2021.
[111] Entretien avec Ndjontu Laurent, ancien étudiant en Russie, juillet 2021.
[112] Statistiques de l'Unesco 2014 cité par C. Katsakioris (2017), « *Creating a socialist intelligentsia : soviet educational aid and its impacts* (1960-1990) », *Cahiers*… p 45. Notons que ces chiffres ne prennent pas en compte le nombre d'étudiants-militaires formé sur ce territoire.

Conclusion

La formation des Camerounais en Union Soviétique et en Russie a une origine lointaine. Elle s'enracine dans la politique africaine de l'empire russe depuis 1704, qui consistait à élargir son engagement vers l'instruction des étrangers et surtout des Africains sur son territoire. En fait, l'institutionnalisation de cette politique de transmission des connaissances aux peuples du tiers-monde par le décret impérial d'Alexandre II visait non seulement à former des peuples sous le joug de la colonisation, à leur partager un modèle alternatif, mais aussi à embellir l'image de l'URSS. De même, cette formation était liée aux orientations empruntées par la politique étrangère depuis l'empire jusqu'à l'avènement de l'URSS. La formation des Camerounais s'inscrivait donc dans un contexte généralisé.

Le processus de formation des Camerounais était tributaire des intérêts qui animaient à la fois Moscou et le Cameroun indépendant. Lesdits intérêts pilotaient aussi leurs visions internationales. En fait, la politique extérieure de l'URSS dépendait des choix stratégiques des gouvernants successifs. Son contexte sociopolitique était favorable au soutien des groupes nationalistes de libération dans le domaine politico-idéologique. Au Cameroun, si le contexte de libération avant l'accession à l'indépendance avait aussi incité à la formation en URSS, c'est après 1960 que les choses se mettent véritablement en place. En 1963, la signature du premier accord culturel entre le Cameroun et l'URSS coïncide avec l'établissement des relations diplomatiques et l'atteinte de la maturité politique du territoire. Une situation qui va faciliter la mobilité des étudiants et des militaires camerounais vers les Universités et les écoles soviétiques. *In fine*, la politique de formation des jeunes camerounais en URSS s'est inscrite dans la continuité, même si elle est marquée par des variations à la fois croissante et décroissante.

Références bibliographiques

Ahidjo A. (1964), *Contribution nationale*, Paris, Présence Africaine.
Bartenev V. (2007), « L'URSS et l'Afrique noire sous Nikita Krouchtchev : la mise à jour des mythes de la coopération », *Outre-Mer, l'URSS et le Sud,* Tome 94, n°354-355, 1er semestre, pp. 63-82.
Bassou A. (2019), « La Russie en Afrique renouvellement d'une ancienne relation ou création nouvelle ? », *Policy Centers for New South*, october 2019, pp. 81-115.

Birgerson M. S., Kozhemiakin V.A., Kant E.R. (1996), « Politique russe en Afrique désengagement ou coopération ? », *Revue d'Etudes Comparatives, Est-Ouest*, Vol 27, n°3, pp.145-168.

Biya P. (21-24 mars 1985), Rapport de politique générale du Président National du RDPC, Le congrès du renouveau, Bamenda, p. 38.

Chouala. A (2014), *La politique extérieure au Cameroun : Doctrine, acteurs, processus et dynamiques régionales*, Paris, Karthala, 2014.

Diener I. (2017), « Migrants d'Afrique Subsaharienne en quête de formation à Moscou et Saint Peterbourg : image de soi et d'autrui », *Cahier d'Etudes Africaines*, pp. 3-11,
url : https://do.org/10400/étudesafricaines

Durkheim E. (1985), *Education et sociologie*, Paris, PUF.

Eng Ndjel A .B. (2017), « La Russie au Cameroun : analyse d'une offensive politico-diplomatique de l'an 2000 à nos jours », Mémoire de Master en Science Politique, Université de Douala.

Eng Ndjel A.B. (2023), « La formation des Camerounais en Russie : essai de compréhension et d'évaluation d'une coopération éducative (1963-2022) », Thèse de doctorat en science politique, Université de Douala, en attente de soutenance.

Garder M. (1969), « La politique étrangère de l'URSS », *Politique Etrangère*, n°2, 34 année, pp. 133-159.

Katsakioris C. (2006), « L'Union Soviétique, internationalisme, panafricanisme et négritude pendant les années de la décolonisation de 1954-1964 », *Cahiers du Monde Russe*, 47/1-2, url://https://monde.russe.revues.org/9689.Consulté le 18 mars 2016.

Katsakioris C. (2007), « Transfert Est-Sud, échange éducatifs et formation des cadres africains en URSS pendant les années soixante », *Outre-¨Mer, l'URSS et le Sud*, tome 94, n° 354-355, 1er semestre, pp. 83-106.

Katsakioris C. (2015), « Les leçons soviétiques. La formation des étudiants africains et arabes en URSS pendant la guerre froide », thèse de doctorat, Paris, EHESS,

Katsakioris C. (2018), « Une superpuissance éducative : l'Union soviétique et la formation des élites du tiers-monde (1956-1991) », *Travers Accueillir l'étudiant(e)*, vol 1, pp. 5-18.

Katsakioris C. (2017), « Creating a socialist intelligentsia: soviet educational aid and its impacts (1960-1991*), Cahiers d'Etudes Africaines,* n° 226, pp. 29-53.

Katsakioris C. (2021), « Des Cadres pour une Afrique socialiste : L'université Patrice Lumumba et la formation des étudiants africains

(1960-1991) », *Varias*, https://oap.unige.ch/rhca/article/viewcariakatsakioris.Consulté le 22 juin 2022.

Kombi Mouelle N. (1996), *La politique étrangère du Cameroun*, Paris, Harmattan.

Kouma G. J. C. (2019), « Russian scientific diplomacy in Africa: the case of the people's friendship", *University of Russia (RUDN University)*, n°10, pp. 44-49.

Kouma G.J.C. (2022), *Le bilatéralisme russo-camerounais : vers un véritable partenariat stratégique ?* Paris, L'Harmattan.

Krylova N. (2017), « Le centre Perevalnoe et la formation des militaires en URSS », *Elites de retour de l'EST*, 226, pp. 339-416.

Luciani G. (1939), « L'URSS comme facteur de politique internationale », *Politique Etrangère*, n°2, 4e année, pp. 48-63.

Morgenthau H. (1952), «Another great debate : the national interest of the united states», *American Political Science Review*, vol. 46, pp. 961-988.

Mosely E. P. (1966), « La politique étrangère de l'URSS après Krouchtchev », *Politique Etrangère*, n°1, 31e année, pp. 5-19.

Ndimina-Mougala A. D. (2009), « Les manifestations de la guerre froide en Afrique Centrale (1961-1989) », *Guerres Mondiales et Conflits Contemporains*, vol 1, n°233, pp. 53-65.

Perrineau P. (1975), « Sur la notion de culture en anthropologie », *Revue Française Science Politique,* Fondation Nationale Des Sciences Politiques, vol 25, n° 5, pp. 946-968.

Pigeaud F. (2011), *Au Cameroun de Paul Biya*, Paris, Karthala.

Radcliffe-Brown A. R. (1972), *Structure et fonction dans la société primitive*, Paris, Minuit.

Roches J. J. (2002), *Théories des relations internationales*, Monchrestien, 4e édition.

Yengo P. De Saint Martin M. (2017), « Quelles contributions des élites « rouges » au façonnement des Etats post-coloniaux ? », *Cahiers d'Etudes Afriques*, n°226, pp. 4-28.

Zaiki L. (1983), « L'URSS et l'Afrique: vers une extension du système mondial ? », *Politique Etrangère*, n°3, 48e année, pp. 679-699, https://www.persée.fr/doc/polit-0032.Consulté le 25 mars 2018.

Zalensky E. (1991), « La crise du pouvoir en URSS (1988-juillet1991) », *Revue d'études Comparatives Est-Ouest*, vol. 22, n°2, pp. 5-57.

Chapitre 3 :

La Conférence du Caire (1957 – 1958) : un « Kominform afro-asiatique " ?

Nicolas Fernandez BOUVERET

Résumé

La conférence afro-asiatique (1957-1958) constitue un tournant majeur dans la stratégie africaine de l'Union Soviétique. Enhardie par sa victoire diplomatique à Suez qui l'auréola d'une image de protectrice des peuples opprimés, l'offensive diplomatique soviétique sur le continent africain se fait, dès lors, plus vive. L'URSS utilise cette conférence comme un véritable tremplin pour sa politique étrangère vers l'Afrique. Elle reconnaît *de facto* des représentants de nations appartenant encore à l'Union française, en appelle à la lutte armée dans les colonies, fonde des liens avec les dirigeants de la potentielle « future Afrique » et s'affirme comme un modèle de développement à suivre par les pays décolonisés. Plus qu'un allié objectif face à l'impérialisme, l'Union Soviétique apparaît comme un phare mettant son expérience au service des peuples du Tiers-Monde. En outre, l'attitude adoptée par les Soviétiques vis-à-vis des puissances coloniales gagne en agressivité et en ambition. Cette étude qui s'appuie principalement sur l'analyse de diverses sources écrites, montre comment, à travers cette conférence, l'URSS tente, à l'orée des indépendances, de se rapprocher diplomatiquement, économiquement et idéologiquement d'un continent africain en pleine mutation.

Mots-clés : communisme, décolonisation, influence, Afrique, URSS

Abstract

The Afro-Asian Conference (1957-1958) was a major turning point in the Soviet Union's African strategy. Emboldened by its diplomatic victory at Suez, which gave it the halo of an image of protector of

oppressed peoples, the Soviet diplomatic offensive on the African continent became more intense from then on. The USSR uses this conference as a real springboard for its foreign policy towards Africa. It recognizes de facto representatives of nations still belonging to the French Union, calls for armed struggle in the colonies, establishes links with the leaders of the potential « future Africa » and asserts itself as a model of development to be followed by decolonized countries. More than an objective ally in the face of imperialism, the Soviet Union appears as a beacon putting its experience at the service of the peoples of the Third World. In addition, the attitude adopted by the Soviets vis-à-vis the colonial powers grew in aggressiveness and ambition. This study, which is mainly based on the analysis of various written sources, shows how, through this conference, the USSR tries, on the verge of independence, to get closer diplomatically, economically and ideologically to an African continent in full mutation.

Keywords*: communism, decolonization, influence, Africa, USSR*

Introduction

Au cœur des années 1950, l'Égypte devient le poumon du mouvement anti-colonial, irriguant de son esprit les groupes de résistance à la colonisation occidentale. L'Égypte est un acteur, autant qu'un symbole d'un « tiers-mondisme »[1] anti-impérialiste naissant. En 1956, Nasser, premier Président de l'ère républicaine égyptienne, annonce la nationalisation de la compagnie du canal de Suez au détriment d'intérêts économiques franco-britanniques. Vexation supplémentaire pour les impérialistes occidentaux, l'Égypte, appuyée par l'URSS, tient tête à l'agression militaire franco-britannique qui s'en suit. C'est par cet acte fondateur que naît, selon Marc Ferro, le « Tiers-Monde »[2], en tant que groupement d'entités géopolitiques mues par la même volonté de résister à la colonisation et à l'impérialisme

---

[1] Alors que, durant la Guerre Froide, deux mondes, capitalistes et communistes, s'affrontent, émerge, avec les indépendances, un troisième monde. Ce "Tiers-Monde" selon l'acception d'Alfred Sauvy, est "le plus important" démographiquement et composé des pays qu'on appelait alors en Occident de façon ethnocentrisme, "les pays sous-développés". Ces pays, pour la plupart nouvellement indépendants, désiraient devenir une entité géopolitique capable de tenir tête à l'impérialisme. (Alfred Sauvy. *Trois mondes, une planète*. Paris, 14 août 1952, chap. 118, p. 14).

[2] Ministère des affaires étrangères. *Fonds Europe. 208QO, 259. Série 36, sous-série 23, dossier 16, URSS. Politique extérieure, Relations de l'Afrique avec l'URSS. Janvier 1956 - Décembre 1960.* f.39 – 40.

occidental. Cette fragilisation des positions stratégiques et morales françaises et britanniques en Afrique du Nord, comme une plaie béante menaçant d'infecter le reste des vieux empires, ne peut être permise que par le franc soutien accordé par l'URSS à la nouvelle Égypte.

Véritable poudrière d'intérêts antagonistes opposant les impérialismes français et britanniques, à une Union Soviétique khrouchtchévienne[3] voyant une corrélation et une interdépendance entre la lutte pour le socialisme international et la lutte pour les indépendances nationales, l'Égypte s'embrase. Au plus fort de la crise, les gouvernants égyptiens peuvent compter sur l'appui soviétique. Sortie grandie par le renforcement de ses positions stratégiques en Afrique du Nord, et de ses positions morales dans les esprits des peuples colonisés, l'Union soviétique mène, dès lors, une propagande anti-impérialiste active en Égypte, et par ricochet, sur le continent africain tout entier.

La conférence du Caire, ouverte du 26 décembre 1957 au 1er janvier 1958, voit l'exacerbation de l'agressivité de la propagande soviétique sur le continent. Cette conférence des peuples afro-asiatiques à laquelle participent des représentants d'États éminents du bloc socialiste, aux devants desquels la Chine populaire et l'Union Soviétique, apparaît, pour les chancelleries occidentales, comme une véritable tentative de constitution d'un « Kominform afro-asiatique » – pour reprendre les termes anxieux de l'ambassadeur français à Moscou, Maurice Dejean[4]. Le Kominform était l'organe permettant au gouvernement soviétique de contrôler l'idéologie et la politique des États et partis communistes de 1947 à 1956.[5] En comparant abusivement cette conférence au défunt Kominform, dissous dans le contexte de la « coexistence pacifique », Dejean affirme qu'elle fut utilisée par l'Union Soviétique pour asseoir politiquement et idéologiquement son influence sur les pays du Tiers-Monde.

---

[3] Après le long règne de Staline, Khrouchtchev devient le dirigeant de l'Union soviétique. Désirant briser la politique stalinienne de renfermement sur son bloc, il déploie la diplomatie soviétique vers les pays nouvellement indépendants, à l'instar de l'Inde de Nehru ou de l'Égypte de Nasser. L'URSS de Khroutchtchev se tourne vers les pays du Sud afin de gagner des soutiens face à la superpuissance étasunienne.
[4] V. Lénine. *L'impérialisme stade suprême du capitalisme*. 1917.
[5] Le Kominform succédait à l'Internationale communiste. Cette dernière regroupait les partis partisans du régime soviétique et servait à l'URSS stalinienne à leur passer ses directives. Elle fut dissoute en 1943, au cœur de la Seconde Guerre mondiale, dans un souci de détendre les relations avec les Alliés. En 1947, le Kominform remplaça l'Internationale communiste. Regroupant principalement les partis communistes européens, son objectif était d'organiser et de contrôler l'évolution politique et idéologique des partis ou États y participant.

Dès lors, il apparait logique de se demander pourquoi cette conférence s'apparente à une tentative de mise en œuvre d'un instrument de contrôle de la politique des États et des partis anti-impérialistes africains et asiatiques ? D'abord, nous analyserons les origines et l'organisation de cette conférence fortement influencée par le mouvement communiste. Ensuite, il s'agira de saisir comment l'Union Soviétique utilise cette conférence pour asseoir son influence sur le « Tiers-Monde » et, en particulier, en Afrique. Enfin, nous essaierons de comprendre comment l'Union Soviétique profite de cette conférence pour opérer un rapprochement avec des acteurs anti-impérialistes africains, en influençant idéologiquement et politiquement certains durant la décennie qui suit.

1. Vers la conférence du Caire : les fondements de la politique africaine de l'URSS et l'organisation de la conférence.

Tenue en 1957, la conférence du Caire n'apparaît pas comme un « accident historique », c'est-à-dire un fait absolument inattendu dans le cours des relations entre l'URSS et l'Afrique. Si elle fut motivée par des circonstances particulières liées à la Guerre Froide, son organisation est rattachée au processus d'institutionnalisation de la politique africaine de l'URSS, qui permit à cette puissance de tisser et d'affirmer ses relations avec nombre de territoires africains.

1.1. Les fondements de la politique africaine de l'URSS

La politique soviétique en Afrique connaît, depuis le XXe Congrès du Parti communiste d'Union Soviétique (PCUS) tenu en 1956, un saut qualitatif remarquable. Sa doctrine évolue. Pour les Soviétiques, le triomphe du communisme sur le capitalisme à l'échelle internationale passe, nécessairement, par la victoire des peuples d'Afrique et d'Asie sur l'impérialisme occidental. En 1917, Lénine affirmait déjà que les fondements de l'impérialisme occidental étaient le fruit de l'émergence du mode de production capitaliste comme mode de production dominant à l'échelle mondiale[6]. Course coloniale et essor du capitalisme étaient, selon lui, corrélés.

---

[6] V. Bartenev. "L'URSS et l'Afrique noire sous Khrouchtchev : la mise à jour des mythes de la coopération", in *Outre-mer*, tome 94, n°354-355, 1er semestre 2007. L'URSS et le Sud. pp. 63-82.

Une spécificité nouvelle à la politique extérieure soviétique apparaît à l'ère khrouchtchévienne. La politique africaine de l'Union soviétique était, depuis les années 1920, fondée sur la retenue. Le seul rôle que devait jouer le prolétariat africain dans la révolution communiste mondiale était de « suivre le réveil du prolétariat européen »[7]. Les leaders nationalistes ou panafricanistes étaient considérés par Staline comme peu fiables, n'ayant pas la capacité d'assurer eux-mêmes une révolution contre l'impérialisme. Au début des années 1950, l'Afrique n'avait pas encore de valeur géopolitique dans ce que Molotov appelait la politique « naturelle » des Soviétiques[8], c'est-à-dire leur stratégie globale d'aide à la fomentation de révolutions prolétariennes.

Le communisme stalinien, à l'opposé des conceptions trotskistes de « révolution permanente »[9], était fondé sur l'idée que la construction du socialisme pouvait être poursuivie par des logiques nationales et en procédant par étapes. Conséquence de sa volonté de construire le socialisme « dans un seul pays », l'URSS stalinienne était piégée dans son « complexe de la forteresse assiégée »[10]. La déstalinisation permit à Khrouchtchev d'engager son pays vers une sortie de cette léthargie géopolitique stalinienne ; l'URSS étant alors engluée dans son glacis oriental. Khrouchtchev multiplia avec hardiesse les partenariats, désirant déployer sa diplomatie vers les pays du Sud. En cette année 1958, le prestige mondial de l'URSS khrouchtchévienne était à son apogée, corrélativement à la mise au point de la bombe à hydrogène en 1955, à la nationalisation du canal de Suez par Nasser en 1956 et aux progrès soviétiques dans la course à l'espace.

Si sous Staline, les intérêts nationaux de l'URSS ne convergent pas avec les intérêts internationaux des peuples colonisés d'Afrique, au cours des années 1950, cet état de fait évolue. Course à l'hégémonie[11] et implantation dans le « Tiers-Monde » sont désormais synonymes pour l'Union Soviétique. Comme l'explique à juste titre Vladimir Bartenev, « l'institutionnalisation de la dimension africaine dans la

---

[7]Hégémonie au sein d'un camp socialiste de plus en plus enclin au bicentrisme face à une autonomisation progressive de la Chine maoïste vis-à-vis de Moscou, et à une échelle globale.
[8]V. Bartenev. Ibid. 2007.
[9]Trotsky pensait que le triomphe du communisme devait passer par la mise en œuvre d'une révolution mondiale. Si ses objectifs étaient les mêmes, Staline défendait, quant à lui, des logiques nationales et étatistes : il était possible de construire le socialisme dans un seul pays, puis de diffuser le modèle. La révolution mondiale était reléguée dans un futur plus ou moins lointain.
[10]A. Blum, F. Daucé, M. Elie et I. Ohayon. *L'âge soviétique. Une traversée de l'Empire russe au monde post-soviétique*. Paris, Armand Colin, 2021. p. 78.
[11]MAE. Ibid. f. 27.

politique extérieure soviétique constitua une révolution, associée au nom de Nikita Khrouchtchev »[12].

Ce renforcement des positions géostratégiques des Soviétiques en Afrique est accompagné d'un regain de propagande révolutionnaire. En préambule de son analyse de la conférence du Caire, Maurice Dejean expose les réalités de l'avancée soviétique en Afrique en cette année 1957. Il explique que « sur le plan des réalisations pratiques » en Afrique, l'URSS sort renforcée de ses « livraisons d'armes à l'Égypte », de son « appui prêté à Nasser », de son rapprochement de la Syrie et de ces « multiples marques de sympathie, d'intérêt et d'assistance donnés aux pays sous-développés ». « Par l'intermédiaire de l'Égypte et de la Syrie », l'Union Soviétique s'est assurée « un contrôle sur les principales routes du pétrole »[13]. Ainsi, l'URSS a renforcé ses positions dans la région, ce qui lui permet désormais de lancer une offensive plus large contre l'impérialisme occidental en Afrique.

La conférence afro-asiatique du Caire est, en quelque sorte, le prolongement de la conférence afro-asiatique de Bandoeng de 1955. Si cette dernière était fondamentalement tiers-mondiste, la conférence du Caire est conçue comme une véritable démonstration de force de l'URSS face à la politique du *containment* du communisme, par le bloc de l'Ouest et les États-Unis de Dwight Eisenhower. Le facteur primordial de l'évolution des intérêts soviétiques au Proche-Orient fut la formation du Pacte de Bagdad. Signé le 24 février 1955 par le Royaume-Uni, l'Irak, la Turquie, le Pakistan et l'Iran, le Pacte de Bagdad s'inscrit dans le cadre du *containment.* Son objectif était de ralentir l'expansion de l'influence soviétique au Proche et Moyen-Orient à travers la mise en place d'un « cordon sanitaire » -selon les termes consacrés par l'Organisation du Traité de l'Atlantique Nord - autour des frontières moyen-orientales de l'Union soviétique[14]. En se rapprochant, durant la conférence du Caire, d'États et de partis anti-impérialistes, Khrouchtchev a pour objectif d'étendre sa zone d'influence au-delà de son glacis sécuritaire en Europe orientale.

---

[12]*Le Monde.* "La conférence afro-asiatique du Caire", 13 décembre 1958.
[13]Y. M. Kamil. "Le Comité juridique consultatif africano-asiatique", *Annuaire français de droit international*, volume 10, 1964. pp. 653-659.
[14]Hashmi, Sohail H. "'Zero Plus Zero Plus Zero': Pakistan, the Baghdad Pact, and the Suez Crisis." *International History Review* 33.3, 2011. pp. 525-544.

1.2. Une conférence para-communiste et tiers-mondiste

La conférence afro-asiatique du Caire est convoquée afin que les délégations des pays participants puissent « discuter […] des problèmes économiques communs aux pays d'Afrique et d'Asie »[15]. La tenue de la conférence au Caire est symbolique : il s'agit de répondre à la politique du *containment* de l'URSS par les USA depuis la mort de Roosevelt en 1945. Si cette conférence fut organisée par le Comité de solidarité afro-asiatique, elle est utilisée par les représentants d'États communistes comme un tremplin pour leur propagande antioccidentale. Depuis sa création en 1954[16], ce comité afro-asiatique avait l'habitude d'organiser une session annuelle à laquelle étaient uniquement conviées des délégations d'États africains et asiatiques[17].

De jure, Nasser s'empare de l'occasion d'organiser la conférence au Caire. Depuis sa victoire lors de la crise de 1956, il se pose en « champion de la libération du monde africain », « afin de s'assurer de l'appui des pays afro-asiatiques à sa politique neutraliste et anticolonialiste ». *De facto*, « en acceptant que la conférence se tienne au Caire », Nasser « a fini par donner hospitalité dans son pays à une des plus importantes réunions du communisme afro-asiatique »[18]. Les communications de nombreuses délégations du bloc occidental, qu'elles soient américaines[19], canadiennes ou portugaises[20], s'accordent pour affirmer que cette conférence se caractérise, pour reprendre les termes de la délégation canadienne, par un « degré [avancé] de domination communiste »[21] en son sein. Ainsi, selon un rapport de la CIA, de nombreux délégués présents à la conférence sont considérés comme sympathisants du bloc communiste. Il s'agit de délégués issus des délégations japonaise, soudanaise, égyptienne, sri-lankaise, indonésienne, syrienne, libanaise, indienne, birmane, camerounaise, irakienne, jordanienne, koweïtienne, somalienne et malienne[22].

---

[15] Ibid. f.168.
[16] Ibid. f.190.
[17] L'alliance des États occidentaux opposés à l'URSS et aux États communistes.
[18] The North Atlantic Council, *AC – Ad Hoc Committees, AC/119 – Political Committee, 1958, Working Papers*.f.192.
[19] "De Bandoeng au Caire – La conférence des peuples afroasiatiques", *Présence Africaine*.1957, 6 N° XVII, pp.113-114.
[20] NAC. Ibid. f.165.
[21] Ibid. f. 165.
[22] L. Marcou. *L'Internationale Après Staline*. Paris, Bernard Grasset, 1979. pp. 33-75.

Comme le souligne assez justement une note grecque adressée à l'Organisation du traité de l'Atlantique Nord (OTAN)[23], la complexité et l'ambiguïté de l'organisation de cette conférence impliquent de parvenir à faire une « distinction entre, d'une part, les activités communistes et, d'autre part, ce qu'il y a de sincère et de réel dans les aspirations afro-asiatiques »[24]. Nous pouvons subodorer que ces diverses analyses des membres de l'alliance occidentale sont issues d'enquêtes menées par les services de renseignement des États de l'OTAN ou d'informations fournies par les alliés asiatiques des États-Unis tels que le Japon. En effet, les pays occidentaux n'étaient pas conviés à des discussions réservées à des représentants de nations africaines et asiatiques.

Pour le mouvement communiste international, cette conférence a été conçue comme un tremplin vers le Tiers-Monde. Certaines délégations invitées, dont les pays d'origine sont traditionnellement proches des États-Unis, ont refusé de se rendre à la conférence ; c'est le cas des délégations turque, pakistanaise et philippine[25]. D'ailleurs, les rapports de l'OTAN stipulent que « le comité organisateur de la conférence était étroitement lié au « Comité de solidarité asiatique » créé à New Delhi, sur l'initiative du parti communiste indien et de quelques groupes procommunistes »[26]. Selon une note italienne adressée aux membres de l'OTAN, « il est évident que les délégations des pays communistes » suivent « strictement les instructions de leurs gouvernements »[27]. Si les organisateurs de la conférence affirment que celle-ci revêt un caractère non-gouvernemental, il est certain que les délégations des pays communistes tels que l'Union Soviétique, la République populaire de Chine, la Corée du Nord, la Mongolie ou le Nord-Vietnam, suivent

---

[23]H. Bauchau. *Essai sur la vie de Mao Zedong*, Paris, Flammarion, 1982. p. 746 ; F. Fejtö. *Chine-URSS: de l'alliance au conflit, 1950-1972.* Paris: Éditions du Seuil, Politique 60, 1978. pp. 94-108.
[24]En somme, les délégations présentes viennent, selon la liste officielle, du Bahreïn, du Sri Lanka, d'Algérie, de Chine, de Birmanie, de Corée du Nord, de Chypre, d'Éthiopie, du Ghana, d'Inde, d'Indonésie, d'Irak, du Cameroun, de Jordanie, du Kenya, du Liban, du Laos, de Libye, de Madagascar, de Malaisie, de Mongolie, du Maroc, du Nigeria, de Palestine, du Koweït, du Sénégal, des Somalies, du Soudan, d'AOF, de Syrie, de Thaïlande, du Togo, de Tunisie, d'Ouganda, d'Oman, de Zanzibar, d'URSS, du Nord-Vietnam, du Yémen, d'Égypte et du Japon (Central Intelligence Agency.*The Afro-Asian Solidarity Conference, an analysis of communist strategy and tactics.*Octobre 1958. Part 2, f. 48-55).
[25]N. Fernandez-Bouveret. *Double jeu. Moscou, Paris et l'Afrique.1956-1962. L'Afrique dans les relations franco-soviétiques à l'heure de la Décolonisation. Une vue du Quai d'Orsay.* Toulouse, Université Toulouse Jean Jaurès, Mémoire de M1, 2022.
[26]MAE. Ibid. f. 34.
[27]F. Braudel. *Grammaire des civilisations.* Paris, Arthaud, 1987. pp. 681-683.

scrupuleusement les instructions de leurs gouvernements. Ces derniers suivent eux aussi la ligne générale du mouvement communiste international, établie par le congrès international des partis communistes de 1957[28], qui était, de fait, et ce malgré l'effritement progressif de l'amitié sino-soviétique[29], celle de la puissance dominante du bloc socialiste, l'URSS.

À cette conférence, étaient conviés les représentants de partis d'oppositions aux gouvernements en place dans les pays africains et asiatiques, des délégations officieuses de territoires non-indépendants ainsi que des délégations représentants des exilés ou des agitateurs politiques anticolonialistes. Il est clair que ces participants étaient – presque – tous opposés aux gouvernements coloniaux établis en Afrique et en Asie, et à l'influence occidentale dans ces régions du globe. La stratégie soviétique se dévoile dès lors. Il s'agit, pour les délégués soviétiques, de convaincre des forces politiques opposées à des gouvernements coloniaux en place et à l'Occident à se tourner, dans une sorte de non-alignement positif à Moscou, vers l'URSS et le modèle socialiste de développement[30].

---

[28] Ibid. f. 36.
[29] Ibid. f. 36.
[30] MAE. Ibid.

Délégations présentes à la conférence du Caire et membres du Secrétariat permanent

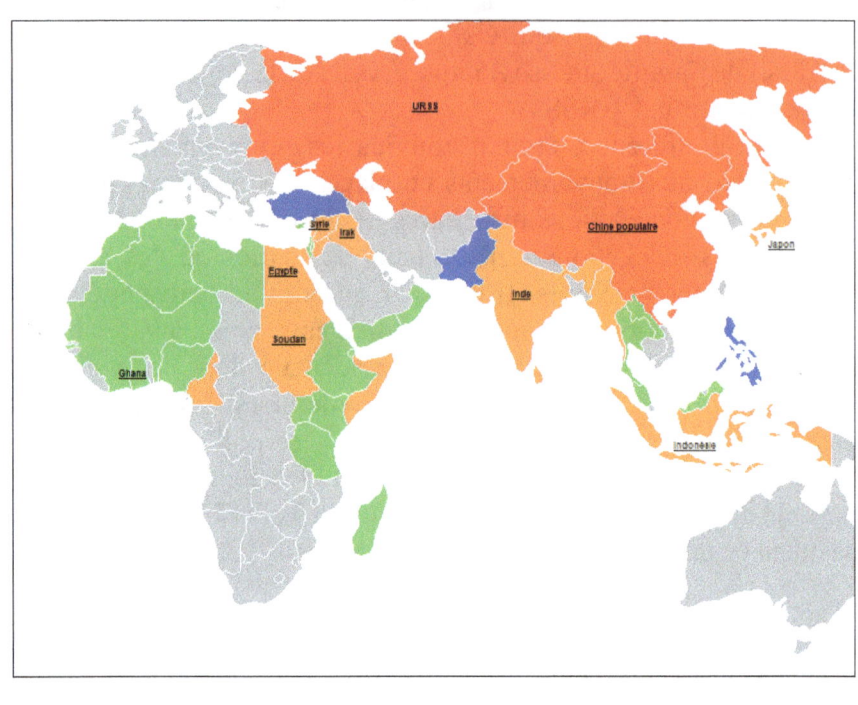

- Délégations issues du bloc communiste
- Délégations dont des membres sont des sympathisants du bloc communiste
- Autres délégations présentes à la conférence
- Délégations ayant refusé l'invitation à la conférence
- URSS Membres du Secrétariat permanent afro-asiatique

Sources : Central Intelligence Agency. *The Afro-Asian Solidarity Conference, an analysis of communist strategy and tactics.* Octobre 1958 ; « De Bandoeng au Caire - La conférence des peuples afro-asiatiques », *Présence Africaine.* 1957, 6 N°XVII, pp.113-114 ; Ministères des affaires étrangères (France). *Fonds Europe. 209QO, 259. Série 36, sous-série 23, dossier 16, URSS. Politique extérieure. Relations de l'Afrique avec l'URSS. Janvier 1956 - Décembre 1960.* f. 26 - 52 ; « Résolutions de la Conférence afro-asiatique du Caire adoptées le 1er janvier 1958 ». *Chronique de Politique Etrangère 11*, no. 4/6, 1958. pp. 574-604.

2. La conférence proprement dite : offensives des délégués soviétiques et afro-asiatiques contre les intérêts occidentaux

Au cours de la conférence du Caire, la propagande soviétique se veut agressive contre les intérêts occidentaux en Afrique, tout en affirmant implicitement la nécessaire convergence des mouvements anticolonialistes et du camp communiste.[31]

2.1. L'offensive idéologique des délégués soviétiques contre les intérêts occidentaux

La délégation soviétique, qui « n'avait [a priori] pas de caractère officiel ou gouvernemental »[32], avait à sa tête Rachidov, vice-président du Présidium du Soviet Suprême, et Arzoumanian, Directeur adjoint de l'Institut d'Économie de l'Académie des Sciences de l'URSS. Les deux sont des personnalités issues des Républiques asiatiques de l'Union Soviétique afin de montrer que l'URSS serait plus qu'une « autre Europe »[33] et de l'inscrire dans cette grande fraternité des peuples afro-asiatiques.

L'angle principal sur lequel ces représentants soviétiques appellent les peuples colonisés à la rébellion est l'angle économique ; comme si, et ce n'est pas un hasard, pour les Soviétiques, les modifications de l'infrastructure économique allaient déterminer les transformations de la superstructure politique et idéologique. Désormais, l'URSS lance une offensive « contre les sources [...] du carburant indispensable à l'Europe occidentale » et contre « les richesses naturelles [d'Afrique] dont elle préconise la nationalisation »[34]. Pour l'Union soviétique, la souveraineté nationale d'un État ne peut passer que par l'étatisation des principaux moyens de production appartenant encore à des entreprises

---

[31] À partir des années 1950, le mouvement philosophique panafricain est composé de partisans d'une assimilation critique de la pensée occidentale – et donc du marxisme – et partisans de la construction d'une authentique pensée africaine, "d'inspiration essentialiste", des propres mots du philosophes ghanéen W. E. Abraham (*The Mind of Africa*, 1962). Si les théoriciens soviétiques purent s'accommoder des penseurs et dirigeants africains qui africanisèrent le marxisme et le socialisme, les panafricanistes dits "essentialistes" s'attirèrent, quant à eux, la méfiance des penseurs de la vulgate marxiste-léniniste. En ce tournant des années 1960, malgré les divergences, toutes remettent en cause l'individualisme des Lumières, mettant "l'accent sur le Nous communautaire africain contre la centralité du Moi occidental". (Anthony Crézégut. "Penser l'Afrique dans des dynamiques transnationales : l'œuvre des penseurs africains subsahariens", in Clavé Yannick (dir.). *Les sociétés africaines et le monde : une histoire connectée. 1900 – 1980*. Paris, Ellipses, 2022. p. 287).
[32] Ibid.
[33] Ibid. f. 42.
[34] Ibid.

ou des monopoles étrangers. De plus, durant la conférence, l'URSS « suggère la dénonciation des contrats et la répudiation des dettes extérieures. Elle incite [...] les pays afro-asiatiques à la spoliation complète des Occidentaux »[35].

Dans son long exposé sur les problèmes économiques des pays sous-développés lors de la conférence du Caire, Arzourmanian propose des solutions antioccidentales. D'abord, il considère, selon la note citée précédemment, d'un point de vue léniniste, que « les profits colossaux tirés de l'exploitation des ressources des pays sous-développés sous l'influence occidentale ne servent pas l'industrialisation de ces pays, mais à l'enrichissement des monopoles étrangers »[36]. S'ajoute à cela que « l'aide économique occidentale, dans son principe même, empêche le développement économique et [...] des industries de transformation »[37]. Comme solution à ces problèmes, il affirme, fort de l'expérience égyptienne de 1956, que la solution passe inévitablement par « la nationalisation de l'industrie et du commerce ». Les pays africains doivent ainsi « prendre exemple sur l'Égypte »,[38] car, non seulement, celle-ci s'est affirmée comme un symbole de résistance à l'impérialisme européen, mais a réussi à nationaliser le canal de Suez.

Pour les Soviétiques, les futurs États africains devaient mener une politique économique de franche défiance vis-à-vis de l'Occident, ce qui passerait, notamment, par « une politique [...] vis-à-vis du capital étranger » fondée sur « l'augmentation des royalties et des impôts sur le profit ». En somme, l'Union soviétique appelle les futurs États-nations d'Afrique à mener une véritable politique socialiste et nationaliste contre une aide occidentale qui constituerait, en fait, une « nouvelle forme du colonialisme ». D'après Arzoumanian, les nations africaines doivent assurer leur « indépendance économique »[39] afin de garantir leur indépendance politique. Le délégué soviétique propose un programme socialisant aux nouveaux États indépendants, fondé sur un « strict contrôle de l'État sur le commerce extérieur [la] limitation des importations de luxe [l']augmentation du prix de vente des matières premières, [la] nationalisation des industries légères qui rapportent

---

[35]Ibid. f. 45.
[36]Ibid. f. 42.
[37]Ibid. f. 43.
[38]Ibid.
[39]Ibid. f. 44.

beaucoup de profits [la] planification et [la] centralisation des investissements »[40].

L'objectif des Soviétiques est donc d'appeler les pays africains à nationaliser les principales entreprises de leurs territoires et d'engager une planification économique. En somme, l'URSS en appelle à suivre son modèle et de se diriger vers des politiques de développement d'orientation socialiste.

2.2. Les discours des délégués égyptiens et syriens : s'opposer aux puissances occidentales sans pour autant rompre avec elles

La ligne soviétique sur la nécessité d'une révolution économique est partagée par des représentants de nations africaines. Outre celui de la délégation soviétique, les deux principaux discours notables durant la conférence sont ceux de délégations représentant des nations proches de l'URSS : l'Égypte et la Syrie. La note française commentant le déroulé des événements explique que ces trois discours étaient mus par une « même inspiration »[41]. L'aide occidentale continue à y être considérée comme une forme nouvelle de colonialisme, « source du sous-développement »[42]. L'industrialisation des pays en développement serait freinée par cette aide occidentale. Khalid Mekhi ed Din, le représentant égyptien, dans la continuité d'Arzoumanian, affirme que « l'impérialisme ne permet [pas] d'utiliser cette aide [l'aide occidentale] pour l'industrialisation des pays, sans parler […] de la formation d'une industrie lourde »[43]. Pour contrer ce que ces délégations conçoivent comme des résurgences de l'impérialisme, il s'agit d'avoir recours à la nationalisation et à la planification. La nationalisation leur apparaît comme « le meilleur moyen de se procurer les biens capitaux nécessaires aux investissements »[44].

En attendant le basculement du rapport de force international au profit du camp socialiste et du Tiers-Monde, les pays d'Asie et d'Afrique doivent, selon le délégué syrien « constituer un fond commun qui leur garantisse les moyens nécessaires pour participer à la solution de certains problèmes de financement »[45]. À l'instar d'Arzoumanian, de nombreux délégués appellent à la nécessité d'une politique

---

[40]Ibid. f. 45.
[41]Ibid.
[42]Ibid.
[43]Ibid. f. 27 – 28.
[44]Ibid. f. 52.
[45]Ibid.

commune entre les peuples du Tiers-Monde, tout en se gardant de « rompre les liens avec l'Occident dans l'immédiat »[46]. Marouf ed Davalibi, le délégué syrien affirme ainsi qu'il « est possible […] d'accepter l'aide du capital étranger, mais sans aucune condition portant atteinte à la souveraineté nationale »[47]. Il s'agit de s'opposer à l'Occident, certes, mais la prudence demeure mère de sûreté.

2.3. L'Union soviétique, un modèle à suivre ? Le socialisme promu comme condition à la souveraineté nationale

Par l'appel à la réappropriation collective des principaux moyens de production, et des sources de richesses, par les peuples africains, l'Union soviétique se positionne à l'époque comme un modèle de développement à suivre[48]. En fait, les formules collectivistes assénées par les délégués soviétiques, et leurs alliés objectifs face à l'impérialisme occidental, syriens et égyptiens, visent à encourager les nouvelles et futures nations africaines à se tourner vers une voie socialiste de développement. Comme l'explique Maurice Dejean, pour les Soviétiques, il existe un « lien direct […] entre la « libération économique » qui affranchirait définitivement les peuples d'Afrique […] du joug de l'Occident et le début d'une évolution socialiste destinée à les amener progressivement dans l'orbite et finalement sous la coupe de Moscou »[49]. Il s'agit ici d'une véritable tentative de récupération politique de la cause tiers-mondiste au profit de l'URSS. Certaines nations représentées lors de la conférence ne furent pas dupes. Ainsi, à l'issue de la conférence, le Premier ministre pro-américain du Soudan, Abdallah Khalil, dénonce, à demi-mot, l'ingérence soviétique au Caire[50].

Les conseils donnés par les Soviétiques aux délégations des nations africaines et asiatiques, citées plus haut, sont autant un motif qu'un moteur vers une modernisation à la Soviétique de ces pays. Inspiré par

---

[46]Ibid. f. 44.
[47] Ibid.
[48]Pour de nombreux dirigeants panafricains, l'URSS, à l'instar des États-Unis et du Commonwealth, constituait depuis longtemps un modèle, de par sa dimension plurinationale. Comme l'explique Frederic Cooper, pour une partie des intellectuels panafricains, à l'instar de Dia et Senghor, "une partie de l'expérience historique de l'empire – cette grande entité à la fois incorporatrice et différenciatrice, qui préservait et reproduisait la différence culturelle et les sentiments d'affinité entre ses composantes – restait un point de départ, tant que pouvait être garanti le principe d'égalité au sein de la société". (Cooper Frédéric. *L'Afrique dans le monde. Capitalisme, empire, État-nation*. Paris, Payot, 2015. p. 141).
[49]Ibid. f. 45.
[50]Ibid. f. 49.

le modèle soviétique, comme de nombreux intellectuels de son temps, le délégué syrien en appelle à la nationalisation et à la planification économique afin de « renforcer [les] économie[s] nationale[s] »[51]. Arzoumanian ajoute que « l'Union soviétique et un grand nombre de pays socialistes ont nationalisé leur industrie et leur commerce afin de planifier l'utilisation des profits et la redistribution du revenu national aux fins de l'industrialisation »[52]. Il en conclut que le modèle soviétique de développement a permis d'accroître considérablement « la production industrielle [...] sans aucune aide extérieure »[53]. L'action des Soviétiques est fondée sur la notion du droit des peuples à disposer d'eux-mêmes ; notion défendue aussi par les États-Unis.

Arzoumanian fait du socialisme la condition *sine qua non* à l'indépendance des nations. Ainsi, en plus de s'ériger en modèle de développement économique, Moscou se veut être à l'avant-garde des mouvements d'indépendance et de souveraineté nationale. Cette corrélation entre souveraineté nationale et socialisme est fondamentale à la conception léniniste du droit des peuples à disposer d'eux-mêmes. Les leaders communistes du Tiers-Monde ont toujours supposé une dialectique de la souveraineté nationale et de la construction du socialisme, l'une et l'autre n'étant possibles que par leur complémentarité. En même temps, proposer aux États afro-asiatiques de se servir d'une forme de capitalisme d'État afin d'assurer leur développement n'équivaudrait-il pas à louer les bienfaits d'une NEP[54] devant l'impossibilité manifeste, compte tenu de leurs niveaux de développement, de pouvoir passer directement au socialisme ?

Face à la désorganisation économique que pourrait engendrer un programme socialiste aussi aventureux, les délégués soviétiques proposent d'offrir une aide économique conséquente aux nations du Tiers-Monde. L'impérialisme chez l'un serait-il de la générosité chez l'autre ? Le complément naturel de la critique de l'aide occidentale formulée conjointement par les délégués syriens, égyptiens et soviétiques, serait une aide soviétique « sans condition à tous les pays sous-développés ». Arzoumanian rappelle que l'URSS n'avait pas « choisi » de se passer de l'aide extérieure et que les pays sous-développés avaient désormais « la chance de pouvoir compter sur un

---

[51] Ibid. f. 35.
[52] Ibid.
[53] Ibid. f. 29.
[54] "Résolutions de la Conférence afro-asiatique du Caire adoptées le 1er janvier 1958". *Chronique de Politique Étrangère* 11, no. 4/6, 1958. pp. 574–604.

pays socialiste dont l'avance technique le dispute aux puissances les plus modernes de l'Occident »[55].

Il est certain que, tout en appelant aux pays du Tiers-Monde à se tourner vers un « neutralisme positif »[56] à ses intérêts, l'Union soviétique cherche à se présenter, d'une part, comme un modèle de développement à suivre par les pays sous-développés, et d'autre part, comme un allié objectif des mouvements anticolonialistes et anti-impérialistes.

3. Les rapprochements afro-soviétiques : la conférence comme tremplin à la politique africaine de l'URSS

Lors de la conférence du Caire, l'Union soviétique a énoncé une série de perspectives économiques et diplomatiques pour l'Afrique nouvelle. L'URSS reconnaît des représentants de nations appartenant encore à l'Union française, en appelle à la lutte armée dans les colonies et fonde des liens avec les dirigeants de la « nouvelle Afrique ».

3.1. Les résolutions prises durant la conférence du Caire : une avancée dans la reconnaissance des nationalismes africains par l'Union soviétique

Si les intérêts économiques des Occidentaux en Afrique se voient mis en danger par les conclusions de la conférence, il en est de même pour leurs intérêts géopolitiques et géostratégiques. Dans une phraséologie quelque peu cataclysmique, Maurice Dejean affirme que : « les résolutions appuyées par la délégation soviétique, comme les déclarations de M. Rachidov et M. Arzoumanian, s'inscrivent dans une politique ouverte d'expansion qui vise à l'éviction totale de l'Occident des pays sous-développés au seul profit de la pénétration soviétique »[57]. Dejean tient alors le discours nostalgique d'un ancien colon refusant de reconnaître les changements inéluctables d'un Tiers-monde s'affirmant comme une troisième voie face à la bipolarisation Est-Ouest, structurant les relations internationales depuis le discours de Fulton en 1946. Il est vrai, cependant, que les Soviétiques y officialisent une « course dans laquelle l'Afrique et l'Asie sont l'enjeu »[58]. L'enjeu de cette avancée soviétique en Afrique est triple durant la conférence. Les résolutions

---

[55]MAE. Ibid. f. 46. Le NATO est le nom anglophone de l'OTAN.
[56]NAC. Ibid.f.165. p. 3, daté du 20 janvier 1958.
[57]MAE. Ibid.
[58]Ibid. f. 35.

générales qui y sont prises concernent l'Algérie, l'Afrique subsaharienne et, dans une perspective globale, les continents africains et asiatiques dans leur ensemble[59].

La conférence offre un tremplin à l'Union Soviétique pour affirmer son soutien aux nationalistes africains. En ce qui concerne la question algérienne, nous savons depuis Guy Pervillé, que le Parti communiste de l'Union Soviétique (PCUS) utilise la conférence pour opérer un rapprochement avec le Front de Libération Nationale algérien (FLN)[60]. Le délégué algérien, issu du mouvement de libération nationale, affirme que l'Occident dans son entièreté est coupable de soutenir la France, « en lui fournissant des armes avec l'approbation tacite du NATO »[61]. Ainsi, même s'ils partagent des idéologies oxymoriques, Soviétiques et Algériens se retrouvent, devant le fait accompli (être des alliés objectifs face à l'OTAN).

Les résolutions adoptées à l'unanimité -donc aussi par l'URSS- donnent de l'importance aux revendications politiques africaines. Comme nous l'expliquent les rapports postérieurs de l'OTAN, « la résolution sur l'Algérie invoque la reconnaissance immédiate de l'indépendance de ce pays, ainsi que l'ouverture immédiate de négociations entre la France et le Front National de Libération, ce dernier en qualité de « représentant du peuple algérien", la libération des cinq chefs du FLN […] et la célébration le 1er mars 1958 d'une « Journée de solidarité avec l'Algérie »[62]. Ainsi, sur la question algérienne, l'URSS franchit un cap qu'elle n'aurait osé franchir avant. Elle reconnaît *de facto* que le FLN représente le peuple algérien et condamne la guerre coloniale menée par la France. Sa souveraineté sur l'Algérie est donc considérée comme illégitime par les Soviétiques.

Durant la conférence, ce sont, essentiellement, des délégués de l'Afrique subsaharienne qui ont présenté leurs revendications. Alors que le délégué du Tchad évoque « l'éveil du continent africain »[63], la résolution sur l'impérialisme consacre, en ce qui concerne l'Afrique française, des paragraphes au Cameroun, au Tchad, au Togo, à Madagascar et à la Somalie. Concernant Madagascar, le Tchad et le Cameroun, la résolution, signée par les Soviétiques, en appelle à

---

[59] N. Fernandez-Bouveret. Ibid. pp. 118 -120.
[60] I. Wallerstein. *Le capitalisme historique*. Paris, La Découverte, 1985. p. 65.
[61] J. Chapoutot. *Le Grand Récit. Introduction à l'histoire de notre temps*, Paris, PUF, 2021, p. 262.
[62] Wallerstein. Ibid.
[63] I. Daminani. "Les frontières de l'Asie centrale, un exemple post-soviétique", in Amilhat Szary Anne-Laure, Hamez Grégory (dir.) *Frontières*. Paris, Armand Colin, 2020. pp. 92-93.

l'indépendance. Ces appels à l'indépendance se caractérisent par une intensification de la violence verbale. Par exemple, dans la résolution concernant le Tchad, il est entériné que « la conférence approuve et appuie la lutte du peuple des territoires du Tchad pour libérer son pays de la domination française »[64]. En appuyant des représentants de guérillas anticolonialistes, l'URSS légitime l'utilisation de la violence révolutionnaire afin de mener les nations africaines à leurs indépendances.

3.2. La conférence du Caire au cœur d'un processus de rapprochement entre les nationalismes africains et l'internationalisme prolétarien ?

Durant la Guerre Froide, nous assistons à une alliance *de facto* entre certains mouvements nationaux des « périphéries » et les mouvements communistes des « centres » du « système-monde »[65]. Les mouvements communistes et nationalistes sont, selon Immanuel Wallerstein, des « mouvements anti-systémiques »[66]. Le développement du capitalisme à l'échelle mondiale, et l'expansion formidable qui en découle, ont élargi l'ère de l'« économie-monde ». L'« illimitisme »[67] contenu en germe dans le capitalisme, sa propension naturelle et nécessaire à son expansion exponentielle, implique que les mouvements anti-systémiques s'y opposant choisissent le cadre national pour arriver à leurs fins[68].

Par ailleurs, le « culte » de l'État-nation est, pour les dirigeants soviétiques, comme pour le reste des peuples européens, central dans le récit de la modernité. Depuis la création de l'URSS, et les questions posées par le rattachement des peuples du Turkestan à cet empire eurasiatique, « la rhétorique soviétique […] est fondée sur la libération des carcans impériaux », la nation devenant ainsi « l'unique modèle sociopolitique capable de moderniser et d'égaliser tous les peuples »[69].

---

[64]O. Dollfus, C. Grataloup, J. Lévy. "Trois ou quatre choses que la mondialisation dit à la géographie", *L'Espace géographique*. 28-1, pp. 1-11. 1999.
[65]I. Wallerstein. Ibid. p. 68.
[66]H. Carrère d'Encausse. *L'Empire d'Eurasie : une histoire de l'Empire russe de 1552 à nos jours*. Paris, Éditions de Poche, 2008, p. 259.
[67]V. Lénine. Ibid. 1917.
[68]G. Vidal. *Histoires des communismes au XXᵉ siècle.* Paris, Ellipses, 2013, p. 185.
[69]"Soyuz sil sotsializmai natsionalno-osvoboditelnogo dvizheniya" in.*Kommunist*, n°8, May 1964, p. 9, in O. Ogunbadejo,"Soviet Policies in Africa", *African Affairs 79*, n° 316. 1980. p. 297.

Dans une perspective braudélienne, nous pouvons saisir, à l'instar de Christian Grataloup, que le capitalisme a contribué irréversiblement au « bouclage du monde »[70], au triomphe de la mondialisation comprise dans son acception géographique. Il est donc logique que les organisations désireuses de venir à bout du capitalisme et de l'impérialisme soient porteuses d'une idéologie internationaliste ; et non pas a-nationaliste. Le cadre national demeure, comme l'explique Immanuel Wallerstein, la structure politique la plus puissante pour entrevoir une restructuration profonde du fonctionnement d'une société.

Même rhétorique, mais objectifs différents, les mouvements socialistes et nationalistes ont ceci de différent que les premiers mettent en exergue des conflits de classes au cœur des « centres » du « système-monde », alors que les seconds sont à l'avant-garde des combats opposant les « peuples opprimés » aux « peuples dominants ». Il est donc « naturel que de tels mouvements émergent d'abord dans les régions semi-périphériques [et périphéries] de l'économie-monde »[71].

Alors que les premiers fondent leur matrice idéologique sur la lutte des classes, les seconds s'appuient sur des considérations ethnico-culturelles. Ces deux types de mouvements, très différents les uns des autres, trouvent leur point de jonction dans un léninisme prônant la nécessaire adéquation entre libération nationale et lutte des classes : seule la lutte anti-impérialiste au sein de ses « périphéries » pourrait affaiblir le capitalisme en son « centre » et seul l'effondrement du capitalisme en son « centre » libérerait les « peuples opprimés » de l'impérialisme[72]. Dans une conception dialectique de la lutte anticapitaliste, « centres » et « périphéries » doivent s'unir pour renverser le capitalisme, et son « stade suprême »[73], l'impérialisme.

Dans ce contexte, soutenir les mouvements anti-impérialistes dans les sphères d'influence européennes permet à l'URSS d'affaiblir quelques-uns des États occidentaux les plus puissants. En même temps, dans un contexte de restructuration de la Guerre Froide vers le Tiers-Monde et d'effritement progressif d'un bloc communiste tenté par le polycentrisme,[74] il s'agit, pour les Soviétiques, de se trouver des alliés

---

[70]MAE. Ibid. f. 34.
[71]L. J. Gaddis .*We now know : Rethinking Cold War History.* New York, Oxford University Press, 1997.
[72]N. Fernandez-Bouveret, op. cit., p. 123.
[73]MAE. Ibid. f. 49.
[74]S. Amin. *Trois expériences africaines de développement: le Mali, la Guinée et le Ghana.* Paris, PUF, 1965 ; F. Blum, H. Kiriakou, M. Mourre, M.-B. Basto, P. Guidi, C. Pauthier, O.

sur qui compter en Afrique. Pour Moscou, le nationalisme, s'il est anti-impérialisme, doit mécaniquement se muer en socialisme patriotique[75]. C'est une « modernité » alternative, socialiste, que l'Union soviétique essaie de promouvoir auprès des peuples du Tiers-Monde.

Alors que les Soviétiques sont critiqués par les Chinois, dénonçant le concept khrouchtchévien de « coexistence pacifique » avec l'Occident, ils jouent, en fait, un double jeu avec le bloc de l'Ouest.[76] Maurice Dejean ne s'y trompe pas lorsqu'il explique que : « la politique soviétique au Caire contraste singulièrement avec la politique affichée au même moment »[77] à l'internationale. La coexistence pacifique apparaît alors comme un concept ambigu, dont la validité ne peut être saisie seulement lorsque l'on lit les événements dans une perspective européenne. Mais, ce concept devient totalement fallacieux dans une perspective africaine. Désormais que nous pouvons, *a posteriori*, « repenser l'Histoire de la Guerre Froide », pour reprendre les termes de Gaddis John Lewis,[78] nous comprenons que ce concept ne peut pas être valide lorsque l'on observe le déroulement de l'affrontement Est-Ouest à une échelle macroscopique.

La théorie de la « coexistence pacifique » ne doit pas être comprise comme un dogme que s'imposent les Soviétiques dans leur politique internationale, mais comme une conception évoluant face aux enjeux qu'ils rencontrent. La pratique impose aux Soviétiques de redoubler de prudence afin de ne pas déclencher une escalade vers la guerre. En même temps, leurs intérêts stratégiques, économiques et géopolitiques leur imposent de gagner en influence en Afrique. Les pontes de la diplomatie soviétique ont une conception dialectique de la politique internationale, entre pacifisme et modération de façade, et appel à la lutte révolutionnaire, partout où les conditions le permettent[79].

Rillon, A. Roy, E. Vezzadini (collectif). *Socialismes en Afrique*. Paris, Maison des sciences de l'homme, 2021.
[75]Ministère des affaires étrangères. *Fonds Europe. 208QO, 267. Série 36, sous-série 24, dossier 1, URSS. Relations politiques France/URSS. Janvier 1956 - Décembre 1958.* f. 125.
[76]N. Fernandez-Bouveret. ibid.
[77]Pravda, 8 mai 1959 cité in *MAE. Fonds Europe. 208QO, 259. Série 36, sous-série 23, dossier 16, URSS. Politique extérieure, Relations de l'Afrique avec l'URSS. Janvier 1956 - Décembre 1960. f. 194.* f. 87-88.
[78]M. Verlet, "Langue et pouvoir au Ghana sous Nkrumah", *Politique africaine*, vol. 23, 1986, pp. 67-68.
[79]MAE. Ibid. f. 194.

3.3. Quelles perspectives pour la conférence du Caire ? Des succès immédiats qui n'ont pas été pérennisés sur le long terme

Dans un premier temps, le travail de propagande des Soviétiques durant la conférence du Caire semble avoir porté ses fruits. Des Chinois et des Soviétiques siègent désormais au Secrétariat Permanent du Comité afro-asiatique aux côtés de représentants de nations africaines et asiatiques telles que l'Égypte, le Cameroun, l'Inde, le Ghana, l'Indonésie, l'Irak, le Japon, le Soudan et la Syrie[80], leur permettant d'étendre leur influence auprès de celles-ci. Nombreuses, sont les nations qui vont alors se rapprocher de l'URSS, à l'instar de l'Égypte, de la Syrie, de l'Inde, de l'Indonésie et du Ghana. Durant les années 1960, plusieurs États africains nouvellement indépendants comme le Togo, le Ghana, le Mali, l'Algérie et la Guinée, vont se tourner vers un « neutralisme positif » à Moscou et adopter des politiques de développement d'orientation socialiste[81].

En effet, si les Soviétiques n'ont pas constitué un véritable « Kominform afro-asiatique » durant la conférence du Caire, leur rhétorique a influencé les dirigeants des futurs États africains. Selon Maurice Dejean, les Soviétiques, en exaltant les peuples colonisés à la rébellion, ont prétendu agir en conformité avec « l'esprit du temps »[82]. Le Togo de Sylvanus Olympio désire, selon les propres mots du dirigeant togolais, « l'instauration de relations diplomatiques amicales avec l'URSS »[83]. Le Ghana du leader panafricaniste Kwame Nkrumah, opte quant à lui pour un modèle de développement socialisant[84]. Le Mali, avant même son indépendance officielle, « manifeste une tendance à regarder vers l'Est »[85]. Une fois indépendant, le Mali entretient des relations privilégiées avec les pays communistes, notamment avec l'URSS et la Chine. Sa coopération avec le bloc de

---

[80]M. Touron. "Le Mali, 1960-1968. Exporter la Guerre froide dans le pré carré français", *Bulletin de l'Institut Pierre Renouvin*, 2017/1, N° 45, pp. 83-95.
[81]P. Gleijeses. "Première incursion de Cuba en Afrique : l'Algérie", *Missions en conflit: La Havane, Washington et l'Afrique 1959-1976*, Paris, Delga, 2018. pp. 61-98.
[82]P. Gleijeses. Op. cit.,pp. 62.
[83]L. Kaba. *La Guinée dit "non" à de Gaulle*, Paris, Editions Chaka, coll. "Afrique contemporaine" (no 1), 1989 ; S. Soriba Camara. *La Guinée sans la France*. Paris, Presses de la Fondation Nationale des Sciences Politiques, 1976 ; R. Harshe. "Non-Alignement et Francophone Africa : A Case Study of Guinée". *Non-aligned World*, New Delhi, juillet-septembre 1983, pp. 371-385.
[84]N. Fernandez-Bouveret. "Course à l'Afrique, Paris et l'Afrique.1956 – 1962. L'Afrique dans les relations franco-soviétiques à l'heure de la Décolonisation. Une vue du Quai d'Orsay". Toulouse. Université Toulouse Jean Jaurès, Mémoire de M2, 2023.
[85]O. Ogunbadejo. "Soviet Policies in Africa". African Affairs 79, n° 316. 1980. pp. 297-325.

l'Est est marquée par la livraison, par l'Union soviétique, d'équipements lourds et de véhicules militaires ainsi que par l'envoi de techniciens[86]. L'Algérie de Ben Bella est, elle aussi, soutenue par le camp communiste[87]. Liés à l'Algérie par la cause tiers-mondiste et anti-impérialiste, « les Cubains [la] considéraient comme un régime frère »[88]. Dès 1958 et son accès précoce à l'indépendance, la Guinée de Sékou Touré devient un véritable avant-poste de la pénétration communiste en Afrique. Elle met en œuvre une politique intérieure socialiste[89], inspirée par les expériences est-européennes, et une politique extérieure tournée vers un « neutralisme positif » à l'URSS[90]. La pénétration idéologique et diplomatique de l'Union Soviétique opérée durant la conférence du Caire semble avoir porté ses fruits.

Néanmoins, la portée de cette conférence sur le moyen terme est à relativiser. En effet, cette conférence apparaît en fin de compte comme un épiphénomène. Si son influence idéologique et diplomatique put être vivace au début des années 1960, elle fut de courte durée. Aucun véritable « Kominform afro-asiatique » ne sera jamais érigé. La sphère d'influence soviétique en Afrique demeurera relativement fragile jusqu'à la fin des années 1970 et la prise de pouvoir des communistes en Angola, en Éthiopie, à Madagascar et au Mozambique.

Conclusion

La conférence du Caire (1957-1958), un « Kominform afro-asiatique » ? En fait, la conférence des peuples afro-asiatiques du Caire peut être analysée par le biais d'un triple regard. Premièrement, cette conférence est révélatrice d'une évolution du rapport qu'entretient l'Union soviétique vis-à-vis des peuples colonisés. La propagande soviétique y apparaît plus radicale, plus franche, plus offensive contre les intérêts économiques des puissances coloniales. Deuxièmement, l'URSS s'y affirme comme un modèle de développement à suivre par

---

[86]P.-M. Durand. "Les relations Paris-Moscou et la Guerre Froide africaine des années 70", in N. Mihail et V. Maurice. *Les Crises dans les relations franco-soviétiques 1954-1991*. Paris, A. Pedone, 2009. pp. 201.
[87]O. Ogunbadejo, op. cit.
[88]V. Lénine. *L'impérialisme stade suprême du capitalisme*, 1917.
[89]V. Bartenev. "L'URSS et l'Afrique noire sous Khrouchtchev : la mise à jour des mythes de la coopération", in *Outre-mer*, tome 94, n°354-355, 1er semestre 2007. L'URSS et le Sud. pp. 63-82.
[90]Hégémonie au sein d'un camp socialiste de plus en plus enclin au bicentrisme face à une autonomisation progressive de la Chine maoïste vis-à-vis de Moscou, et à une échelle globale.

les pays décolonisés. Plus qu'un allié objectif face à l'impérialisme, l'Union soviétique fait figure d'un phare devant éclairer de son expérience les peuples du Tiers-Monde. Troisièmement, les dialogues qui s'y sont déroulés ont mis en relation des représentants soviétiques et des représentants officieux de nations africaines demeurant sous le joug colonial. Les relations afro-asiatiques tissées lors de la conférence permettront à l'URSS de se rapprocher de nombreuses nations africaines à l'issue de leurs indépendances.

Cette conférence, qui n'a pas su garder un ton neutraliste et indépendant, a pu mettre en accord les parties en présence et créer une unité autour de grandes résolutions communes. La critique d'un Occident impérialiste économiquement, militairement et politiquement, rassemble d'un commun accord les délégations. Caractérisés par une étrange ressemblance, les discours ont démontré la pénétration idéologique manifeste de l'Union soviétique en Afrique et au Proche-Orient. Ainsi, au vu de la domination idéologique des Soviétiques durant cette conférence, celle-ci est apparue comme un véritable tremplin de la politique extérieure de l'URSS en Afrique, à l'instar de ce que put être le Kominform pour sa politique extérieure en Europe.

Toutefois, il y a lieu de relever, au regard des perspectives de la conférence du Caire, que cette dernière n'a pas véritablement évolué vers la mise en place d'une organisation structurée, visant à asseoir politiquement et idéologiquement l'influence de l'URSS sur les pays africains et asiatiques y participant. Si elle fut pensée pour booster la propagande communiste, la conférence du Caire fut surtout utilisée par Nasser pour faire une démonstration de force de son influence sur le mouvement tiers-mondiste. Malgré les velléités des Soviétiques de se servir de la conférence comme d'un tremplin pour leur politique en direction du Tiers-Monde, les événements du Caire préfigurent, de facto, l'avènement du mouvement des non-alignés à Belgrade en 1961. Ce mouvement des non-alignés refusera la logique des blocs.

Références bibliographiques

Bartenev V. « L'URSS et l'Afrique noire sous Khrouchtchev : la mise à jour des mythes de la coopération » in *Outre-mer*, tome 94, n°354-355, 1er semestre 2007.

Blum A., Daucé F., Elie M. et Ohayon I. *L'âge soviétique. Une traversée de l'Empire russe au monde post-soviétique.* Paris, Armand Colin, 2021.

Blum F., Kiriakou H., Mourre M., Basto M.-B., Guidi P., Pauthier C., Rillon O., Roy A., Vezzadini E. (collectif). *Socialismes en Afrique*. Paris, Maison des sciences de l'homme, 2021.

Carrère d'Encausse H. *L'Empire d'Eurasie : une histoire de l'Empire russe de 1552 à nos jours*. Paris, Éditions de Poche, 2008 ; *L'Empire éclaté : la révolte des nations en URSS*. Paris, Flammarion, 1978.

Clavé Y. (dir.). *Les sociétés africaines et le monde : une histoire connectée. 1900 – 1980*. Paris, Ellipses, 2022.

Cooper F. *L'Afrique dans le monde. Capitalisme, empire, État-nation*. Paris, Payot, 2015.

Fernandez-Bouveret, N. D*ouble jeu. Moscou, Paris et l'Afrique.1956-1962. L'Afrique dans les relations franco-soviétiques à l'heure de la Décolonisation. Une vue du Quai d'Orsay*. Toulouse, Université Toulouse Jean Jaurès, Mémoire de M1, 2022.

Ferro M. *1956, Suez : naissance d'un Tiers-Monde*. Bruxelles, Complexe, 2006.

Gaddis J. L. *We now know : Rethinking Cold War History*. New York, Oxford University Press, 1997.

Marcou L. *L'Internationale après Staline*. Paris, Bernard Grasset, 1979.

Ogunbadejo O. « Soviet Policies in Africa ». *African Affairs 79*, n°316, 1980. pp. 297-325.

Pervillé G. *La guerre d'Algérie*. Paris, Presses Universitaires de France, Que sais-je ?, 2021.

Prashad V. *Les nations obscures. Une histoire populaire du tiers monde*. Montréal, Éditions Ecosociété, 2009.

Sauvy A. *Trois mondes, une planète*. Paris, 14 août 1952.

Soutou G.-H. *La guerre froide de la France: 1941-1990*. Paris, Tallandier, 2018 ; *La guerre de cinquante ans: le conflit Est-Ouest 1943-1990*. Paris, Fayard, 2001.

Vaïsse M. *Les relations internationales depuis 1945*. Paris, Armand Colin, U, 2021.

Vidal G. *Histoires des communismes au XXe siècle*. Paris, Ellipses, 2013.

Wallerstein I. *Le capitalisme historique*. Paris, La Découverte, 1985.

Westad Odd A. *Histoire mondiale de la Guerre froide: 1890-1991*. Paris, Perrin, Domaine étranger, 2019 ; *The Global Cold War: Third World Interventions and the Making of Our Times.*Cambridge University Press, 2005.

Yasseen M. K. « Le Comité juridique consultatif africano-asiatique ». *Annuaire français de droit international*, volume 10, 1964. pp. 653-659.

DEUXIÈME PARTIE

MOSCOU ET L'AFRIQUE : COOPÉRATION ET DIPLOMATIE

Chapitre 4 :

La Russie et l'Angola depuis 1975 : des relations militaires à une coopération diversifiée

Magloire GUIALA

Résumé

Entamées sur le plan militaire pendant la Guerre Froide, les relations russo-angolaises ont connu un véritable progrès dans d'autres domaines de la vie politique, économique et sociale angolaise dans les années 2000. Après avoir aidé les mouvements de libération de l'Angola dans le conflit anticolonial qui les opposait au Portugal, la Russie a fait de sa coopération avec l'Angola une priorité, facilitant son intégration dans le système socialiste mondiale. Ainsi, le réalisme et l'interdépendance sont des théories qui ont été convoquées pour l'analyse de cette étude. De ce fait, les méthodes chronologique et thématique ont été adoptées pour examiner cette réflexion dont l'objectif est de montrer qu'après avoir entretenu des relations essentiellement militaires à l'ère soviétique, la coopération de ces deux pays s'est diversifiée avec le retour de Moscou en Afrique. Cette coopération renforcée a facilité l'intégration de l'Angola dans le système socialiste mondial. Elle a fait de ce pays un allié de poids de la Russie en Afrique et au sein des institutions internationales comme les Nations Unies.

Mots- clés : Angola, Communauté socialiste, Guerre de libération, Marxisme- léninisme, Système socialiste

Abstract

Initiated on the military level during the Cold War, Russian-Angolan relationships experienced real progress in other areas of Angolan political, economic and social life in the 2000s. After having helped the

liberation movements of Angola in the anti-colonial conflict which opposed them to Portugal, Russia made its cooperation with Angola a priority, facilitating its integration into the world socialist system. Thus, realism and interdependence are theories that have been invoked for the analysis of this study. Therefore, the chronological and thematic methods have been adopted to examine this reflection, the objective of which is to show that, after having maintained essentially military relations in the Soviet era, the cooperation of these two countries has diversified with the return of Moscow to Africa. This enhanced cooperation facilitated the integration of Angola into the world socialist system. It has made this country a strong ally of Russia in Africa and within international institutions such as the United Nations.

Keywords: Angola, Socialist Community, Liberation War, Marxism-Leninism, Socialist System

Introduction

L'Histoire de l'Afrique, à partir de la seconde moitié du XXe siècle, plus précisément après la Deuxième Guerre mondiale, est marquée par d'importants mouvements d'émancipation des peuples qui se soulevèrent contre l'occupation coloniale. Tandis que certains s'exprimaient pacifiquement, d'autres s'engagèrent dans des guerres de libération nationale plus ou moins longues. L'Histoire de l'Angola n'échappe pas à ce schéma chaotique. Son émancipation, entre 1961 et 1974, est l'une des plus tumultueuses de l'Afrique noire, aux côtés de celle du Mozambique, du Zimbabwe et du Cameroun. La bipolarisation du monde marqua profondément le nationalisme angolais à travers l'implication des super puissances dans sa guerre de libération.

Localisé à la frontière de l'Afrique centrale et australe, l'Angola est le deuxième pays le plus vaste de l'Afrique centrale avec environ 1.246700 km² de superficie. Il est aujourd'hui l'un des États les plus prospères de l'Afrique sub-saharienne, grâce à ses grands atouts économiques (ressources minières et halieutiques). Déjà à l'époque coloniale, l'Angola était considéré comme le plus vaste et le plus riche des territoires portugais en Afrique[1]. Il s'agit probablement là, des facteurs qui poussèrent le Portugal à maintenir le *statu quo* quand bien

---

[1] B. Delaveau et al, *Décolonisation et problèmes de l'Afrique indépendante*, Paris, Édicef, 1989, p.107. Il est à noter que le Portugal, pays économiquement pauvre en Europe, comptait sur ses colonies pour prospérer. Il n'entendait donc pas les abandonner.

même la France, la Grande-Bretagne et toutes les autres puissances coloniales européennes accordèrent l'indépendance à leurs territoires d'Afrique noire, au lendemain de la Deuxième Guerre mondiale. Ainsi, ce pays est l'un des États de l'Afrique au Sud du Sahara à accéder tardivement à la souveraineté nationale[2]. Son accession à l'indépendance en 1975 résulte d'une longue guerre de libération déclenchée en 1961 par ses nationalistes. À partir de 1975, la guerre de libération se transforme en un théâtre de conflit de la Guerre Froide car, le contexte mondial y était favorable. Dans cette guerre, les deux superpuissances de l'époque s'affrontaient par acteurs politiques interposés. Les États-Unis, à la tête du bloc Ouest capitaliste, soutenaient le Front National de Libération de l'Angola (FNLA) et l'Union pour l'Indépendance Totale de l'Angola (UNITA), tandis que l'Union des Républiques Socialistes et Soviétiques (URSS), qui pilotait le bloc de l'Est, appuyait le Mouvement Populaire de Libération de l'Angola (MPLA). Mais, le déclin de l'URSS obligea cette superpuissance à se retirer du conflit en 1988, après treize années de soutien militaire ininterrompu.

Il est clair que la décadence de l'Union Soviétique et surtout les problèmes socio-économiques qu'a connu la Russie en pleine renaissance empêchèrent cette puissance à poursuivre sa coopération avec le Tiers- monde en général, et l'Angola en particulier. Comme Muriel Pomponne le déclare dans un reportage qu'elle fait sur la reprise de la coopération de ces deux pays après le retour de la Russie en Afrique : « l'ex- URSS avait fait de sa coopération avec le Tiers- monde une des priorités. Mais avec l'effondrement de l'Union Soviétique, les difficultés économiques de la Russie en renaissance, Moscou avait tout stoppé»[3]. C'est en effet dans les années 2000, après presque vingt années d'absence de la Russie en Afrique que l'Angola et son allié historique relancent leur coopération qui intègre directement l'Angola dans le système socialiste mondial.[4]

---

[2] Le Portugal fut l'une des premières nations européennes à s'engager à l'occupation des territoires coloniaux en Afrique. Cette puissance arrive en Afrique, précisément à « Ngola » vers 1670, où elle crée la colonie d'Angola, en procédant à l'agrandissement progressif de ce royaume jusqu'au « Kwango ». Le Portugal fut la dernière puissance coloniale européenne à abandonner ses colonies, notamment l'Angola.
[3] M. Ponponne, ''Vers un retour de la Russie en Afrique ?,'' Reportage sur la Russie publié le 5-12- 2014.
[4] Zaiki Laidi, ''L'URSS et l'Afrique : vers une extension du système socialiste mondial ?,'' Politique étrangère, n°48- 3, 1983. L'auteur, dans cet article, présente la politique étrangère de l'URSS ; Celle- ci vise la consolidation de ses liens avec certains pays clés, notamment

Même s'il existe une littérature abondante sur les relations russo-angolaises, aucun auteur n'en a fait une préoccupation particulière. Tous les auteurs qui se sont intéressés à l'Histoire de l'Afrique post-indépendante, ont effleuré les motivations de l'URSS à entrer dans la guerre civile de l'Angola et en devenir l'un des acteurs majeurs. Marianne Cornevin est l'un des premiers auteurs à s'y pencher. D'autres, dans leurs articles scientifiques, y ont juste consacré quelques lignes. Il s'agit de Sylvain Nong Atok et de René Bidias. Un seul auteur, Zaidi Laidi se pose la question si l'Angola, comme d'autres pays du tiers- monde africain, est intégrée dans le système socialiste mondial. Le fait de ne pas pousser sa réflexion plus loin sur cette problématique nous a donné d'importants éléments pour le développement de ce pan d'Histoire liant la Russie à l'Angola et surtout sur les motivations de Moscou à diversifier sa coopération avec l'Angola après son retour sur la scène internationale. L'objectif de ce travail est de montrer qu'après avoir entretenu des relations essentiellement militaires à l'ère soviétique, la coopération de ces deux pays ces diversifiée avec le retour de Moscou en Afrique. Cette coopération renforcée a facilité l'intégration de l'Angola dans le système socialiste mondial.

Cette étude a été rendue possible grâce à la convocation de deux théories qui permettent de mieux appréhender et analyser notre problématique. Le réalisme qui est une approche traditionnelle des relations internationales privilégie l'État dont il fait un acteur essentiel de la scène internationale. L'interdépendance examine l'influence mutuelle entre deux États qui découle des transactions s'établissant entre eux. Cette réflexion a été examinée sous le prisme de l'approche historique qui impose l'examen des documents pour arriver à déterminer des faits. Ainsi, les méthodes chronologique et thématique ont été adoptées pour faciliter l'analyse des informations dont nous disposons dans le cadre de cette réflexion. Ce qui n'est pas sans susciter quelques interrogations sur le redéploiement de Moscou en Angola, dont l'une d'elles est de savoir pourquoi la Russie a-t-elle diversifié sa coopération avec l'Angola, après son retour sur la scène internationale ? La réponse à cette question nous amène non seulement à nous pencher sur l'intervention de l'URSS dans la guerre de l'Angola, mais aussi sur les rapports bilatéraux diversifiés qui constituent le facteur essentiel de l'intégration de l'Angola dans le système socialiste mondial.

---

l'Angola, le Mozambique et l'Ethiopie. Il s'interroge alors sur une éventuelle volonté de cette puissance d'intégrer ces trois États au sein du « système socialiste mondial".

1. L'URSS, acteur de premier plan dans la guerre angolaise

L'Angola a connu une longue période de guerre qui s'est étendue sur quarante années, c'est-à-dire de 1961 à 2002[5]. Elle se subdivise en deux phases. La première, qui va de 1961 à 1974, a vu le pays se défaire du colonialiste portugais. La seconde phase qui s'étend sur vingt- sept années est caractérisée par l'affrontement des mouvements nationalistes rivaux pour le contrôle du pays. Les causes de cette guerre, qui s'internationalisa à partir de 1976 avec l'implication de l'URSS et de Cuba communistes aux côtés du MPLA et des États-Unis en soutien au FNLA et à l'UNITA, sont développées dans cette articulation qui se penche aussi sur la nature de l'intervention de l'URSS dans ce conflit et son réel impact sur son dénouement.

1.1. Les causes du conflit et les parties en présence

La longue guerre qui éclate en Angola à partir de 1961 est liée à l'opposition du peuple angolais au Portugal qui s'accapare des terres et des richesses du pays ; mais aussi aux courants idéologiques occidentaux qui animent les milieux politiques angolais, participant au renforcement de leur rivalité et à la bipolarisation du nationalisme angolais. Elle trouve également ses origines dans la croissance économique exceptionnellement rapide, à l'urbanisation du territoire, à l'immigration blanche et à l'augmentation de la masse salariale africaine[6]. La progression des effectifs de l'enseignement eut également des conséquences sociopolitiques favorables à l'idéologie du MPLA, tout en s'opposant à l'idéologie tribale développée par les partis rivaux de ce mouvement politique.[7]

Bien que séparées de moins de six semaines, l'attaque de la prison de Luanda le 4 février1961 par les militants du MPLA ainsi que la grande insurrection des Bakongo du Nord de l'Angola du 15 mars[8] ont

---

[5] D. Birmingham, *Histoire de l'Angola de 1830 à nos jours*, Editions Chandeigne, 2019, p.140.
[6] M. Cornevin, *Histoire de l'Afrique contemporaine, de la IIème guerre mondiale à nos jours*, Paris, Payot, 1978, p. 276.
[7] Ibid.
[8] Inspirée et organisée par l'Union des Peuples du Nord de l'Angola (UPNA) fondée en 1954 à Léopoldville sur le modèle de l'Association des Bakongo (ABAKO), un mouvement rival du MPLA, qui devînt le FNLA plus tard en 1962. Cette seconde insurrection de mars 1961 s'était attaquée directement aux planteurs portugais qui s'accaparaient des bonnes terres du nord du territoire angolais pour créer leurs plantations de café, pendant que les nationaux, notamment

constitué la cause du déclenchement de la « première guerre d'indépendance » de l'Angola. Trois mouvements aux idéologies politiques concurrentes participent à la libération de l'Angola du joug du colonisateur portugais. Cette lutte anticoloniale est connue sous le nom de « guerre de libération». Cette lutte armée, engagée par ces trois partis nationalistes contre le Portugal a eu des résultats militaires médiocres à cause de leurs rivalités nées de l'opposition de leurs idéologies, de leurs zones d'influences et surtout de leurs alliés extérieurs[9]. Malgré les alliances que ces partis nationalistes angolais avaient formées pour éjecter le Portugal, perçu comme un ennemi commun de leur territoire, ils n'arrêtèrent pas de se battre, utilisant l'essentiel de leurs forces pour leur propre destruction. D'où l'inefficacité de leur guérilla contre le Portugal après treize années de lutte nationaliste. Voilà pourquoi au soir de son accession à l'indépendance, la guerre de libération prend la forme d'une guerre civile, conséquence des rivalités au sein de son mouvement de lutte anticolonialiste.

Les principaux protagonistes de cette lutte sont le MPLA fondé en 1956 par Mario de Andrade, succédé en 1957 par Augosthino Neto[10] et le FNLA, dont une branche s'en sépare en 1964, pour se transformer en UNITA. C'est cette dernière formation politique qui, ayant à sa tête Jonas Savimbi,[11] s'engage dans la longue guerre déclenchée contre le

---

les Bakongo croupissaient dans la misère. Ils se contentaient des maigres portions de terres peu fertiles dont les récoltes étaient loin de satisfaire les populations locales. Cette insurrection fut à l'origine de la mort d'environ 1800 portugais. L'UPNA se définissait comme un parti nationaliste qui luttait pour la défense des intérêts des Bakongo de l'Angola. Il faut aussi noter que Holden Roberto fut le premier président de l'UPNA. Il fut élu en 1957. En 1962, quand ce parti devint le FNLA, il continua à en assurer la présidence. Le FNLA était favorable à une économie de type capitaliste. Plus tard, le mouvement devint l'allié des États-Unis et du Zaïre. Cf. B. Delaveau et al, *Décolonisation et problèmes…*, pp.109-110.

[9] B. Delaveau et al, *Décolonisation et problèmes…*

[10] Agosthino Neto qui devint le leader du MPLA en 1957 est un médecin, poète et romancier. Il est diplômé de l'Université portugaise de Coimbra. Il fut arrêté à Luanda en 1960, puis transféré à Lisbonne où il s'échappa de prison en 1962 et s'établit à Brazzaville au Congo. D'où l'idéologie marxiste du MPLA où il succéda à Mario de Andrade, l'un des intellectuels qui créèrent le MPLA. Ce parti était formé majoritairement de métisses. On y trouve également quelques blancs et des intellectuels noirs, « les assimilados ». C'est sans doute la raison pour laquelle son parti est un mouvement « supratribal » et « national ». Dans sa lutte anticolonialiste, le MPLA avait le soutien non seulement des ouvriers, mais aussi celui des Kimbundu du Centre-Ouest angolais sans oublier celui de l'URSS. Cf. M. Cornevin, *Histoire de l'Afrique contemporaine…*

[11] Créée en 1964, l'UNITA avait à sa tête Jonas Savimbi qui lui-même était un dissident du FNLA. Il appartenait à l'ethnie Ovimbundu qui était majoritaire en Angola. Dans sa lutte, ce dernier ne parvenait toujours pas à s'entourer des soutiens extérieurs comparables à ceux de ses rivaux. C'est ce qui est à l'origine du faible équipement militaire qui caractérisa sa lutte armée.

MPLA en 1975. Cette guerre prend fin en 2002 avec la disparition de Jonas Savimbi. Après l'indépendance du peuple angolais, la deuxième phase de cette guerre appelée la guerre civile angolaise éclate en 1975. Au cours de cette phase, les partis politiques rivalisent à cause non seulement de l'incapacité du MPLA, premier mouvement politique du pays à unir les nationalistes angolais dans leur lutte contre le colonisateur portugais, mais aussi à cause de la forte ethnicité qui caractérise le mouvement politique angolais, sans oublier l'influence des idéologies à caractère tribales développées par le FNLA et l'UNITA[12]. C'est ce que Marianne Cornevin relève dans son ouvrage :

La résistance armée des Angolais au colonisateur portugais se présente de façon différente. Elle a débuté trois ans plus tôt que celle des Mozambicains, mais dès le départ en 1961, elle a été marquée par une bipolarisation des mouvements qui a persisté tout au long des quatorze années de la « Première Guerre »… et bien au- delà. L'accession au gouvernement du MPLA (…) en tant que parti « supratribal et national » n'a pu se réaliser que trois mois après la date officielle de l'indépendance (11 novembre 1975) à l'issue d'une « deuxième guerre de libération » caractérisée par l'intervention de contingents cubains armés par les Soviétiques du côté du MPLA…[13]

C'est ainsi que les antagonismes idéologiques et les différences ethniques qui caractérisent les mouvements politiques en Angola pendant leur lutte anticoloniale, intensifient leurs oppositions et alimentent la guerre civile de ce pays peu après son accession à l'indépendance. Cette lutte est reconnue par le nouveau régime portugais, arrivé au pouvoir par le biais de la « révolution aux œillets » d'avril 1974[14]. Il annonce le retrait du Portugal de ses colonies d'Afrique. Immédiatement en Angola, les trois mouvements politiques

---

Pour s'armer, le mouvement était obligé de récupérer les armes abandonnées par l'ennemi portugais. Il fut tardivement armé par le Zaïre de Mobutu, la Zambie et l'Afrique du Sud. Cf. B. Delaveau et al., *Décolonisation et problèmes*…

[12] Les mouvements nationalistes angolais avaient développé un caractère ethnique très poussé à leur création. Le FNLA était majoritairement composé des Bakongo. La principale base sociale du MPLA était formée des Ambundu et des métis, alors que l'UNITA prenait appui sur les Ovimbundu pour gagner en audience et prospérer politiquement.

[13] M. Cornrvin, *Histoire de l'Afrique contemporaine*…, pp. 276-277.

[14] Ibid. En réalité, ce qu'on entend par « révolution aux œillets » d'avril 1974 ne fut autre que le coup d'État qui se déroula au Portugal le 25 avril 1974, renversant le régime en place. Le nouveau régime améliora rapidement la situation en Angola en signant les accords de cessez-le-feu d'abord le 6 mai 1974 avec l'UNITA, puis en juin avec le FNLA et enfin en octobre 1974 avec le MPLA. Cette offre de paix du nouveau régime portugais à ses protagonistes angolais fut favorable pour l'accession à l'indépendance de ce pays en 1975.

s'engagent dans des rivalités pour la conquête du pouvoir alors que les accords d'Alvor du 15 janvier 1975[15], obtenus du Portugal, semblent imposer un rapprochement précaire, à travers la mise en place d'un gouvernement d'union qui met fin à la guerre de libération. Le 11 novembre 1975, pendant qu'à Luanda, le MPLA déclare l'indépendance du pays, au même moment, le FNLA et l'UNITA déclarent l'indépendance de la République Populaire et Démocratique d'Angola, à partir de la ville d'Huambo[16].

Tout laisse à penser que ces soutiens extérieurs que sont l'URSS et les États-Unis ont contribué à radicaliser les positions des partis nationalistes. Par ailleurs, l'appui de ces mouvements nationalistes sur leurs différents groupes ethniques écartait ou éloignait tout mécanisme de réconciliation. Les combats qui éclatent entre les deux camps prennent alors le caractère d'une guerre civile. Pour espérer remporter la victoire et prendre le contrôle du territoire, les belligérants nouent des alliances idéologiques, impliquant directement les grandes puissances dans cette guerre. Il apparait clairement que le MPLA n'a pas su mobiliser les nationalistes angolais dans leur mouvement d'émancipation contre la puissance colonisatrice. L'incapacité de ralliement de ces partis nationalistes pour la cause commune est due à l'influence de l'ethnicité qui a caractérisé leur création, leur évolution politique et surtout leurs revendications.

1.2. La participation de l'URSS dans la guerre civile angolaise

Ce n'est pas par un mécanisme de pur hasard que l'URSS s'est retrouvée impliquée dans la guerre civile angolaise. Si l'on se réfère aux écrits de certains auteurs à l'instar de Delaveau, Mongnet et de Cornevin, qui se sont penchés sur la question, le MPLA, dès sa création est d'idéologie marxiste-léniniste[17]. Cette idéologie est importée par ses leaders, notamment Augosthino Neto qui séjourne à Brazzaville au Congo, après avoir échappé à la prison à Lisbonne. À partir de ce pays

---

[15] Les accords d'Alvor du 15 Janvier1975, obtenus par l'intermédiaire du Portugal, semblaient permettre un rapprochement momentané des trois factions et l'établissement d'un gouvernement d'union. Cependant les hostilités recommencent aussitôt après, et le 11 Novembre 1975, le MPLA déclare l'indépendance du pays à partir de la capitale Luanda, et au même moment le FNLA et l'UNITA faisaient ensemble la même déclaration à partir de la ville d'Huambo.

[16] A. Rozes, ''Les Sud-africains et l'Angola : treize années d'hostilité 1975-1988'', *Guerres mondiales et conflits contemporains*, n°196, 1999, p.105. Il faut également noter que ces divergences sont purement d'ordre ethnique et idéologique.

[17] M. Cornevin, *Histoire de l'Afrique contemporaine* …, p. 276.

acquis à la cause du communisme, il se rapproche de l'URSS anti-impérialiste, et ne dévie plus de son idéologie marxiste, menant dans les villes angolaises des campagnes de formation de ses militants[18]. L'engagement de cette puissance dans la guerre civile angolaise se matérialise dès les premiers moments par son soutien aux forces cubaines visibles dans les premières lignes du front dès l'éclatement de ce conflit[19]. L'aide soviétique au MPLA se fait à travers « l'opération CARLOTA » qui organise le transport des soldats cubains vers l'Angola[20]. Environ 16000 militaires sont acheminés vers Luanda pour renforcer les 1000 premiers soldats présents dans ce pays depuis 1947, et dont l'objectif était d'aider les forces armées populaires de libération d'Angola[21]. Celles-ci étaient déjà assistées par 3500 conseillers civils et militaires soviétiques[22]. L'intervention de l'URSS dans le conflit angolais a été manifeste. Elle a pris part aux différentes batailles, aux côtés des 20 à 40000 soldats cubains, des 3000 Nord-Coréens et du MPLA. Tel que Marianne Cornevin le rapporte dans ses propos : « la guerre devient alors celle de l'URSS…les trois mouvements angolais ne se battent plus directement, mais par l'intermédiaire des étrangers[23] ». En 1985, on peut dénombrer 1200 soldats russes déployés en Angola, dont une dizaine trouve officiellement la mort[24]. Aussi, sous l'impulsion de l'URSS en tant que leader du bloc communiste, de nombreux pays appartenant à ce bloc apportent leur soutien militaire et logistique au MPLA à savoir l'Allemagne de l'Est, la Tchécoslovaquie, le Mozambique, la Jamahiriya Arabe Libyenne, la République de Bulgarie, l'Algérie, la Tanzanie, la Guinée Bissau, la République socialiste de Roumanie et le Zimbabwe[25].

Dans cette guerre, l'Union Soviétique a également connu beaucoup de pertes matérielles. Plusieurs de ses aéronefs ont été détruits. En 1980, un Mil Mi-8 aurait été abattu par les services du SDECE français

---

[18] Ibid.
[19] Ibid. Les soldats cubains qui participaient à cette guerre étaient armés par l'Union Soviétique.
[20] A. Rozes, '' Les Sud-africains et l'Angola : treize années d'hostilité 1975-1988,'' *Guerres mondiales*…
[21] Ibid.
[22] Ibid, p. 281.
[23] '' Cuba, une odyssée africaine en Angola, *Foreign influence communist nations*. Article en ligne publié le 21 Janvier 2013.
[24] G. Chaliand, '' L'enjeu africain'', *Géostratégie des puissances*, Bruxelles, Complexes, 1984, p.34.
[25] M. Cornevin, *Histoire de l'Afrique contemporaine*…

qui apportaient leur aide à l'UNITA[26]. En réalité, durant ce conflit, les Soviétiques ont superbement armé les contingents militaires du MPLA, qui avait décuplé son effectif militaire. Il est estimé à cent millions de dollars, le coût du matériel militaire de guerre que l'URSS a doté son allié angolais du MPLA[27]. Bien qu'ayant subi des pertes humaines et matérielles non négligeables dans cette guerre, son soutien a été d'une importance indéniable au MPLA qui a remporté de nombreuses victoires, à l'instar de celle de Luanda en novembre 1975 et de Cuito-Cuito carnaval en 1988 permettant à ce mouvement de se maintenir au pouvoir.

Toutefois, les accords du 22 décembre 1988 signés à New-York mettent fin à l'intervention extérieure, organisant le désengagement de l'Union Soviétique en plein déclin[28]. Le 1er mai 1991, la signature des accords de BICESSE instaure un cessez-le-feu et la démobilisation des groupes armés, leur intégration dans les forces armées et l'organisation des élections législatives tenues en septembre 1992. Ces élections sont remportées par le MPLA, et Edouardo Dos Santos sort victorieux aux élections présidentielles avec une majorité relative. Le refus de l'organisation du second tour, tel que prévu par la constitution, pousse l'UNITA à reprendre les combats. L'organisation d'un second tour des élections aurait permis non seulement au président Edouardo Dos Santos d'être largement élu, mais aussi d'éviter le prolongement de la guerre civile à l'Angola.

En clair, la présence de l'Union Soviétique a été visible dans la guerre civile angolaise de 1975 à 1988. Son intervention, décisive dans la victoire du MPLA, son allié, lui a permis de se maintenir au pouvoir, devenant le véritable maître du pays. Toutefois, le retrait de cette puissance de l'Angola avant la fin du conflit n'a pu mettre un terme aux rapports multiformes noués pendant la guerre. Les deux alliés ont développé et entretenu des relations permettant au MPLA de contrôler d'importantes ressources du pays. Marianne Cornevin, qui décrit clairement cette relation liant l'Union Soviétique au MPLA, montre également comment le MPLA, avec le soutien de l'Union Soviétique, contrôle les ressources du pays : « au début de juillet 1975, le rapport

---

[26] Ibid. L'auteur estime que ce matériel militaire de guerre arrivait de Pointe Noire par le biais d'un énorme pont aérien.
[27] Les accords du 22 Décembre 1988, signés à New-York organisaient l'indépendance de la Namibie et le désengagement de l'Afrique du Sud, de Cuba et de l'Union Soviétique. Malgré ces désaccords, l'Afrique du Sud, les États-Unis et le Zaïre vont continuer d'intervenir dans le conflit angolais.
[28] M. Cornevin, *Histoire de l'Afrique contemporaine*....

de forces entre le MPLA et le FNLA s'est inversé (…) le MPLA, contrôlant le pétrole, à la fois à la production (à Cabinda) et au stade de raffinage (l'unique raffinerie de l'Angola est située à Luanda, n'aura jamais de difficultés pour son ravitaillement en essence (…) il contrôle également les diamants du Lunda, exploités depuis 1921 par la puissante société *diamong,* filiale de la *Beers* sud- africaine » [29].

De ce fait, l'intervention de l'Union Soviétique dans le conflit civil angolais est liée à sa volonté d'étendre son idéologie communiste dans un nombre important de pays à travers le monde et en Afrique, en particulier. C'est en cela que la guerre civile d'Angola s'intègre pleinement dans le contexte de la guerre froide, car, les Américains, les Soviétiques et leurs alliés respectifs fournissent tous des aides militaires significatives aux différentes forces en présence. Ainsi, quelques années après son retrait de cette guerre civile, la Russie en renaissance revient en Angola où sa présence est visible dans de nombreux secteurs économiques.

2. Des relations militaires à la coopération économique : facteur d'intégration de l'Angola dans « le système socialiste mondial »

Bien qu'ayant gardé des liens très étroits avec l'Angola au nom de la lutte anti-coloniale, la Russie milite pour la sauvegarde de ses intérêts économiques. Si elle n'intensifie plus sa coopération avec l'Angola comme ce fut le cas à l'époque de l'Union Soviétique, elle concentre ses rapports avec ce pays africain dans quelques secteurs militaro-économiques et commerciaux, reposant essentiellement sur la vente du matériel de guerre et l'extraction des ressources naturelles. Les nouveaux rapports qui lient les deux pays ont facilité l'intégration de l'Angola post-conflit dans le système socialiste mondial[30].

---

[29] Ibid., p. 280. Il est aussi à signaler que pendant cette guerre civile angolaise, l'URSS a fourni plus d'un millier de soldats de l'Armée Rouge et de nombreux engins de guerre au MPLA.

[30] L'Angola et la Chine entretiennent une coopération économique et sociale assez dense depuis la fin du conflit civil angolais, marquant de ce fait la stabilité de ce pays. L'Angola est le deuxième fournisseur de pétrole à la chine dans le monde. Pourtant, malgré cette coopération renforcée avec la Chine, les dirigeants russes ne se sont pas abstenus de renouer leur coopération avec l'Angola.

2.1. La Russie et l'Angola entretiennent une coopération militaire étroite qui remonte à l'ère de l'Union Soviétique

L'Angola est une puissance en Afrique contemporaine. La longue guerre civile qui l'a secoué des années 1970 à 2000 n'a pu freiner son ascension économique et son influence politique au niveau régional africain. Pour devenir une puissance en Afrique, l'Angola s'appuie fortement sur le partenariat stratégique avec la Russie. Le pays a signé, ces dernières années, de nombreux accords de coopération, parmi lesquels, les accords militaires avec la Russie. En 2006, en visite à Moscou, le chef de l'État angolais, José Edouardo Dos Santos, signe les accords intergouvernementaux de coopération technico-militaire, faisant de l'aspect militaro-stratégique la caractéristique la plus connue et la plus visible de la coopération de son pays avec la Russie[31]. Au courant de l'année 2009, le président Medvedev effectue une tournée en Afrique qui le mène également en Angola. Cette visite du président russe à Luanda marque profondément le retour de la Russie en Afrique. Il s'agit d'un symbole qui prouve à l'opinion internationale et africaine que malgré l'effondrement de l'Union Soviétique, la Russie n'a pas coupé ses liens de coopération avec l'Angola[32], et sa diplomatie reste largement orientée vers le domaine militaire, comme à l'époque de la guerre civile angolaise.

Ainsi, au cours du mois de mars 2010, les forces de sécurité angolaises signent un nouvel accord de coopération avec la Russie dans le cadre de la formation, de l'entraînement, et de l'équipement de ses forces de police, notamment dans le domaine de ses interventions afin d'empêcher les émeutes dans les grandes villes du pays, comme ce fut le cas lors de la tentative d'insurrection de septembre 2011 à Luanda[33]. Cet accord est suivi de celui portant sur la surveillance des frontières. Un dernier accord est signé en 2013, reposant sur l'exploitation, pour un milliard de dollars, des avions de combat russes SOUKHAI SU-30

---

[31] Le 11 Octobre 2006, la Russie et l'Angola signent dix accords bilatéraux, concernant différents domaines de leur coopération. En dehors des accords signés dans les secteurs traditionnels de leur coopération, d'autres domaines comme celui du judiciaire, n'ont pas été épargnés. Les ministres des deux États ont signé des documents sur l'assistanat juridique dans les affaires pénales et sur l'extradition des personnes condamnées à des peines d'emprisonnement. Un autre accord concerne la lutte contre le trafic des stupéfiants et des matières psychotropes.
[32] M. Pomponne, '' Vers un retour de la Russie en Afrique ?'', Reportage sur la Russie…
[33] Ibid.

EG, des hélicoptères MI-35 et MI- 17, des chars d'artillerie, d'armes et de munitions vers l'Angola[34].

Il est clair que depuis les années 1970, la coopération technico-militaire a toujours été au centre de la diplomatie moderne russo-angolaise et bien qu'occupant une place de choix dans les relations des deux pays, cette coopération n'occulte pas d'autres domaines à savoir l'économie et le commerce. La Russie utilise ses relations militaires avec l'Angola pour renforcer son partenariat bilatéral et veille à ce qu'elle ne soit pas exclue de l'évolution économique de ce pays. N'ayant pas pu mettre en place une coopération économique et commerciale particulière, et à long terme avec ce géant de l'Afrique Centrale, elle compte asseoir une politique géostratégique indispensable pour la protection de ses intérêts en Angola et par extension, dans toute l'Afrique.

2.2. La place importante de l'Angola dans les autres axes de la coopération russo- angolaise

Il a été démontré par de nombreux auteurs que la Russie a besoin de l'Angola pour l'expansion de son économie, notamment de son industrie énergétique. La coopération énergétique que la Russie entretient alors avec l'Angola repose sur l'extraction des ressources naturelles d'origine énergétique. À cet effet, Andrew Korybko, écrivait dans Source Oriental Review :

En devenant une puissance énergétique de plus en plus importante avec l'expertise et l'investissement de Moscou dans ce domaine, Luanda peut alors être en meilleure position pour acheter plus d'armement pour défendre ses intérêts, combinant énergie et puissance militaire menant à l'expansion inévitable de l'influence politique dans toute la région…une économie plus stable …est essentielle au maintien du leadership projeté de Luanda[35].

En effet, la coopération de ces deux pays dans le secteur de l'énergie a été intensifiée à la suite de la signature de nombreux accords par les entreprises des deux pays. Ainsi, le vice-président du conseil d'administration de Gazprom, Alexandre Medvedev et le vice-président

---

[34] À la lecture de certains auteurs, spécialistes de cette coopération, il est à noter que, les États africains, notamment l'Angola, apprécient le matériel de guerre d'origine russe. Ils chercheraient à réparer ces vieux chars 155 et 162 et les hélicoptères M18 et L124 ou alors les moderniser.
[35] A. Korybko, ''Comprendre la guerre hybride. L'Afrique de l'Atlantique Sud'', *Source Oriental Review,* article en ligne, publié le 10-2-2017.

du conseil d'administration de Sonangol, ont signé un mémorandum de coopération. Par ailleurs, les sociétés Sonangol, Alrosa, Zaroubejneft et Dark Oil Compagny, ont convenu de coopérer sur la prospection géologique et la production d'hydrocarbure. La compagnie angolaise Endiama qui exploite le diamant a signé un protocole de coopération avec la société russe Alrosa. Les sociétés Sonangol, Lukoil Overseas Holding Ltd et Dark Oil Company ont signé un mémorandum de coopération sur la prospection et la production d'hydrocarbure dans le bassin du sud-Congo, du Kwanza nord, de Kassanje et Eethosha[36]. Ces différents accords soutiennent la présence des entreprises russes en terre angolaise. Elles y sont présentes dans tous les secteurs d'activités économiques en Angola. L'entreprise Gazprom influence grandement l'exploitation du gaz. L'uranium et le diamant sont contrôlés respectivement par les entreprises Rosatom et Alrosa. L'entreprise Rosetee, qui est la filiale d'une société russe, est présente en Angola dans le domaine de construction de centrale hydraulique. En dehors du secteur minier, la Russie contribue également à la modernisation de différents secteurs d'activités économiques et industriels angolais. C'est par exemple le cas des télécommunications, qui constituent un secteur très dynamique en Angola. Il intéresse largement les investisseurs russes, car, tout comme dans les autres États d'Afrique, ce secteur est en pleine expansion en Angola. Dès lors, ce pays qui a prévu lancer son satellite, baptisé Angosat[37], compte largement sur le soutien de la Russie pour la réalisation de ce projet ambitieux, bien qu'avec la Chine, ce géant de l'Afrique centrale entretient une coopération assez ambitieuse qui passe de simples importateurs d'énergie à facilitateur des investissements dans différents domaines d'activités de développement.

Il n'est pas vain de relever que le progrès de l'économie angolaise repose grandement sur l'industrie pétrolière, en pleine expansion. Depuis le 1er Janvier 2007, le pays est devenu le douzième membre de l'OPEP. L'Angola compte énormément sur le soutien de la Russie pour le dynamisme de ce secteur d'activité économique. C'est dans ce sens que la Sonangol qui est un conglomérat étatique assurant le contrôle de l'industrie pétrolière nationale coopère avec les grandes industries russes qui exercent dans ce secteur pour le rendre toujours plus dynamique. L'Ukoil, Overseas Holding Ltd et Dark Oil Company, qui

---

[36] Ibid.
[37] Ibid.

sont en coopération avec Sonangol, prospectaient et produisaient le pétrole en Angola. Le pays est devenu le deuxième producteur de pétrole en Afrique derrière le Nigeria[38]. Ce pays, avec une production de 900.000 barils par jour, cherchait à atteindre 1.4 million de barils par jour entre 2005 et 2006. Après avoir atteint 2.5 millions de barils par jour, un pic devait être atteint en 2012[39]. Depuis le deuxième trimestre de l'année 2012, l'Angola tend à détrôner le Nigeria pour devenir le premier plus grand producteur de pétrole du continent, avec une production d'or noir qui s'est élevée à 1,17 million de barils, alors que le Nigeria se situe à 1,13 million de barils[40]. En se basant sur les estimations de réserve pétrolière, les experts avancent le chiffre de dix milliards de barils de pétrole. Dans ce sens, de nouvelles prospections ont permis de trouver des gisements *offshores*. Le long conflit angolais qui s'est achevé en 2002 n'a pas empêché la prospection, puis l'exploitation et la mise en valeur d'énormes richesses pétrolières que regorge ce pays. Malgré la longue durée de ce conflit qui puise sa source dans l'anticolonialisme portugais et qui s'est transformé en guerre civile, l'exploitation du pétrole en Angola n'a guère été négligée.

Par ailleurs, le secteur du commerce n'est pas à négliger dans cette coopération russo-angolaise, car, les relations commerciales entre les deux pays sont devenues « le moteur de cette coopération bilatérale ». Celle-ci tend à s'approfondir dans de nouveaux domaines, concernant la technologie, l'automobile, l'industrie légère et lourde, la pêche, les mines, les énergies renouvelables, les composantes ferroviaires et l'agriculture. De ce fait, tous ces indicateurs de la coopération bilatérale russo-angolaise montrent vraisemblablement que les relations économiques entre les deux pays continuent de se développer à un rythme croissant, et sont orientées sur une pente positive, favorisant le progrès socio- économique de ce grand pays d'Afrique noire. Tout ceci est la preuve que malgré l'effondrement de l'Union Soviétique, la Russie n'a jamais abandonné l'Angola. La diplomatie russe, en pleine

---

[38] L'industrie pétrolière du Nigeria constitue, comme le présentent de nombreux auteurs, un enjeu dramatique entre les multi -nationalistes apatrides, le gouvernement fédéral et le groupe armé Mend qui affirme combattre les multinationales et les autorités fédérales pour obtenir une plus juste répartition des revenus pétroliers en faveur des misérables populations de delta du Niger.
[39] Il est important, compte tenu des données qui sont présentées, de relever que l'Angola compte sur le soutien de la Russie pour faire développer son industrie pétrolière qui constitue le poumon de son économie.
[40] Cf. M. Ben Yahia, '' L'Angola détrône le Nigeria et devient le plus grand producteur de pétrole du continent'', IlBoursa.com, article en ligne publié le 21/09/2022 à 14 :10.

renaissance à l'égard de l'Angola, est sous-tendue par des considérations militaires et énergétiques[41]. Que ce soit dans le domaine militaire ou dans d'autres domaines d'activités, la Russie et l'Angola ont intensifié leur coopération bilatérale. Et, malgré que l'Angola ait renoncé au cours des années 1960-1980 à son idéologie communiste, ces liens multiformes ont facilité l'intégration de l'Angola dans le système socialiste mondial, ayant à sa tête la Russie.

2.3. Une coopération orientée vers l'intégration de l'Angola dans le système socialiste mondial

Pour l'URSS, l'Angola demeure l'un des pays africains où l'investissement militaire russe a été le plus visible[42]. Cet investissement est très avantageux pour la Russie, qui y a eu l'occasion de soigner son image dans le tiers monde pour faciliter l'intégration de tous les pays qui ont adopté l'idéologie communiste dans le système socialiste mondial. L'ensemble des États du monde qui ont adopté le communisme ont été intégrés par l'URSS dans ce système qui, pour Leonid Brejnev, est constitué de l'ensemble des pays formant la communauté socialiste. Ce système regroupe alors tous les pays du Pacte de Varsovie : Cuba, Laos, Mongolie et Vietnam, ainsi qu'un noyau de pays du tiers monde, essentiellement africains, représentant le flanc gauche avancé de l'orientation socialiste. Ces pays sont l'Angola, l'Éthiopie et le Mozambique.[43]

Le système socialiste mondial regroupe tous les pays ayant accepté l'idéologie du Marxisme- léninisme. Ainsi, les rapports entre l'URSS et ces pays présentent un caractère inédit pour trois principales raisons à savoir : le poids géostratégique de ces pays pour la politique extérieure de l'URSS, l'importance que représente pour ces pays la garantie diplomatico- militaire soviétique et la volonté politique de ces pays de s'intégrer au sein de la communauté socialiste. De ce fait, quatre éléments sont essentiels pour mieux comprendre cette perception du système socialiste mondial institué par l'URSS. Il s'agit de l'étude des perceptions soviétiques sur les régimes de ces pays et leur

---

[41] M. Pomponne,'' Vers un retour de la Russie en Afrique'', *Reportage sur la Russie…*
[42] S. Ndong Atok, '' L'île de Bioko dans le jeu interétatique depuis 1960 : entre convoitises verticales et horizontales. *Comprendre les relations internationales contemporaines. Mélanges offerts au professeur Jean Koufan Menkene*, Paris, L'Harmattan, 2020, p.233. L'auteur dans sa réflexion affirme que c'est à partir de la base navale que l'URSS a construite aux larges de la Guinée Équatoriale, qu'elle soutenait son effort de guerre en Angola.
[43] Leonid Brejnev cité par Zaidi Laidi, '' L'URSS et l'Afrique : vers une extension du système socialiste mondial ?'', *Politique…*

évolution, l'étendue du réseau relationnel multiforme tissé par l'URSS et ces pays, l'extension de ce réseau à l'ensemble des pays socialistes et enfin la réalité de la solidarité diplomatique qui lie l'URSS à tous ces pays. L'adoption de l'idéologie socialiste par l'Angola en particulier, donne à la Russie les moyens pour la facilitation de son intégration au sein du système socialiste mondial. Cette intégration révèle l'intérêt politique de la Russie non seulement pour ce pays, mais aussi pour de nombreux autres du continent africain, qui ont opté pour une orientation socialiste de leur système économique. L'intégration de l'Angola, au sein du système socialiste mondial et qui jouit d'une situation géopolitique privilégiée, a favorisé l'intensification de ses relations avec l'URSS. Celles-ci se caractérisent par la multiplication des signatures des traités d'amitié et de coopération, traduisant la volonté affirmée de cette puissance de développer ses rapports avec l'Angola, son partenaire politique et diplomatique de choix en Afrique[44].

Ainsi, en tant que partenaire politique et diplomatique de choix au sein du système socialiste mondial où elle est intégrée depuis 1976, l'Angola signe son traité d'amitié avec la Russie.[45] Ce traité, qui intègre également les clauses militaires, prend en compte les attentes des Angolais, marquées par la garantie politico-militaire que l'URSS assure pour ce pays, dont elle milite pour la stabilité politique afin de promouvoir l'expansion de son idéologie communiste. Tout ceci met en évidence la cohérence de la démarche de la politique internationale de la Russie. En dehors de cette volonté politique de l'URSS, cette puissance cherche également à assurer dans ce pays, les conditions favorables au progrès économique et social de son peuple. En clair, dans sa coopération bilatérale avec l'Angola, l'URSS soutient son allié dans la préservation de ses acquis politiques[46]. Ces accords d'amitié et de coopération existant entre ces deux États, et qui impliquaient les clauses militaires, sont d'une très grande importance pour l'Angola.

---

[44] Ibid, p.684.
[45] Ibid. Les traités d'amitié et de coopération signés entre l'URSS et les pays du tiers- monde à partir de 1975, traduisent la volonté affirmée de cette puissance d'institutionnaliser ses rapports étroits avec ses partenaires politiques et diplomatiques. Ces traités signés avec l'Angola en 1976, n'échappent pas à cette logique. Ils visaient l'intégration immédiate de l'Angola dans le système socialiste mondial.
[46] Par le biais des traités signés avec l'Angola, l'URSS souhaite attirer l'attention de la communauté internationale sur le fait qu'elle ne resterait pas indifférente à une opération de déstabilisation de ses alliés. Ainsi, lorsqu'en 1981, les troupes sud- africaines pénétrèrent l'intérieur du sud- angolais, les Soviétiques publièrent une déclaration officielle, dans laquelle ils rappelaient opportunément l'existence d'un traité d'amitié et de coopération entre l'URSS et l'Angola.

Aussi, peut-on relever que l'intégration de l'Angola au sein de la communauté socialiste offre à ce pays de nombreux avantages qui le contraignent à soutenir la politique extérieure de la Russie en renaissance dont elle partage l'idéologie du marxisme-léninisme.

Bien que regorgeant de nombreux avantages, cette coopération est cependant entachée d'inconvénients dont l'Angola et les autres États intégrés dans la communauté socialiste ont bien conscience. C'est le cas de la petite escadre soviétique déployée en Guinée Conakry en 1977, qui bénéficiait des droits de mouillage permanent dans le port de Luanda. À partir de cette ville également, des avions soviétiques effectuent des vols de reconnaissance sur l'Atlantique-sud. Dans sa coopération avec les pays africains, l'URSS a obtenu une série de facilités qui sont susceptibles de faire l'objet d'un usage militaire à l'instar du centre d'observation de satellite par laser en Angola[47].

Il faut noter également que lesdites facilités affectaient grandement ses rapports avec ses partenaires. C'est le cas des opérations militaires quasi permanentes à l'intérieur du territoire angolais en particulier qui ont failli provoquer la sortie de ce pays du système socialiste mondial. Malgré ces inconvénients, ce pays a continué à entretenir une coopération bilatérale renforcée avec son partenaire soviétique. Tout comme les autres partenaires de la Russie sur le continent africain, l'Angola est un allié inconditionnel de la politique internationale de la Russie, en dépit de l'inconfort des puissances occidentales.

Conclusion

S'enracinant à une époque où la guerre froide était en pleine expansion, la coopération russo-angolaise a stimulé le progrès de l'Angola dans différents domaines de la vie économique, politique et surtout militaire. Cette collaboration qui s'était estompée après la décadence de l'URSS a été relancée au début des années 2000,[48] puis elle s'est renforcée, contribuant à l'expansion de l'Angola. Après avoir aidé les mouvements de libération de l'Angola, notamment le MPLA, dans le conflit anticolonial qui l'opposait à son colonisateur, le Portugal, l'ex-URSS a fait de sa coopération avec l'Angola une priorité.

---

[47] Ibid., p. 685.
[48] R. Bidias, '' Jeu et enjeux de six décennies de politique de puissance de la Russie en Afrique Centrale : entre rupture et continuités,'' *Comprendre les relations internationales contemporaines…*, p.357. Pour l'auteur, de nombreux observateurs et analystes confirment le retour de la Russie dans la gestion des affaires mondiales dans les années 2000.

Son effondrement dans les années 1990 avait tout arrêté. Il a fallu attendre une vingtaine d'années environ, pour voir la Russie renouer sa coopération bilatérale avec l'Angola,[49] devenue depuis la fin de sa longue guerre civile, l'un des États les plus prospères de l'Afrique au sud du Sahara. C'est certainement que ce pays d'Europe, membre du BRICS, est à la quête des richesses naturelles angolaises, sans oublier aussi qu'il entend rétablir ses positions en Afrique, en tant que marchand d'armes. Il s'agit des raisons qui auraient contraint la Russie à aménager un partenariat stratégique à travers lequel elle se concentre pour faire évoluer sa coopération qui est passée depuis lors, de simples importateurs d'énergie à facilitateur des investissements favorables au développement de l'Angola.

Depuis lors, l'Angola s'appuie sur sa coopération avec la Russie pour devenir une « véritable puissance » en Afrique. Ce pays est alors en Afrique au Sud du Sahara, une puissance économique et énergétique importante, grâce à l'expertise et l'investissement de la Russie dans ce domaine et qui, à travers cette coopération intense et fructueuse a réussi à enrôler l'Angola au sein du système socialiste mondial. Combinant énergie et puissance militaire par le biais de sa coopération avec la Russie, l'Angola est sur la voie d'une expansion inévitable à la fois politique et économique en Afrique au sud du Sahara. Dès lors les relations militaires russo-angolaises ont généré d'innombrables avantages à l'Angola dans bien des domaines de sa vie économique, politique et militaire. Ce qui a poussé ce pays tout comme de nombreux autres en Afrique noire à soutenir la politique internationale élaborée par la Russie. Ainsi, la communauté socialiste dont elle est le leader lui permet d'avoir une voix qui porte dans le monde.

En somme, les relations militaires russo-angolaises ont permis à l'Angola de passer dans l'ensemble, d'une économie limitée aux exportations des ressources, à une économie plus stable, et commercialement solide, constituant une voie essentielle pour le maintien du leadership que ce pays projette devenir non seulement en Afrique, mais aussi au sein de la communauté socialiste.

---

[49] R. Bidias, '' Jeu et enjeux de six décennies de politique de puissance de la Russie en Afrique Centrale…'', p. 357.

Références bibliographiques

1 Ouvrages

Birmingham (D), *Histoire de l'Angola de 1820 à nos jours,* Éditions Chandeigne, 2019.

Braillard (p), Reza Djalili (M), *Les relations internationales*, Paris, PUF, 1997.

Chaliand (P), « *L'enjeu africain''*, Géostratégies des puissances, Bruxelles, Complexe, 1984.

Cornevin (M), *Histoire de l'Afrique contemporaine, de la 2ème guerre mondiale à nos jours.* Paris, 1978.

Delaveau (B) et al, *Décolonisation et problèmes de l'Afrique indépendante*, Paris, A. Colin, 1991.

2- Articles scientifiques

Bender (G), « Angola, the Cuban and American anxieties'', *Foreign policy,* n°31, 1978.

Ben Yahia (M), « L'Angola détrône le Nigeria et devient le plus grand producteur de pétrole du continent'', in Il Boursa. com, article en ligne publié le 21-09-2022 à 14h 10.

Bidias (R), « Jeu et enjeux de six décennies politiques de puissance de la Russie en Afrique Centrale, *''Comprendre les relations internationales contemporaines. Mélanges offerts au professeur Jean Koufan Menkene*, Paris, l'Harmattan, 2020.

Kapsi (A), « Début sur la guerre froide'', http//hypo.ge-dip.etat.ge.Ch www/cliotexte /html/guerre froide, 1947.

Kokouvi (A), « L'Afrique centrale : enjeux et rivalités des grandes puissances'', *La prévention des conflits en Afrique, pour une culture de la paix*, Paris, Karthala, 2001.

Levesque (J), « L'URSS et l'activité militaire de ses alliés dans le tiers-monde : des années 70 aux années 80'', *International Journal*, vol 37, n°2, Soviet Foreign Policy, 1982.

Korybko (A), « Comprendre la guerre hybride'', Source Oriental Review, publié en ligne le 10-2-2017.

Pomponne (B), « Vers un retour de la Russie en Afrique ?'', Reportage sur la Russie en Afrique, 12- 05-2014.

Ndong Atok (S), « L'ile de Bioko dans le jeu interétatique depuis 1960 : entre convoitises verticales et horizontales*''*, *Comprendre les relations internationales contemporaines. Mélanges offerts au professeur Jean Koufan Menkene*, Paris, L'Harmattan, 2020.

Rozes (A), « Les Sud-Africains et l'Angola : treize années d'hostilité 1975-1988'', Guerres mondiales et conflits contemporains, n°196, 1999.

Zaki Laidi, « L'URSS et l'Afrique : vers une extension du système socialiste mondial ?, *Politique étrangère*, n° 48- 3, 1983.

Chapitre 5

La coopération militaire russo-camerounaise : diversification ou alternative ?

Paul Amour Destin MBEGUELE

Résumé

Cet article situe la coopération militaire du Cameroun et de la Russie entre l'ordinaire et l'exceptionnel. Le contexte de sa matérialisation suscite une attitude biface. Il s'agit d'une part du cours habituel des relations internationales qui pousse les États à signer les accords de coopération. D'autre part, l'environnement international et les ambitions des deux partenaires sonnent l'amorce d'une rupture par rapport au statu quo en vigueur. Cette réflexion s'interroge sur la véritable signification de cet accord de coopération militaire. La méthode de la géopolitique, à laquelle se greffe l'analyse du discours, met en lumière la structure du jeu en ce qui concerne les intentions, motivations et stratégies des acteurs. L'approche théorique fait appel à un dialogue entre le réalisme et le constructivisme. En guise d'hypothèse, il postule que : même si cet accord consolide l'option pour la diversification, il constitue une alternative sérieuse aux accords en cours avec d'autres puissances.

Mots clés : Coopération militaire ; Diversification ; Alternative ; zone d'influence ; Glacis.

Abstract

This article situates the military cooperation of Cameroon and Russia between the ordinary and the exceptional; and the context of its materialization gives rise to a two-sided attitude. On the one hand, it is part of the usual course of international relations that pushes States to sign cooperation agreements. On the other hand, the international environment and the ambitions of the two partners signal the beginning of a break with the current status quo. This reflection questions the true meaning of this military cooperation agreement. The method of geopolitics, to which discourse analysis is added, sheds light on the structure of the game with regard to the intentions, motivations and strategies of the actors. The theoretical approach calls for a dialogue between realism and constructivism. As a hypothesis, he postulates that: even if this agreement consolidates the option for diversification, it constitutes a serious alternative to current agreements with other powers.

Keywords: *Military cooperation; diversification; Alternative; area of influence; glaze.*

Introduction

Poser un regard clinique sur la coopération militaire russo-camerounaise impose l'idée d'un certain dynamisme de l'action extérieure du Cameroun. Le 12 avril 2022 à Moscou, la Russie et le Cameroun faisaient un pas en avant dans leur coopération. Cette nouvelle a été diversement appréciée au regard du contexte[1]. Les deux États sont actuellement engagés dans des conflits armés. La Russie est en Ukraine dans le cadre d'une opération de « dénazification » des territoires qui aspirent à l'indépendance. Le Cameroun, pour sa part, confronté aux rebelles sécessionnistes dans les régions du Nord-ouest et du Sud-ouest (NoSo), est encore au front contre Boko Haram. Ces deux États font l'objet d'une forte dénonciation venant de certains pays occidentaux. Les rapports des organisations des droits de l'homme et de certaines organisations internationales sont souvent largement en

---

[1] La communauté internationale reste divisée face à l'invasion du territoire ukrainien par la Russie. Pendant que la Russie met en avant la sécurité nationale et le droit à l'auto-détermination des populations des territoires concernés, la plupart des États occidentaux (et surtout de l'OTAN) font valoir l'idée d'une agression et d'une violation du droit international, notamment le principe du règlement pacifique des différends ou de non-recours à la force. Le vote qui a eu lieu aux Nations unies souligne cette forte disparité entre les acteurs de la société internationale.

leur défaveur[2] par rapport à la situation des droits de l'homme et la faible gouvernance dans les deux pays.

La réflexion met l'emphase sur l'intérêt que le Cameroun et la Russie accordent à cet instrument de coopération et le message qu'ils entendent faire parvenir à la communauté internationale. Aussi semble-t-elle accorder une part belle au réalisme, voire à l'interétatisme parce qu'il privilégie la centralité de l'État dans la détermination des objectifs internationaux. Dans ce sens, l'asymétrie entre les deux acteurs ne semble pas réduire la pertinence du réalisme classique, il l'actualise même. Les attentes du Cameroun au sujet de cet accord de coopération militaire dont l'objet est de développer la coopération militaire entre les Forces Armées des deux États Parties, comparativement à la Russie qui est une puissance militaire, confortent la théorie réaliste parce qu'« il y a toujours eu des inégalités et, parmi les acteurs de la scène internationale, certains sont plus faibles que d'autres »[3]. La coopération entre les États sonne comme une donnée inéluctable en ce sens que « plus l'État échange et s'enrichit, plus il est attiré dans des réseaux d'obligations et de contrôles qu'il ne peut rejeter, car il lui faut rassurer constamment ceux qui entretiennent sa prospérité »[4].

Cet accord militaire, parce qu'il prend la configuration de visites officielles, de participation aux exercices militaires, d'échanges de spécialistes ou d'organisations d'évènements, démontre toute son utilité pour la stabilité du Cameroun. Il est par ailleurs un moyen d'expansion de la Russie qui sort peu à peu de son carcan caucasien. L'accord de coopération russo-camerounais s'inscrit dans le dispositif de veille sécuritaire. Selon Hameni Bieleu, la coopération militaire a pour principal but « de se faire, en temps de paix, des amis qui seront bien utiles en temps de guerre ou qui tout simplement vous préviendront des menaces qui se préparent à l'extérieur de votre territoire et qui ne sont pas sous votre contrôle »[5].

Cette réalité de la coopération interétatique bénéficie d'une bonne dose de réciprocité dans la mesure où l'asymétrie des moyens entre les acteurs n'occulte pas la disposition des informations stratégiques par les plus petits. Cette dimension stratégique du renseignement, à savoir

---

[2] Amnesty International, *La situation des droits humains dans le monde*, Rapport 2022/23, Londres, 2023, p. 509 ; ONU, *Rapport du Secrétaire général sur les activités de l'Organisation*, New York, 2022, p. 67.
[3] G. Devin, *Sociologie des relations internationales*, Paris, La Découverte, 2002, p. 20.
[4] P. Moreau Defarges, *La guerre ou la paix demain ?*, Paris, Armand Colin, 2009, p. 37.
[5] V. Hameni Bieleu, Politique de défense et sécurité nationale du Cameroun, Paris, L'Harmattan, 2012, p. 447.

la connaissance et l'anticipation, s'intègre dans tout processus de coopération entre les États, surtout dans un contexte d'exacerbation des violences tant à l'intérieur qu'à l'extérieur.

L'ambition est d'examiner la coopération militaire entre les deux pays en postulant un changement de cap dans la politique étrangère du Cameroun et un début d'affirmation de la Russie en Afrique. Dans cette optique, il convient d'appréhender ces relations internationales de défense et de sécurité sur le sillage de la dialectique continuité-rupture. C'est effectivement la quête de l'élément nouveau qui est enfoui dans cet accord qui nourrit les débats et pousse à la réflexion. Alors, que cache réellement le récent accord de coopération militaire entre les deux pays, étant entendu que les deux partenaires entretiennent ce type de coopération depuis, non seulement entre eux, mais également avec d'autres États ?

La méthode de la géopolitique s'invite naturellement au débat (celui de savoir quelle est la volonté du Cameroun et de la Russie, pourquoi et comment renouvellent-ils l'accord?) afin de comprendre leurs jeux et stratégies. Les enjeux liés à l'expansion, l'autonomisation, l'élargissement et l'approfondissement des relations de coopération, concernant aussi bien le Cameroun, la Russie que les partenaires classiques, émergent à la suite de la signature de cet accord. Pour la géopolitique, il s'agit d'aller « au-delà des discours officiels pour identifier les intentions réelles, même si ces dernières sont ensevelies au plus profond des États, en se basant sur les héritages du passé et sur les fatalités de la géographie »[6].

Pour mieux comprendre ce nouvel accord de coopération militaire, cette méthode commande d'« identifier les acteurs, analyser leurs motivations, décrire leurs intentions, repérer les alliances en gestation ou, au contraire, les alliances en voie de déconstruction »[7] sur la scène internationale. Dans ce cadre, au-delà des partenaires directement concernés, cet accord modifie la configuration des acteurs où l'on observe des gagnants et des perdants qui se livrent à une guerre discursive.

L'analyse du discours vient se greffer à cette approche à l'effet d'imprimer la dimension latente de cet accord, c'est-à-dire « les messages et valeurs implicitement véhiculés et qui sont constitutifs de

---

[6] Y. Deverin, in http://www.dachary.org/obses/geopo.html, consulté le 29 mars 2022 à 14 heures 26 minutes.
[7] F. Thual, *Méthodes de la Géopolitique. Apprendre à déchiffrer l'actualité*, Paris, Iris, Ellipses, 1996, p. 3.

rapports de pouvoir et de domination »[8] dans les relations interétatiques. Dans cette perspective, le réalisme apparaît comme l'approche théorique la plus appropriée en ce sens que les relations internationales se concentrent « prioritairement sur le comportement des États, sur leurs intérêts à agir et sur la guerre dans un environnement fondamentalement anarchique »[9]. Cependant, la dynamique d'enrichissement des paradigmes convie l'approche constructiviste dans le débat. Ainsi, son but est de montrer comment l'accord de coopération a été conclu. Elle postule donc que le sens qu'on attribue à cet accord est importé de l'extérieur, c'est-à-dire qu'il est un construit social ; son interprétation dépend du regard qu'on pose sur lui. En même temps, la fouille des documents officiels, révélant les accords aussi bien anciens que nouveaux entre les deux pays, s'avère fort utile. C'est ainsi qu'il faut lire le nouvel instrument politique, diplomatique et juridique entre la Russie et le Cameroun comme la poursuite de la diversification des partenariats (1) et d'opportunités ; et comme une alternative à la coopération militaire antérieure avec d'autres États (2).

1. La coopération militaire russo-camerounaise : une conformité à la politique de diversification partenariale camerounaise[10]

Les relations de coopération entre la Russie et le Cameroun ont été instituées le 20 février 1964. En 2022, elles ont atteint 58 ans. Un temps assez important pour jauger de leur profondeur. La coopération militaire entre la Russie et le Cameroun est avant tout une affaire de conformité à leurs politiques étrangères. Depuis son accession à l'indépendance, le Cameroun a opté pour la diversification de ses partenaires. Ce mouvement, presque massif, caractérisait les relations entre l'Afrique et le reste du monde. Il s'agit d'une sorte de continuité affirmée dans la politique étrangère du Cameroun. À côté de ce choix politique, il faut dire que la coopération militaire est ancrée dans la politique étrangère d'un État. D'où le rôle assigné à la défense nationale au Cameroun de pourvoir « au respect des alliances, traités et accords

---

[8] R. Coman, A. Crespy *et al.*, *Méthodes de la science politique*, Louvain-la-Neuve, De Boeck Supérieur, 2ᵉ éd., 2022, p. 245.
[9] J-J. Roche, *Théories des relations internationales*, Paris, Montchrestien, 4ᵉ éd., 2001, p. 21.
[10] La diversification des partenariats fait partie des principes de l'action extérieure du Cameroun et traduit une certaine marge de manœuvre internationale. Lire à cet effet Narcisse Mouelle Kombi, *La politique étrangère du Cameroun*, Paris, l'Harmattan, 1996.

internationaux »[11]. Il est donc possible de comprendre le choix d'imbriquer l'accord de coopération militaire dans la politique étrangère du Cameroun et de la Russie. En fait, le Cameroun élargit la gamme de ses partenaires stratégiques en signant un nouvel accord militaire avec ce pays.

La nouvelle coopération militaire entre le Cameroun et la Russie se situe dans le cadre global de la coopération dans les domaines de la sécurité et de la défense entre les États. La classification des relations bilatérales et multilatérales l'appréhende comme un outil moins important que les alliances militaires. Celles-ci ont de tout temps bousculé et modifié le paysage politique des relations internationales. L'Europe et aussi de nombreux autres pays ont connu des transformations profondes dont les plus importantes sont dues, en partie, à la perpétuelle reconstitution d'alliances politiques qui a plus souvent qu'autrement débouché sur l'établissement d'alliances militaires multiples[12].

Albert Legault souligne que sur le plan militaire, toute alliance reflète le consentement d'acteurs internationaux, en règle générale les États, à s'allier pour contrer la menace d'un ennemi commun. Au regard de cette appréhension, l'accord de coopération entre ces deux États n'est pas une alliance militaire, faute d'ennemi commun, mais bien un mécanisme d'enrichissement stratégique et tactique. Le contenu de cet accord renvoie indubitablement à une recherche d'opportunités tant de la part de la Russie que du Cameroun.

1.1. Le développement de la coopération militaire : fondement de l'accord entre la Russie et le Cameroun

La coopération entre les États n'est pas statique. Elle est appelée à se développer, à s'intensifier pour correspondre aux intérêts des partenaires. Les relations bilatérales de défense et de sécurité entre le Cameroun et la Russie s'inscrivent dans le même sillage. Elles reposent sur les idéaux partagés par les deux pays à savoir : le renforcement des relations amicales existant entre les États Parties sur les principes de souveraineté, égalité, du respect mutuel des intérêts et non intervention dans les affaires intérieures. Par ailleurs, les deux partenaires approuvent l'importance du dialogue en matière de sécurité

---

[11] Loi CF/9 du 12 juin 1967 portant organisation de la défense nationale.
[12] A. Legault, « Alliances militaires », in Thierry de Montbrial et Jean Klein, *Dictionnaire de stratégie*, Paris, PUF, 2000, p. 13.

internationale et régionale, de stabilité et de compréhension mutuelle dans le domaine de la politique de défense.

Pour ce qui est des domaines de coopération relevés dans cet accord, les champs principaux qui ont motivé les deux partenaires sont variés. Leurs intérêts ont été portés sur :

l'échange d'opinion et d'information en matière de politique de défense et de sécurité internationale; le développement des relations dans le domaine de la formation conjointe et l'entraînement des troupes (des forces), de génie, d'enseignement militaire, de médecine militaire, de topographie militaire, d'hydrographie militaire, de sport et de la culture ; l'échange d'expérience de maintien de la paix et d'interaction dans les opérations de soutien à la paix sous l'égide de l'Organisation des Nations Unies ; l'interaction dans les activités de recherche et de sauvetage en mer ; l'interaction dans les activités de lutte contre le terrorisme et la piraterie[13].

Cette coopération, visiblement égalitaire, se multilatéralise pour créer une complicité entre les deux partenaires dans le cadre onusien du maintien de la paix. Or l'on a en face deux partenaires militairement inégaux. Elle embrasse aussi bien les aspects d'ordre général que stratégiques. Elle affiche l'intention de modifier la configuration diplomatique et stratégique d'antan. La mise en œuvre de cet accord se fait sous forme de

Visites officielles des délégations ; participation ou présence en tant qu'observateurs dans des exercices militaires sur invitation des Parties ; consultations entre experts militaires ; participation aux enseignements théoriques et pratiques, aux séminaires, aux conférences sur invitation des Parties ; instruction et formation des spécialistes militaires ; escales des navires de guerre et visites des aéronefs militaires sur invitation des Parties ; envoi des spécialistes pour la mise en œuvre des activités conjointes dans le domaine militaire ; organisation et réalisation des événements sportifs et culturels[14].

D'autres formes de coopération convenues d'accord-partie sont certes envisagées, car l'accord de coopération avec la Russie ne s'éloigne pas substantiellement de ceux qui engagent le Cameroun avec d'autres puissances. Bien que cela ne soit pas expressément exprimé, il y a en filigrane une sorte de tutorat à son ombre. Le regret pourrait venir

---

[13] Article 2 de l'Accord de coopération militaire entre le Cameroun et la Russie, portant sur les domaines de la coopération.
[14] Article 3 de l'Accord de coopération militaire entre le Cameroun et la Russie, portant sur les formes de coopération.

de ce qu'il n'est pas un accord d'assistance militaire afin que le Cameroun se conforme au principe de non alignement qui est cher à sa politique étrangère.

1.2. Le non alignement : caractéristique diplomatique du Cameroun dans la coopération militaire

Le nouvel accord russo-camerounais de coopération militaire ne traduit pas à première vue un positionnement stratégique nouveau. Tout simplement, « il confirme son non-alignement à la logique des blocs, et promeut une solidarité authentique et agissante entre les États-partenaires, avec pour finalité le bien-être de leurs peuples respectifs »[15]. Le non alignement se présente ainsi comme une caractéristique diplomatique qui matérialise la perception que le Cameroun a du système international. La signature de l'accord du 12 avril 2022 ne relève donc que du déroulement normal des relations bilatérales. Le président camerounais l'a souligné à grands traits lorsqu'il a affirmé que :

S'agissant de la relation avec la Russie, elle est ancienne et nous avions signé avec ce pays un accord de coopération qui était venu à expiration. On l'a renouvelé et nous l'avons signé. Nous avons l'habitude de signer des accords de ce genre. Et en Afrique, il y a beaucoup de pays qui ont des accords avec la Russie. Donc, c'était un acte dans la routine des relations diplomatiques entre nos deux pays. Il s'agissait simplement de renouveler l'accord préexistant. Et donc, tout cela est normal. Donc, c'était un acte de pure gestion d'une relation bilatérale[16].

Le non alignement est un choix diplomatique et stratégique qui garde toute sa pertinence dans les relations entre les pays africains, pour la plupart faibles, et les grandes puissances. Bien qu'idéologique au départ, elle irrigue le champ militaro-diplomatique aujourd'hui et permet à ces États de faire des choix conséquents. Il permet une neutralisation relative de la dépendance vis-à-vis d'une puissance. Puisque chaque puissance apporte son expertise à l'enrichissement tactique de l'État faible. En plus, il consacre le *self-help*, doctrine

---

[15] S. Mvondo Ayolo, « Amitiés assumées, souveraineté réaffirmée », *Le temps des opportunités*, Août 2022, p. 7.
[16] Le président de la République du Cameroun, Paul Biya, répondant à la question de Christelle Meral, journaliste de France télévision, lors de la Conférence de presse conjointe à l'issue de la visite du président français Emmanuel Macron au Cameroun du 25 au 26 juillet 2022, cf. *Le Temps des Opportunités*, p. 20.

réaliste selon laquelle la sécurité d'un État n'est mieux garantie que par lui-même.

L'assimilation de l'accord militaire russo-camerounais au principe de non alignement est une émanation de l'indépendance. Le non-alignement, qui est une « modalité de comportement, une ligne de conduite étatique sur la scène internationale »[17], engage le Cameroun à « n'appartenir à aucune alliance militaire collective dans le cadre des conflits entre grandes puissances, ne conclure aucune alliance bilatérale avec une grande puissance ; ne pas accepter de plein gré l'établissement sur son territoire de bases militaires appartenant à une puissance étrangère »[18]. Ces objectifs déconstruisent progressivement la zone d'influence des partenaires classiques que représente le Cameroun.

1.3. La déconstruction progressive de la zone d'influence : une stratégie de la diversification de la coopération militaire au Cameroun

Le nouvel accord de coopération entre le Cameroun et la Russie consacre la diminution progressive de l'influence de la France au Cameroun. Ce pays s'est en fait posé en passage obligé pour ceux qui voulaient coopérer avec le Cameroun dans les domaines sensibles[19] depuis 1960. Cette trajectoire historique de la coopération militaire entre le Cameroun et la puissance tutrice a pendant longtemps constitué un obstacle à l'émancipation stratégique du pays et favorisé sa dépendance. Depuis 1960 et bien avant, « les Français n'ont pas disparu du paysage camerounais. L'appareil sécuritaire y est encore largement contrôlé par eux »[20]. Ce constat peut encore être fait au Cameroun. Mais l'emprise de la France s'effrite progressivement avec le retour d'autres acteurs dans son espace de prédilection. Et la coopération militaire camerouno-russe en constitue une illustration.

Même si l'Afrique noire est mal partie[21], du fait des réalités de la coopération internationale, il y a également des opportunités qui lui

---

[17] N. Mouelle Kombi, *La politique étrangère du Cameroun*, Paris, l'Harmattan, 1996, p. 523.
[18] M. Bedjaoui, « Non-alignement et droit international », *RCADI*, 1976, III, Vol. 151, p. 363 et s.
[19] Cette donnée peut être repérée dans le cadre général de la coopération franco-africaine dont le point n°5 accorde le « *Droit exclusif de fournir des équipements militaires et de former les officiers militaires des colonies* ». Cf. *Ouragan Infos*, n°401 du 18 janvier 2020, p. 7.
[20] T. Deltombe, M. Domergue et J. Tatsitsa, 2016, *La guerre du Cameroun. L'invention de la Françafrique 1948-1971*, Paris, La Découverte, p. 153.
[21] R. Dumont, 2002, *L'Afrique noire est mal partie*, Paris, Éditions du Seuil, Nouvelle édition.

permettent de sortir de la grande nuit[22] stratégique et de ne plus être à la merci des partenaires classiques. Le Cameroun postcolonial n'est pas condamné à imiter et à reproduire la configuration du rapport de force de la période pré-indépendance. L'objectif de la stratégie de diversification de l'offre de coopération militaire déconstruit les représentations de puissance incontournable que l'on se faisait de la place de ce pays dans le dispositif de défense et de sécurité. Dorénavant, avec la progression et l'affirmation de la Russie dans les échanges d'expérience militaire avec le Cameroun, l'idée d'une concurrence pour le contrôle de l'espace camerounais se renforce. La sécurité et la défense du Cameroun ne peuvent mieux être assurées que par le Cameroun. Cette intériorisation du *self help* traduit une certaine prise de conscience stratégique : diminuer l'incertitude et les risques en apportant « une solution à la coordination des politiques dans un univers d'interdépendance, en fournissant un certain nombre de valeurs acceptées par l'ensemble de la communauté internationale »[23].

L'accord entre les deux pays établit donc, selon Roche, un cadre stable pour la décision en fonction des attentes mutuelles de tous les acteurs, ils peuvent ainsi promouvoir la coopération sur le long terme, tout en facilitant les adaptations aux situations nouvelles.

L'autre vertu de la diversification partenariale dans le domaine militaire, qui vient démystifier l'incontournabilité des partenaires classiques, est l'enrichissement en termes d'expérience et de stratégies. Le Cameroun est conscient des nouvelles opportunités dont est porteur le nouvel accord de coopération militaire, même si ce dernier élargit le spectre de vulnérabilité. Ces gains sont réciproques parce que si le Cameroun gagne en ouverture et en opportunités, la Russie gagne en présence dans le golfe de Guinée, en concurrence des acteurs occidentaux qui y avaient déjà établi leurs sphères d'influence. Cette nouvelle percée diplomatico-militaire a pour avantage de permettre au Cameroun d'adapter ses appareils de défense aux exigences internationales. L'échange d'expérience de maintien de la paix et d'interaction dans les opérations de soutien à la paix sous l'égide de l'Organisation des Nations Unies[24] (ONU) qui est évoqué, induit une idée de réciprocité et donc de valorisation de toutes les entités. La

---

[22] A. Mbembe, 2013, *Sortir de la grande nuit*, Paris, La Découverte.
[23] J-J. Roche, 2002, *Théories des relations internationales*, Paris, Montchrestien, 4ᵉ édition, p.65.
[24] Article 2 de l'Accord de coopération militaire le gouvernement de la République du Cameroun et le gouvernement de la Fédération de Russie du 12 avril 2022.

coopération militaire russo-camerounaise porte donc l'idée d'un enrichissement mutuel qui signifie que tous les acteurs ont à donner et à recevoir.

D'après Keohane et Nye, la relation militaire entre les deux pays correspond à « une série d'arrangements de gouvernement » entre des acteurs égoïstes et calculateurs conscients du fait que l'absence de coordination de leurs politiques respectives les conduit à maximiser les risques et à minimiser les bénéfices[25]. L'asymétrie entre le Cameroun et les acteurs en concurrence dans son espace est un paramètre important pour s'échapper de l'étau exclusif de l'un ou de l'autre. En effet, les

« puissances subalternes » savent jouer des conflits d'intérêts entre les puissances, mobiliser des ressources économiques, idéologiques, militaires et diplomatiques pour accroître leurs marges de manœuvre. Leurs stratégies s'appuient sur des jeux d'alliance, de ruse, de menaces, de nuisance[26].

Le Cameroun s'inscrit donc dans une logique de jeux à coups successifs. Cette donnée démontre que les relations entre les acteurs sur la scène internationale demeurent majoritairement indéterminées. Comme le souligne Guillaume Devin, qu'il s'agisse de conflits ou de négociation et, le plus souvent, de cas mixtes où la coopération se mêle à la rivalité, chaque État adopte une position stratégique. Concrètement, le Cameroun ne se limite pas à prévoir les réactions de son partenaire dans l'accord, mais envisage aussi la possibilité de modifier cette réaction en fonction des anticipations qu'il lui attribue. Chaque acteur privilégie dans cet accord de coopération militaire ce que Thomas Schelling désigne par « coups stratégiques », c'est-à-dire des actions « visant à influencer le choix de l'adversaire envers soi-même en jouant sur l'attente de ce dernier face au choix que l'on fera »[27].

L'offre de diversification qu'apporte le nouvel accord de coopération militaire russo-camerounais scelle définitivement la sortie progressive, mais irréversible, du Cameroun de la sphère d'influence occidentale. Auparavant, ces puissances s'assuraient de contrôler et

---

[25] Lire à ce sujet Keohane R.O. et Nye J.S., *Transnational Relations and World Politics*, Cambridge,
Harvard University Press, 1972, 428 p. ; Keohane R.O. et Nye J.S., *Power and Interdependance : World Politics in Transition,* Boston, Little Brown, 1977, p. 273

[26] P. Hugon, « La France et l'Afrique : vers une nouvelle équation stratégique », Jean Dufourcq (dir.), *Les défis stratégiques africains : exploration des racines de la conflictualité*, Paris, Irsem, *Cahiers de l'IRSEM*, n°11, 2008, p. 126.

[27] T. C. Schelling, *Stratégie du conflit*, Paris, PUF, 1986, p.198.

d'avoir une influence avérée sur l'espace camerounais. Même si l'on peut observer la présence d'acteurs non occidentaux comme la Chine dans le système camerounais de coopération militaire, il reste que la présence russe dans ce dispositif est mal perçue par le camp occidental. Cette sortie de la zone d'influence, fonction latente de cet accord de coopération militaire, ne correspond ni aux stratégies de force brute ni aux stratégies de dissuasion. Elle ressemble à la décolonisation radicale dont parle Frantz Fanon dans la mesure où elle s'apparente à une force de refus et s'oppose directement à la passion de l'accoutumance. D'où la constitution d'une forme d'alternative à la coopération militaire classique.

2. La coopération militaire russo-camerounaise : une alternative au *statu-quo ante*

Qualifier le nouvel accord de coopération militaire entre le Cameroun et la Russie d'alternative à la coopération classique ne signifie pas la consécration d'un instrument militaire qui n'a jamais existé. Le Cameroun est bien un acteur du jeu international, fût-il de niveau inférieur. Cette position marque une conscience des intérêts stratégiques qu'il est amené à défendre ou à préserver. En multipliant des partenaires dans le domaine militaire, il s'active à moderniser son dispositif et ses stratégies militaires sans subir le diktat d'un acteur ou en dépendre entièrement. C'est dans cette perspective qu'il faut percevoir le nouvel outil diplomatique comme une sorte d'alternative. Dans ce sens, il apparaît évident qu'il y a une idée de substitution des offres de coopération dans le champ militaire, c'est-à-dire ce que les centres d'intérêt de la coopération militaire avec la Russie sont différents de ceux des autres acteurs.

2.1. Une coopération de rupture : manifestation de la convoitise et des rivalités entre puissances

La nouvelle version de la coopération militaire entre la Russie et le Cameroun attise inéluctablement les convoitises et crée naturellement des rivalités entre les puissances[28]. Elle apparait en cela comme une forme de rupture avec les acteurs qui avaient fait de cet espace une zone d'influence. Le Cameroun est aujourd'hui transformé en un espace

---

[28] F.X. Noah Edzimbi, *La Russie face aux occidentaux en Afrique centrale. Pour un arrimage des Africains aux enjeux de puissance post-bipolarité*, Paris, L'Harmattan, 2022, 258p.

d'affrontements entre les États qui se sont lancés dans la quête des ressources et le contrôle des espaces. Le plus significatif dans cette configuration est la rupture que le Cameroun semble vouloir créer avec son passé stratégique. C'est dans une logique partenariale qu'il inscrit désormais sa coopération.

Le présent accord de coopération s'incruste dans la politique étrangère du Cameroun pour le rendre moins dépendant. En effet, comme l'affirme si bien Paul Biya,

la politique étrangère du Cameroun s'impose à nous comme une exigence de contribution courageuse à la libération et à la prospérité des peuples. Car, la solidarité que nous souhaitons voir instituer entre les peuples du monde sera celle des peuples libres et dignes ou ne sera pas, étant entendu qu'il n'est pas de solidarité véritable que dans le respect le plus strict de la dignité et des libertés des autres[29].

L'affirmation du Cameroun se perçoit dans les principes qui guident cet accord. Mais sa signature crée un choc au niveau du système international parce que cet accord a soulevé une vague de dénonciation et de contestation de la part de certaines puissances[30]. Elles perçoivent la percée militaire de la Russie en Afrique comme nuisible, « hybride ». Cette hybridité, décrite par Emmanuel Macron, présente la Russie comme une « grande puissance politique et militaire qui a développé des relations avec tous les pays dans le cadre du concert normal des nations et qui a historiquement eu des relations économiques, souvent militaires, avec plusieurs pays d'Afrique[31] ». Cette Russie-là ne poserait pas véritablement de problème aux Occidentaux. Par contre, poursuit le dirigeant français,

je crois que nous serions naïfs de ne pas nommer ce qui s'est développé ces dernières années, qui est-ce que j'appellerais une présence hybride de la Russie sur le continent africain, qui passe d'abord par le développement de la propagande, des médias télévisés... Et elle a complété son offre diplomatique par l'intervention de milices Wagner ... parce que ce ne sont pas des coopérations classiques. C'est la Russie qui décide par le truchement de milices de venir en soutien, soit à des pouvoirs politiques affaiblis qui décident de ne pas gérer leurs problèmes de manière politique, mais de les militariser, soit à des juntes

---

[29] P. Biya, *Pour le Libéralisme Communautaire*, Pierre-Marcel Favre/ABC, Édition 2018, pp.28-29.
[30] La France par la voix de son Président lors de sa visite officielle au Cameroun les 25 et 26 juillet 2022 par exemple.
[31] *Le Temps des Opportunités*, Août 2022, p.21.

militaires qui n'ont aucune légitimité politique pour leur dire, nous vous apportons sécurité et protection à vous, pas à votre peuple, en échange d'une influence russe et d'une captation des matières premières, avec souvent des exactions[32].

Il semble donc clair que la coopération militaire entre la Russie et l'Afrique en général et le Cameroun en particulier se démarque de la coopération classique. L'offensive russe perturbe le calme des intérêts d'un ensemble de puissances en Afrique et constitue nettement une alternative à ce qu'elles proposaient. Les intentions de la France sont donc de diffuser un discours qui disqualifie la dynamique de la coopération entre la Russie et l'Afrique, avec pour motivation de poursuivre une politique de pré-carré. Mais cette structuration de l'espace camerounais en glacis stratégique feint d'ignorer les offensives chinoises et américaines dans le golfe de Guinée.

En termes d'alternative à la coopération avec d'autres acteurs dans le domaine militaire, le Cameroun est engagé dans des interactions et des échanges aussi bien avec d'autres États que d'organisations intergouvernementales. Mais seules les relations bilatérales de défense sont intéressantes ici pour étayer l'idée d'alternative que porte la coopération militaire russo-camerounaise. Dans cette rubrique, ce sont les relations avec les puissances membres du Conseil de sécurité des Nations unies qui captent l'attention, étant entendu que le Cameroun entretient ce genre de coopération même avec les pays africains. Pour ce qui est de la France, souligne Hameni Bieleu, la source des accords de défense entre le Cameroun et ce pays remonte en 1916 lors du condominium franco-britannique avec la nomination comme haut-commissaire du commandant des troupes françaises pendant la Première Guerre mondiale. Mais les premiers accords de défense et d'assistance militaire entre les deux États « prirent corps en 1959. Ils firent partie des accords que la France voulait voir signer avant l'accession du pays à l'indépendance »[33]. Contrairement à l'accord russo-camerounais, la constante de la coopération militaire franco-camerounaise était convertie en assistance militaire technique, ce qui la différencie nettement de ce que les Russes et les Camerounais entendent entreprendre.

En ce qui concerne les États-Unis, leurs relations avec le Cameroun remontent avant l'indépendance, au Traité de Versailles du 28 juin 1919

---

[32] S. Mvondo Ayolo, « Amitiés assumées, souveraineté réaffirmée », *Le Temps des Opportunités*, Août 2022, p.21.
[33] V. Hameni Bieleu, *Politique de défense et sécurité nationale du Cameroun*, op.cit., p.449.

qui régla les relations entre les vainqueurs de la Première Guerre mondiale et l'Allemagne[34]. La coopération de ce pays avec le Cameroun est riche de plusieurs accords. Mais, de façon sectorielle, la coopération militaire entre les deux États est basée sur des programmes qui vont de l'*International Military Education and Training* (IMET)[35] à l'Initiative transsaharienne de lutte contre le terrorisme, le programme *Enduring Freedom Trans-Sahara* (OEF-TS) ou même l'*Africa clearing house* organisé conjointement avec l'OTAN et l'Union Européenne, en passant par le programme *African Contingency Operations Training and Assistance* qui a pris la relève de l'*African Crisis response* intiniative en 2002, et le programme ACCTA36, pour ne citer que ceux-là.

Dans une perspective comparée, l'on peut très rapidement se rendre compte que la coopération militaire française, bien que s'inscrivant dans la durée, n'est pas encline à apporter son expertise dans l'autonomisation des armées locales. Elle veut s'assurer d'une présence militaire prégnante et permanente. Or les coopérations militaires américaine et russe vont dans le sens d'une émancipation des instruments et techniques de défense de leurs partenaires. Cette présence des grandes puissances transforme spécifiquement le Cameroun, et le golfe de Guinée en général, en un glacis où sont en train de s'exercer les puissances mondiales pour la bataille décisive. Un processus de réforme s'impose alors dans ce secteur ; une réforme vue par Etzioni[37] comme un processus par lequel le gouvernement acquiert un contrôle significatif sur des ressources qu'il ne contrôlait pas auparavant.

La coopération militaire dans un environnement instable est alors un processus de mobilisation de moyens militaires face à une menace identifiée. Elle saisit les transformations des modèles de défense en examinant « la solidité de la culture stratégique des États suite à leur adhésion à des initiatives de sécurité commune et au déroulement des nouveaux partenariats »[38]. Le Cameroun est conscient que le jeu

---

[34] Ibid.
[35] Du 19 juin 1980 ayant pour objet le développement des capacités du Cameroun en matière de maintien et de consolidation de la paix.
[36] Il vise à former et équiper les militaires africains pour faire face aux situations d'urgence humanitaire complexes, renforcer les capacités des armées africaines dans les opérations de maintien de la paix, mettre en place des commandements, assurer une interopérabilité des forces africaines.
[37] A. Etzioni, 1968, *The active society : a theory of societal and political processes*, New York, The Free Press, p.388.
[38] L. Koungou, 2010, *Défense et sécurité nationale en mouvement. Dynamiques des réformes, mutations institutionnelles en Afrique subsaharienne*, Paris, L'Harmattan, p.14.

coopératif dans lequel il s'inscrit a pour objectif le contrôle du golfe de Guinée[39]. L'enjeu de cette ruée de partenaires stratégiques est d'accéder aux ressources que regorge cet espace africain. Et c'est en conduisant une véritable politique d'indépendance que ces accords de défense acquerront leur véritable signification.

2.2. L'accord de coopération militaire : baromètre de la politique d'indépendance nationale au Cameroun

La coopération militaire camerounaise a pour socle la politique d'indépendance nationale. Le nouvel accord de coopération avec la Russie suit cette base de la politique étrangère du Cameroun. La recherche de l'indépendance nationale, bien que d'inspiration française, est un thème traditionnel de la politique étrangère du Cameroun. Elle inspire en même temps le système de défense et le système d'alliances. Dans le cas d'espèce, la politique d'indépendance nationale s'articule autour d'un point : l'élargissement de la gamme d'offres en matière de coopération militaire. Si les pays occidentaux semblaient avoir la part du lion dans ce secteur, un effort supplémentaire est requis pour avoir part à ce qui se passe au Cameroun, étant entendu que la coopération est un puissant outil de renseignement dans la mesure où le contenu des accords contraste avec le comportement sur le terrain.

La décision d'adapter la coopération militaire des deux pays à leurs besoins révèle sans doute le procès dont la Russie fait l'objet. La visite d'Emmanuel Macron au Cameroun a d'ailleurs fait ressortir les Chefs d'accusation alors qu'il était prioritairement question des relations franco-camerounaises. En effet selon le président français,

La Russie, en Afrique, a diffusé beaucoup de fausses informations. Elle est en train d'ouvrir des officines que sont *Russia Today* et *Sputnik* que nous venons d'interdire en Europe. Cette présence russe hybride qui passe par la désinformation et les milices, par de nouvelles formes de coopération que j'ai du mal à qualifier de coopération, de complicités avec des pouvoirs politiques affaiblis, voire totalement illégitimes quand ce sont des juntes militaires, est une préoccupation. Et donc, la France, en tant qu'amie de l'Afrique, fera tout pour qu'il y ait une liberté offerte à tous les pays d'avoir tous les liens diplomatiques et de défendre les intérêts de leurs peuples[40].

---

[39] J.E. Pondi, « Français et Américains en Afrique noire : nouvelle dynamique ou nouvelle dynamite ? », *Afrique 2000*, n°26, pp.49-54.
[40] E. Macron en réponse à la question de Christelle Meral lors de la conférence de presse conjointe à l'occasion de sa visite officielle des 25 et 26 juillet 2022. À retrouver dans S.

La curiosité qui caractérise ce déchaînement discursif est l'engagement constant et presque jamais tenu de la France de faire en sorte que la liberté soit une réalité et d'aider ces États à défendre les intérêts de leurs peuples[41]. Cette démarche habituelle dans les relations franco-africaines n'a pas empêché le Cameroun d'aller voir ailleurs après plus de 60 années de coopération de proximité avec ce pays. Cette alternative dévoile la politique d'indépendance nationale qui consiste en la maîtrise souveraine de l'action internationale du Cameroun par le Cameroun et signifie qu'il décide en premier et en dernier ressort de ses relations avec les protagonistes de la scène internationale[42]. Mouelle Kombi y voit d'ailleurs un moyen de manifester sa volonté de rester maître de son propre destin et de son comportement dans le concert des nations[43]. La coopération militaire avec la Russie confirme effectivement un début d'appropriation de ce principe. Le vœu d'Amadou Ahidjo, selon lequel « cette indépendance que nous venons d'acquérir ne serait qu'un leurre si nous ne pouvions l'assurer dans la réalité quotidienne. Nous sommes décidés à lui donner une existence qui ne soit pas seulement de façade »[44], se trouve exaucé dans cet accord. Cet élan de liberté a conduit le Cameroun à adopter une double attitude qu'on retrouve dans le dernier accord militaire entre le Cameroun et la Russie : l'affirmation d'une certaine autonomie de décision et d'un libre arbitre en matière de politique étrangère d'une part, et le refus de toute ingérence étrangère dans les affaires internes du Cameroun.

Le débat autour de la coopération militaire du 12 avril 2022 porte aussi les stigmates de l'opposition idéologique entre l'Est et l'Ouest. La Russie et ses partenaires occidentaux demeurent idéologiquement opposés. Même si certains ont tôt fait de proclamer la fin de la guerre froide, elle n'a jamais été aussi présente que ces derniers temps. Si un seul accord de coopération militaire a pu susciter autant de sentiment d'insécurité et de vulnérabilité, c'est qu'au-delà de la perte d'intérêt,

---

Mvondo Ayolo, « Amitiés assumées, souveraineté réaffirmée », *Le Temps des Opportunités*, Août 2022, p.21.
[41] J. V. Ntuda Ebode, « Le jeu caché ou l'effet tourbillon », *Lignes d'Horizon*, n° 013, Octobre 2021, p.15.
[42] P. A. D. Mbeguele, « Renseignement et politique étrangère. Essai de classification et de compréhension », Thèse de Doctorat en Science Politique, Université de Yaoundé II, 2016, p.219.
[43] Narcisse Mouelle Kombi, op.cit, p.48.
[44] Texte intégral de la Proclamation de l'indépendance, in Engelbert Mveng et Beling-Koumba, *Manuel d'histoire du Cameroun*, Yaoundé, CEPMAE, 1969, pp.244-245.

l'endiguement de la Russie dans le Caucase ne semble pas fonctionner. L'accord de coopération militaire russo-camerounais est la continuation de la Guerre Froide par d'autres moyens. La configuration de cette opposition échappe difficilement à celle de l'opposition entre l'Est et l'Ouest : puissances en opposition politique, économique, militaire et idéologique dans un État interposé.

2.3. L'accord de coopération militaire : un moyen de construction d'un théâtre/glacis camerounais

Comme évoqué plus haut, l'accord de coopération militaire entre la Russie et le Cameroun aurait pour conséquence directe la transformation de l'espace camerounais en un glacis, c'est-à-dire un théâtre où vient se tester la détermination de l'adversaire pour le combat futur. Au même titre que le Mali, la République centrafricaine (RCA) ou l'Ukraine, il est possible que les puissances viennent tester leur détermination pour la bataille du leadership mondial. Le Cameroun a des accords dans ce sens, non seulement avec la Russie, mais aussi avec les États-Unis, la Grande-Bretagne, la France et la Chine. Il est possible qu'il puisse être transformé en une « zone-tampon défensive dans laquelle on peut livrer bataille à partir d'une position de force suffisamment éloignée du cœur du territoire à défendre »[45].

Il est question pour les partenaires stratégiques du Cameroun de déplacer la lutte pour le contrôle et/ou la direction du monde hors de leurs territoires. Ce qui est donc à craindre c'est l'usage de l'arme démocratique à des fins de déstabilisation, parce qu'il ne faut pas perdre de vue que la signature et la publication de cet accord marquent une empreinte idéologique à la bataille que se livrent les Occidentaux et la Russie et/ou la Chine en Afrique. Le dilemme de la sécurité généré par cet accord démontre que les « États sont enserrés dans des réseaux complexes de rapports internationaux où se joue une multiplicité de buts dont la réalisation peut profiter à certains acteurs »[46] et léser d'autres.

Ce déséquilibre est contrebalancé dans l'accord de coopération militaire entre ces deux États par l'intention d'équilibrer les besoins de la puissance avec les aspirations en faveur de la paix. Il y a donc, d'un côté, une tendance portée vers la sécurité et, de l'autre, une autre portée vers la puissance. La première, émanation d'un réalisme défensif et qui

---

[45] P. Gauchon et J-M. Huissoud, 2008, *Les 100 mots de la géopolitique*, Paris, PUF, pp.93-94.
[46] P. de Senarclens et Y. Ariffin, 2006, *La politique internationale. Théories et enjeux contemporains*, Paris, Armand Colin, 5ᵉ édition, p.36.

oriente l'attitude du Cameroun, postule que « la quête d'une sécurité minimale destinée à garantir l'intégrité territoriale et l'indépendance du pouvoir politique est le point commun de tous les États, qui sont ainsi conduits à prendre en considération leurs attentes mutuelles »[47]. La seconde qualifie l'attitude de la Russie et des autres puissances qui contestent sa présence et sa bonne foi dans la signature dudit accord de coopération. Fruit du réalisme offensif, elle table sur le fait que « l'anarchie des rapports internationaux impose aux nations de rechercher à maximiser leurs pouvoirs relatifs ou leur influence »[48] dans tous les domaines[49]. Le réalisme offensif, mieux que le réalisme défensif, trouve donc tout son sens dans le cadre de la coopération militaire entre le Cameroun et la Russie dans la mesure où tous les acteurs, forts et faibles, peuvent y trouver leur intérêt. Il est dans ce cadre admis que

les structures de la politique internationale conditionnent les nations les plus puissantes à assurer des responsabilités élargies, ce qui les conduit donc à mener des diplomaties expansionnistes. De la même manière, les nations les plus faibles sont conduites à s'associer aux nations les plus puissantes[50].

L'« expansionnisme » de la Russie et le besoin d'association du Cameroun constituent donc nécessairement les intentions et les motivations des deux partenaires.

Conclusion : Vers la sélection du partenaire le plus offrant

La signature de l'accord de coopération militaire entre le Cameroun et la Russie offre une occasion de débusquer les motivations et les intentions de ces deux acteurs. Bien évidemment, il est conclu dans un contexte d'engagement forcé (cas du Cameroun, dans la mesure où la guerre s'est imposée à lui) et stratégique (cas de la Russie, en ce sens que la guerre est motivée par les raisons de sécurité nationale) dans des conflits et guerres. L'irruption de la Russie dans l'espace africain en général et Camerounais en particulier conduit à un repositionnement sur l'échiquier diplomatique international. D'emblée, cet accord est perçu comme allant de soi, un instant normal dans l'univers de la coopération

---

[47] J-J. Roche, *Théories des relations internationales*, op.cit., p.84.
[48] Ibid., p.85.
[49] Lire à ce sujet F. Zakaria, 1998, *From Wealth to Power – The Unusual Origins of America's World Role*, Princeton University Press, p.199.
[50] J-J. Roche, op.cit., p.87.

interétatique. Mais un examen minutieux permet de constater qu'il y a une volonté des deux partenaires de déplacer les bornes et de s'offrir l'approfondissement en lieu et place de l'élargissement. Le Cameroun veut être une terre d'opportunités pour tous les États, tout en préservant ses intérêts. Aussi affirme-t-il qu'

On est donc loin de la logique surannée de « chasse gardée ». Dans la nouvelle dynamique compétitive, rien n'est acquis d'office ou d'avance pour personne. Tout le monde peut investir au Cameroun, suivant les principes de partenariat gagnant-gagnant, empreint de respect mutuel et soucieux de la préservation des intérêts de chaque partenaire[51].

La logique qui sous-tend désormais la nouvelle coopération du Cameroun avec ses partenaires est la liberté d'action et d'option. Il tient à se choisir de nombreux amis sur la scène internationale, en toute souveraineté, libre de toute ingérence contreproductive ou influence nocive[52]. Conséquemment, l'accord de coopération entre la Russie et le Cameroun est plus une alternative qu'une option de diversification. Il convient tout de même d'observer que « les dynamiques en cours attestent de l'augmentation, la diversification et la complexification des réseaux d'alliances »[53], ce qui rend floue toute tentative d'entrevoir ce que sera l'état des relations diplomatico-stratégiques du Cameroun avec les grandes puissances. Ce qui paraît évident, 21 ans après l'écroulement de l'URSS, est le retour redouté de la Russie sur la scène internationale. En engageant une offensive tous azimuts sur le continent africain, elle impulse un réveil au niveau des États africains, parmi lesquels le Cameroun. Le système international actuel est logiquement différent de celui de la guerre froide et de la décennie qui a suivi. La multipolarité, les crises itératives et multidimensionnelles qui semblent le caractériser sont la preuve que les « nouveaux rapports de force internationaux accentuent le « brouillard » des intentions et des jeux diplomatiques »[54]. Le Cameroun et l'Afrique devraient tirer le meilleur parti de cette opposition entre les acteurs majeurs du système international en sélectionnant ceux qui leur permettent de faire des bons en avant.

---

[51] S. Mvondo Ayolo, « Amitiés assumées, souveraineté réaffirmée », *Le Temps des Opportunités*, Août 2022, p.7.
[52] Ibid.
[53] Boris Delagenière, « Les alliances à l'épreuve de la multipolarité », *Revue Défense Nationale*, 2022/HS2 N° Hors-série, pp.7-13.
[54] Boris Delagenière, op.cit., p.8.

Références bibliographiques

Bedjaoui M., 1976, « Non-alignement et droit international », *RCADI*, III, Vol. 151.

Biya P., 2018, *Pour le Libéralisme Communautaire*, Pierre-Marcel Favre/ABC.

Coman R., Crespy A. et al., 2022, *Méthodes de la science politique*, Louvain-la-Neuve, De Boeck Supérieur, 2e édition.

De Senarclens P. et Ariffin Y., 2006, *La politique internationale. Théories et enjeux contemporains*, Paris, Armand Colin, 5e édition.

Delagenière B., 2022, « Les alliances à l'épreuve de la multipolarité », *Revue Défense Nationale*, 2022/HS2 N° Hors-série, pp.7-13.

Deltombe Th., Domergue M. et Tatsitsa J., 2016, *La guerre du Cameroun. L'invention de la Françafrique 1948-1971*, Paris, La Découverte.

Devin G., 2002, *Sociologie des relations internationales*, Paris, La Découverte.

Dumont R., 2002, *L'Afrique noire est mal partie*, Paris, Éditions du Seuil, Nouvelle édition.

Etzioni A., 1968, *The active society : a theory of societal and political processes*, New York, The Free Press.

Gauchon P. et Huissoud J-M., 2008, *Les 100 mots de la géopolitique*, Paris, PUF.

Hameni Bieleu V., 2012, *Politique de défense et sécurité nationale du Cameroun*, Paris, L'Harmattan.

Hugon P., 2008, « La France et l'Afrique : vers une nouvelle équation stratégique », in Dufourcq J. (dir.), *Les défis stratégiques africains : exploration des racines de la conflictualité*, Paris, Irsem, Cahiers de l'IRSEM, n°11.

Keohane R.O. et Nye J.S., 1972, *Transnational Relations and World Politics,* Cambridge, Harvard University Press.

Keohane R.O. et Nye J.S., 1977, *Power and Interdependence : World Politics in Transition,* Boston, Little Brown.

Koungou L., 2010, *Défense et sécurité nationale en mouvement. Dynamiques des réformes, mutations institutionnelles en Afrique subsaharienne*, Paris, L'Harmattan.

Legault A., 2000, « Alliances militaires », *in* Thierry de Montbrial et Jean Klein, *Dictionnaire de stratégie*, Paris PUF.

Loi CF/9 du 12 juin 1967 portant organisation de la défense nationale.

Mbeguele P.A.D., 2016, « Renseignement et politique étrangère. Essai de classification et de compréhension », Thèse de Doctorat en Science Politique, Université de Yaoundé II.

Mbembe A., 2013, *Sortir de la grande nuit*, Paris, La Découverte.

Moreau Defarges P., 2009, *La guerre ou la paix demain ?*, Paris, Armand Colin.

Mouelle Kombi N., 1996, *La politique étrangère du Cameroun*, Paris, L'Harmattan.

Mveng E. et Beling-Koumba, 1969, *Manuel d'histoire du Cameroun*, Yaoundé, CEPMAE.

Mvondo Ayolo S., 2022, « Amitiés assumées, souveraineté réaffirmée », *Le temps des opportunités*, Août 2022.

Roche J-J, 2002, *Théories des relations internationales*, Paris, Montchrestien, 4ᵉ édition.

Schelling Th. C., 1986, *Stratégie du conflit*, Paris, PUF.

THUAL F., 1996, *Méthodes de la Géopolitique. Apprendre à déchiffrer l'actualité*, Paris, Iris, Ellipses.

Zakaria F., 1998, *From Wealth to Power – The Unusual Origins of America's World Role*, Princeton, Princeton University Press.

Chapitre 6 :

Redynamisation des partenariats commerciaux Russie-Afrique : Quelle analyse du Sommet de Sotchi du 23 au 24 octobre 2019 ?

Hanse Gilbert MBENG DANG
& Sotherie MENGUE OLEME

Résumé

Les relations entre la Russie et l'Afrique ont bien connu un trou d'air. Mais, il fut assez bref, dix ans environ. Le désengagement débute avec la fin de l'Union soviétique, il y a une trentaine d'années. À la vérité, la *Perestroïka* de Mikhaïl Gorbatchev passe aussi par un abandon brutal du continent africain. Des décennies plus tard, Sotchi symbolise le « grand retour » de la Russie sur le continent africain. En 20 ans, Vladimir Poutine n'a fait que trois fois le déplacement en Afrique subsaharienne. Mais, désormais, la Fédération russe ne cesse de répéter que l'Afrique est importante à ses yeux. Moscou veut des marchés, trouver des relais diplomatiques et stratégiques. Pour ce faire, les Russes ont de solides arguments. Pour arriver à cela, l'organisation du premier sommet Russie-Afrique à Sotchi des 23 et 24 octobre 2019 semble un impératif et marque officiellement le retour de Moscou sur le continent africain. Afin de mieux rendre compréhensive la présente recherche, la théorie convoquée dans le cadre de cette étude est l'approche réaliste des relations internationales qui permet d'appréhender les interactions relationnelles entre Moscou et les États africains pendant et après Sotchi. Réalisée sur la base d'une documentation diversifiée faite d'ouvrages, d'articles, de coupures de presses et journaux, d'observations critiques de l'actualité, cette contribution se donne pour objectif de montrer que le sommet Russie-Afrique de 2019, premier du genre, inaugure un cycle diplomatique pour la Russie qui dispose de sa stratégie africaine pour conquérir des parts de marché économique et asseoir sa toute-puissance au-delà de l'Oural et de l'Europe.

Mots clés : Russie, Afrique, Redynamisation, Sommet de Sotchi, diplomatie, stratégie.

Abstract

Relationships between Russia and Africa have certainly experienced a patch of air. But it was quite brief. The disengagement began with the end of the Soviet Union, some thirty years ago. In fact, Mikhail Gorbachev's Perestroika also involved a brutal abandonment of the African continent. Decades later, Sochi symbolizes Russia's "great return" to the African continent. In 20 years, Vladimir Putin has only traveled to sub-Saharan Africa three times. But now, the Russian Federation keeps repeating that Africa is important in its eyes. Moscow wants markets, to find diplomatic and strategic contacts. To do this, the Russians have solid arguments. To achieve this, the organization of the first Russia-Africa summit in Sochi on October 23 and 24, 2019 seems imperative and officially marks Moscow's return to the African continent. In order to make this research more comprehensive, the theory called upon in the context of this study is the realistic approach to international relations which makes it possible to understand the relational interactions between Moscow and the African States during and after Sochi. Produced on the basis of diversified documentation made up of books, articles, press and newspaper clippings, critical observations of current events, this contribution aims to show that the Russia-Africa summit of 2019, the first of its kind, inaugurates a diplomatic cycle for Russia which has its African strategy to conquer economic market shares and establish its omnipotence beyond the Urals and Europe.

Keywords*: Russia, Africa, Revitalization, Sochi Summit, diplomacy, strategy.*

Introduction

Le Sommet et le Forum économique Russie-Afrique ont eu lieu les 23 et 24 octobre 2019 à Sotchi, sous la devise « Pour la paix, la sécurité et le développement »⁵⁵. Dans l'histoire moderne de la Russie (nous sommes à l'époque contemporaine, depuis 1789), des rencontres d'une telle envergure sont organisées pour la première fois et n'ont pas d'équivalent dans l'histoire des relations russo-africaines. Les délégations officielles des pays africains et les représentants des milieux d'affaires ont exprimé leur vif intérêt pour le renforcement de la coopération, l'approfondissement et l'intensification de la coopération russo-africaine. Le Forum économique Russie-Afrique a été précédé de travaux préparatoires approfondis, qui ont permis de renforcer et d'étendre les échanges entre la Russie et l'Afrique. Des domaines prioritaires de coopération économique ont été identifiés et des résultats concrets peuvent être obtenus dans les années à venir. Comment en est-on arrivé là ? Il s'agit de l'énergie, notamment les sources d'énergie renouvelables, le développement des infrastructures, en particulier, la construction de chemins de fer et de logements, l'exploitation minière moderne et de haute technologie, la transformation des minéraux, l'agriculture, les technologies numériques, l'exploration géologique, la médecine, la science et l'enseignement. Une déclaration finale a été adoptée par les participants à la fin du Sommet. Ce document fixe les orientations et les objectifs du développement de la coopération russo-africaine dans toutes ses dimensions : politique, sécurité, économie, science et technologie, culture et humanitaire. Dès lors, plusieurs questions semblent sous-tendre cette préoccupation : Quelle lecture critique de ce sommet ? Un sommet de plus entre l'Afrique et une grande puissance ou véritable innovation ? Quelles en sont les enjeux ou les implications pour les deux parties ? Les réponses à ces questions méritent de s'appesantir sur les faits marquants du sommet et ses implications sur les relations entre l'Afrique et l'Europe.

1. **Bref aperçu du sommet de Sotchi**

Les premiers signes d'un regain d'intérêt russe pour l'Afrique remontent au début des années 2000 et coïncident avec l'arrivée au pouvoir de Vladimir Poutine. Lors de sa visite officielle en Russie en 2001, le président algérien Bouteflika signe une déclaration de

---

⁵⁵M. Vendrely, « Sommet Russie-Afrique à Sotchi : peut-on réellement parler d'un retour des Russes sur le continent ?», https://information.tv5monde.com/afrique/sommet-russie-afrique, consulté le 8 février 2023, à 12heures 57 minutes.

partenariat stratégique, le premier traité de ce type signé par la Russie avec un État africain.

Vers la fin du mandat de Dmitri Medvedev (2008-2012), la politique africaine de la Russie commence à s'institutionnaliser. Ainsi, en mars 2011, le président russe nomme un représentant spécial pour la coopération avec l'Afrique. Les liens commerciaux entre la Russie et l'Afrique se développent rapidement : le volume des échanges bilatéraux passant de 9,9 milliards de dollars en 2013 à près de 20 milliards en 2018 (Service des douanes russes). Par ailleurs, pour pallier les effets des sanctions imposées suite à l'annexion de la Crimée en 2014, la Russie s'investit de plus en plus en Afrique. D'où l'organisation du tout premier sommet Russie-Afrique. Du 22 au 25 octobre 2019, près de 50 chefs d'États africains se sont rendus à Sotchi pour assister au sommet Russie-Afrique, premier évènement d'une telle ampleur dédié au continent africain. Selon le Premier ministre Dmitri Medvedev, ce sommet a marqué « le début d'une nouvelle ère de coopération russo-africaine »[56].

1.1. Délégations officielles et programme du forum

La ville russe de Sotchi, sur la mer Noire, accueille, les 23 et 24 octobre 2019, le premier Sommet Russie-Afrique. L'objectif pour Moscou est de renforcer sa présence sur le paysage économique africain[57]. Le Forum économique Russie-Afrique a réuni plus de 6 000 participants et représentants des médias de Russie et de 104 pays et territoires étrangers. Parmi les participants, ils étaient plus de 1 100 représentants d'entreprises étrangères, environ 1 400 représentants d'entreprises russes, plus de 1 900 représentants de délégations officielles étrangères et plus de 300 représentants de délégations russes[58].

Le Sommet et le Forum économique Russie-Afrique ont réuni les représentants officiels des 54 pays africains, dont 45 étaient représentés par des chefs d'État et de gouvernements : Algérie, Angola, Bénin, Burkina Faso, Cap-Vert, Comores, Congo, Djibouti, Égypte, Gambie, Ghana, Guinée, Égypte, République démocratique du Congo, Gambie, Ghana et Zimbabwe, Afrique du Sud, Côte d'Ivoire, Éthiopie, Kenya,

---

[56]Discours de Dmitri Medvedev lors de la conférence d'Afreximbank à Moscou le 20 juin 2019, government.ru, 21 juin 2019.
[57]A. Kalika, « Le "grand retour" de la Russie en Afrique ? », in *Russie Nei Visions*, n° 114, IFRI, avril, 2019, p. 20.
[58]Ibid.

Libye, Madagascar, Malawi, Mali, Maroc, Mauritanie, Maurice, Mozambique, Namibie, Niger, Nigéria, Ouganda, Sénégal, Seychelles, Sierra Leone, Somalie, Soudan, Tchad, Togo, Tunisie, République centrafricaine, Gabon, Tanzanie, Sierra Leone, Soudan, Tchad, Tunisie, Eswatini. Les dirigeants des organes exécutifs de huit organisations régionales africaines ont participé au Forum : Commission de l'Union africaine, Banque africaine d'import-export, Communauté de l'Afrique de l'Est, G5 Sahel, Union du Maghreb arabe, Communauté de développement d'Afrique australe, Communauté économique des États de l'Afrique centrale, Communauté économique des États de l'Afrique de l'Ouest, ainsi que des représentants de l'Organisation intergouvernementale de développement et du Marché commun de l'Afrique orientale et australe[59].

Le programme de rencontres du forum Russie-Afrique s'est articulé autour des discussions relatives au potentiel de coopération et d'échanges sur le continent africain. Le Forum économique s'est ouvert par une session plénière intitulée « Russie-Afrique : faire valoir le potentiel de coopération ». Les coprésidents du Sommet Russie-Afrique à savoir Vladimir Poutine et le Président de la République arabe d'Égypte Abdel Fattah al-Sissi ont pris la parole. Le Président de la Fédération de Russie déclarait alors :

Au cours des cinq dernières années, le volume des échanges commerciaux entre la Russie et l'Afrique a plus que doublé et dépassé, comme un collègue vient de le dire, 20 milliards de dollars. C'est beaucoup ou pas ? (...) Il me semble que c'est trop peu. Voyez, mesdames, messieurs, que sur ces 20 milliards, 7,7 milliards de dollars représentent notre commerce avec l'Égypte, qui est de 40%. Or en Afrique, il y a beaucoup de nos partenaires potentiels, ils sont nombreux. Avec de bonnes perspectives de développement et un grand potentiel de croissance[60].

Au cours de la séance plénière, le Président de la République arabe d'Égypte a, quant à lui, souligné le rôle particulier de la Fédération de Russie dans le renforcement de la paix, de la stabilité et du progrès économique entre la Russie et l'Afrique.

---

[59]Chiffres communiqués par Vladimir Poutine à l'issue de sa rencontre avec Abdel Fattah al-Sissi à la fin avril 2019 à Pékin. https://tass.com/politics/1055954, consultés le 25 novembre 2022.
[60]Extrait du discours de S.E.M Vladimir Poutine, Président de la Fédération de Russie, le 23 octobre 2019, à Sotchi.

Au total, 31 sessions étaient consacrées au renforcement des relations commerciales et économiques, aux projets communs existants et potentiels dans l'industrie pétrolière et gazière, l'agro-industrie, la création d'infrastructures de transport, la construction et l'énergie nucléaire. 268 intervenants ont participé aux débats, dont Veronika Skvortsova, ministre de la Santé, Mikhaïl Kotioukov, Ministre de la Science et de l'Enseignement supérieur, Mikhaïl Bogdanov, ministre adjoint des Affaires étrangères et représentant spécial du président de la Fédération de Russie au Moyen-Orient et en Afrique, Alexeï Likhatchev, directeur général de l'entreprise publique d'énergie atomique Rosatom, et Sergueï Ivanov, directeur général et président du conseil d'administration de la société ALROSA, Andreï Kostine, Président du Conseil d'administration de la VTB Bank, Sergueï Tchémézov, directeur général de l'entreprise publique Rostec, et Oleg Biéloziorov, directeur général et président du conseil d'administration de la compagnie des « Chemins de fer de Russie ».

En outre, un forum des agences de presse russes et africaines s'est tenu en marge du Forum économique pour traiter du rôle des médias dans les relations russo-africaines.

Toutes les rencontres du programme d'affaires se sont déroulées dans les langues (anglais, français, arabe, portugais) qui sont les langues officielles des organismes et institutions de l'Union africaine.

1.2. Les accords les plus importants

Lors de la réunion de Sotchi, la Russie a décidé de mettre son expertise militaire au profit des pays africains. Si de grands contrats d'armement n'ont pas été annoncés, la Russie a multiplié en amont les accords de coopération militaire et de défense avec plusieurs pays africains dont le Mali, en proie à la menace terroriste au Nord et au Centre que peine à juguler la Force conjointe du G5 Sahel[61]. Des avancées notoires ont été constatées. Anton Kobiakov, conseiller du président de la Fédération de Russie et secrétaire général du Comité organisateur, relevait à ce propos :

Lors du Sommet et du Forum économique Russie-Afrique, 92 accords, contrats et mémorandums d'accord ont été signés. Le montant total des documents signés dont l'information n'est pas un secret

---

[61]Le G5 Sahel ou « G5S » est un cadre institutionnel de coordination et de suivi de la coopération régionale en matière de politiques de développement et de sécurité, créé lors d'un sommet du 15 au 17 février 2014 par cinq États du Sahel : Mauritanie, Mali, Burkina Faso, Niger et Tchad répartis sur 5 097 338 km².

commercial s'élève à 1, 004 000 trillions de roubles. Le plus grand nombre de documents a été signé dans les domaines de l'exportation et du commerce extérieur, de la coopération internationale, de la haute technologie, du transport et de la logistique, des mines et de l'exploration, de l'investissement et de la banque.

La société Sberbank, le Centre d'exportation de Russie, le groupe VEB.RF et la société d'investissements Gemcorp Capital ont signé un accord-cadre de création d'un mécanisme de financement commercial entre la Russie et les pays africains. L'accord vise à développer la coopération avec les pays africains via la mise en place de mécanismes de prêt pour des projets communs de commerce extérieur et ouvre des possibilités d'accroître le volume des exportations russes grâce à un soutien financier pour l'approvisionnement du continent africain en produits russes, notamment en Angola, en Éthiopie, au Mozambique, au Zimbabwe et d'autres pays africains. Cet accord se chiffre à un montant de l'Accord : 320,3 milliards de roubles.

Le groupe Efko et la société égyptienne United Oil ont signé un accord d'intention. Ils envisagent de créer une coentreprise de production d'huiles et graisses. La production d'huile végétale et d'ingrédients alimentaires sera concentrée sur les marchés de l'Europe du Sud, du Moyen-Orient et de l'Afrique du Nord. Les parties prévoient également de construire un terminal céréalier pour le transit de 2 millions de tonnes de marchandises par an en Méditerranée. Il a été clairement défini le montant total du volume des investissements du projet qui s'élève à 19,2 milliards de roubles[62].

L'Agence internationale pour le développement souverain (IASD) a conclu des accords et est devenue consultante auprès des gouvernements de la République du Niger, de la République de Guinée et de la République démocratique du Congo (RDC). L'agence mettra en place des investissements pour des programmes de développement dans ces pays.

Montant total du volume des investissements du projet : 159,9 milliards de roubles.

URALCHIM et Grupo Opaia SA ont signé un protocole d'accord sur la construction d'une usine de carbamide en Angola. Le projet comprend la construction d'infrastructures portuaires. La société russe sera responsable de toutes les questions liées à la conception et à la production, et Opaia sera responsable de la vente des engrais et de leur

---

[62] Ibid.

distribution dans les fermes d'État du pays[63]. Il se chiffre à un montant global du projet : 83,3 milliards de roubles.

La Société d'État russe pour le développement de VEB.RF, le Centre d'exportation de Russie et la société marocaine MYA Energy (qui fait partie du groupe Marita) ont signé un protocole de coopération pour le financement de la construction d'une raffinerie de pétrole au Maroc d'une capacité pouvant atteindre 5 millions de tonnes par an.

Montant total du volume des investissements du projet : 35,6 milliards de roubles.

Transmachholding, important constructeur russe de wagons, a signé un accord avec les Chemins de fer nationaux égyptiens de fourniture de 1 300 voitures voyageuses à l'Égypte. L'accord de fourniture de voitures à l'Égypte prévoit également l'organisation de l'assemblage de voitures à partir de composants russes en Hongrie. Ces voitures seront exportées en Égypte. Ledit montant total du volume des investissements est de : 71,1 milliards de roubles.

Le fabricant russe de robots de service Promobot et la société nigériane Pailz Global Ventures ont signé un contrat pour la fourniture d'un robot Promobot V.4 d'une valeur de 22 000 dollars, ainsi qu'un accord de distribution, en vertu duquel dix robots russes seront livrés au Nigeria en 2019-2020. Il est prévu que les Promobots seront utilisées dans les cliniques et les aéroports du Nigeria, ainsi que dans le secteur du divertissement.

Montant total du volume des investissements : 15,2 milliards de roubles.

En particulier ont été signés les mémorandums suivants : entre Lukoil et le ministère des Mines et des Hydrocarbures de Guinée Équatoriale ; mémorandum de coopération entre la compagnie des « Chemins de fer de Russie » et le ministère des Transports et des Communications de la République démocratique du Congo ; enfin le mémorandum de coopération entre la compagnie des « Chemins de fer des Russie » et le ministère fédéral des Transports de la République fédérale du Nigeria[64].

---

[63] Sputnik France, « La quasi-totalité des chefs d'États africains participeront au forum /Russie-Afrique à Sotchi », in *Hyperlien*, (consulté, le 18 novembre 2022).
[64] Russia-Africa, 'Women in Russian–African Relations: Gender Balance in Politics, the Economy, and the Social Sector' Held as Part of Russia–Africa Economic Forum's Business Programme, 26/10/2019,https://summitafrica.ru/en/news/v-ramkah-delovoj-programmy-ekonomicheskogo-foruma-rossija-afrika-sostojalas-sessija-zhenschiny-v-rossijsko-afrikanskih-otnoshenijah-gendernyj-balans-v-politike-ekonomike-sotsialnoj-sfere/, consulté le 12 octobre 2022).

Pour le développement des relations russo-africaines dans le domaine de l'économie et des finances, ainsi que sur le plan humanitaire et social, et l'établissement de contacts d'affaires, la Fondation Roscongress a signé 13 accords de coopération avec l'Agence de Promotion des Investissements Eswatini ; l'Agence de la République du Congo pour l'attraction des investissements ; la Chambre de Commerce et d'Industrie du Tchad ; Association Égyptienne des Exposants Expolink ; l'Agence du Niger pour l'attraction des investissements et projets stratégiques ; la Chambre du Commerce et des Industries du Burkina Faso ; l'Institut de l'Afrique de l'Académie des sciences de Russie ; la Chambre Commerce, de l'industrie et de l'agriculture de Tanzanie, la Chambre de commerce et d'industrie d'Abuja, la Chambre nationale de commerce et d'industrie du Kenya, la Chambre de commerce et d'industrie du Mali, la Fédération des entreprises de la République démocratique du Congo, la Confédération des associations d'affaires du Mozambique.

Ce sommet s'est conclu par la proclamation d'objectifs ambitieux (doublement des échanges commerciaux d'ici à 2024) et la signature de plusieurs traités bilatéraux. La déclaration finale fait état de « 92 accords, contrats et protocoles d'accord (…) d'une valeur totale de 1 400 milliards de roubles ». Afin de se démarquer de la Chine, accusée d'entraîner l'Afrique dans le surendettement, Moscou met en avant sa politique d'effacement de la dette, héritée de l'époque soviétique, et sa volonté de fonder une coopération équilibrée, respectueuse de la souveraineté des États africains.

2. Le sommet de Sotchi (2019) : les prémices d'une diplomatie bilatérale Russe en Afrique

Conçu comme une véritable démonstration de force, le sommet Russie-Afrique a été un succès pour le maître du Kremlin. Il apparaît comme un *show* efficace ayant permis au Kremlin de se mettre en avant, tout en facilitant la tâche des grands groupes russes désireux de renforcer leur présence sur le continent. Pour tout dire, ce sommet a de nouveau plongé l'Afrique au cœur des batailles géopolitiques et géostratégiques.

2.1. L'Afrique au cœur des batailles géopolitiques et géostratégiques

Le premier sommet Russie-Afrique de Sotchi a été perçu en Occident comme la consécration du retour de Moscou sur le continent africain. À la vérité, le désenchantement de l'Afrique de son attrait de l'Occident est dû à l'action néfaste de ce dernier. L'espoir suscité par les BRICS crée une émulation tous azimuts vers le nouvel eldorado diplomatique et financier : Russie, Chine, Brésil, Iran, Turquie, Argentine. Espace majeur de compétition, l'Afrique aiguise l'appétit des grandes puissances non européennes comme les États-Unis, la Chine et la Russie, qui cherchent à sécuriser l'accès aux ressources stratégiques nécessaires à leur croissance économique. Ces puissances investissent le continent africain par le biais de financements et d'accords diplomatiques, la construction de bases logistiques et l'exercice de leur *soft power*[65]. Ces trois puissances s'engagent activement sur la voie de la coopération militaire, par le biais de ventes d'armes, mais aussi de formations et d'exercices conjoints avec leurs partenaires africains. Elles y conduisent également des opérations militaires, significatives et coercitives pour ce qui est des États-Unis, avant tout engagés en Afrique au titre du contre-terrorisme. Dans la stratégie africaine de la Maison-Blanche, présentée en décembre 2018, deux objectifs sont clairement identifiés : « contrer la menace du terrorisme radical islamique et les conflits violents » et « contrôler ou contenir les présences chinoises et russes »[66].

À titre illustratif, il faut lire *Le Grand Échiquier : l'Amérique et le reste du monde* de Zbigniew Brzezinski, qui est un livre prospectif[67]. Il promeut une géostratégie visant à assurer la dominance des États-Unis sur la scène internationale, en isolant et affaiblissant tout acteur qui cherche à obtenir la domination sur l'Eurasie. L'analyse de l'auteur est centrée sur l'Asie centrale et le monde post-soviétique. Il reprend les thèses d'Halford John Mackinder[68] et de Nicholas Spykman[69] au sujet

---

[65] Le *soft power* est un concept utilisé en relations internationales. Développé par le professeur américain Joseph Nye, il a été repris par de nombreux dirigeants politiques.

[66] O. Alexeeva et F. Lasserre, « La Russie, la Chine et la route de la soie polaire », in *Diplomatie 102*, janvier/février, pp. 17-18.

[67] L. Florian, *Les grands théoriciens de la géopolitique*, Paris, Humensis Editions Major, 24 juin 2020.

[68] P. Venier, « La pensée géopolitique de Sir Halford J. Mackinder, l'apôtre de la puissance amphibie», in Hervé Coutau-Bégarie et Martin Motte (sous la direction de*)*, *Approches de la géopolitique, de l'Antiquité à nos jours*, Paris, Economica, 2013, p. 484.

[69] N. J. Spykman, *American Strategy in World Politics, The United States and The Balance of Power*, New Brunschwick, Transaction Publishers, 2007 et Olivier Zajek, *Nicholas John Spykman: l'invention de la géopolitique américaine*, Paris, PU Paris-Sorbonne, 2016.

de l'Eurasie comme centre de la géopolitique mondiale. Brzezinski souligne tout au long du livre l'importance du *Heartland*[70], c'est-à-dire de la zone à cheval entre l'Europe et l'Asie. D'après lui, « quiconque contrôle l'Eurasie, contrôle la planète ». Il pointe du doigt ce qu'il appelle les « Balkans eurasiens », zone stratégique composée de l'Arménie, l'Azerbaïdjan, la Géorgie, l'Afghanistan, le Kazakhstan, le Kirghizstan, l'Ouzbékistan, le Tadjikistan et le Turkménistan[71].

En outre, si initialement le retour de la présence russe, essentiellement dans les secteurs miniers et énergétiques, n'avait pas suscité de préoccupation particulière en Occident, puisqu'elle s'inscrivait dans l'ouverture économique du continent sur le monde, le changement de paradigme stratégique et sécuritaire modifie ces perspectives.

L'effet de rattrapage consécutif à l'effacement de l'URSS dans les années 1990 tend à s'épuiser. L'empreinte stratégique de la Russie en Afrique devrait augmenter de manière notable d'autant que le continent africain demeure, aux yeux de Moscou, une niche d'opportunités. L'Afrique figure en premier dans l'ordre des priorités régionales défini par le Concept de politique étrangère entériné en novembre 2016 ; ce qui peut expliquer l'usage quasi exclusif de mercenaires sur le terrain[72].

Soumise à la concurrence de nouveaux partenaires comme la Chine, la Turquie ou l'Inde, mais aussi des partenaires historiques à l'instar de la France, la Russie semble aujourd'hui disposer de moyens économiques limités. Ses capacités financières et son influence économique subissent en effet des sanctions imposées depuis 2014. Son approche combinant coopération militaire et influence médiatique est cependant peu coûteuse et permet d'avoir un maximum d'impact en engageant un minimum de moyens[73]. Dans ce sens, son combat contre le terrorisme montre à suffisance l'activité et l'engagement de Moscou à ravir la vedette en Afrique subsaharienne. Le niveau de collaboration entre la RCA et la Russie semble profond au point où les Russes occupent même des postes stratégiques dans le pays. En Centrafrique,

---

[70]La théorie du Heartland est le nom donné à une analyse géopolitique de l'histoire du monde qui est proposée par le géographe britannique Halford John Mackinder en 1904 dans son article: « The Geographical Pivot of History" », in The Geographical Journal, Vol. 23, No.4, (April 1904), pp. 421–437.

[71]Dallenne Pierre, Degans Axelle, Pourty Lionel, *Histoire, Géographie et Géopolitique • Prépas ECS • les 2 années en 1 volume, Paris,* Editions Ellipses, 4 août 2015.

[72] O. Alexeeva et F. Lasserre, « La Russie, la Chine et la route de la soie polaire », pp. 17-18.

[73]Lire F. X.Nérard et M. P. Rey, *Atlas historique de la Russie : d'Ivan III à Vladimir Poutine*, Éditions Autrement, 2017.

des mercenaires du groupe Wagner servent de garde présidentielle au président Faustin- Archange Touadéra et un Russe est le conseiller à la sécurité nationale[74]. On peut s'en rendre compte : la Russie a pu assurer là où les forces onusiennes (15 700 hommes) n'ont pas pu restaurer la paix et la sécurité.

Les cas du Mali et de la Centrafrique sont également révélateurs. Fin 2021, à la demande des autorités de transition malienne, plus d'un millier de mercenaires russes appartenant à la société militaire privée informellement connue sous le nom de Wagner se sont déployés au Mali[75]. Ce contingent intervient aux côtés des forces armées maliennes (FAMA). Wagner est également déployé au Mozambique. Mathieu Olivier, loue même l'efficacité de cette force en Centrafrique lorsqu'il dit : « Installés à Bangui, aux camps de Roux et de Kassaï, et à Berengo, où se situe leur quartier général, les « Russes » sont les véritables maîtres d'œuvre de la reconquête. Au fil des jours, la liste des villes reprises aux rebelles s'allonge »[76].

En somme, la Fédération de Russie poursuit une politique d'engagement sur le terrain militaire en sol africain. Cette stratégie diplomatique met considérablement à mal la diplomatie militaire des autres puissances occidentales et orientales sur le continent.

2.2. Le sommet Russie-Afrique comme subterfuge au déploiement de la diplomatie militaire russe sur le sol africain

Depuis quelques années, le mouvement anti-français développé dans plusieurs pays africains coïncide avec une forte présence russe à travers le continent. La Russie a donc décidé de saisir cette occasion pour se déployer partout dans le continent, ceci dans une logique géopolitique ; l'Afrique étant le continent où l'avenir du monde semble se décider. Continent secoué par l'insécurité et l'instabilité, l'aspect décisif qui s'impose entre l'Afrique et la Russie est la coopération militaire. La Russie semble faire l'unanimité à travers le continent dans la mesure où elle étend sa coopération militaire dans toutes les régions du continent. Même si la coopération militaire entre les pays d'Afrique du Nord et la Russie date de longtemps, la diplomatie militaire russe a pris plus

---

[74] J. Siegle, « La Russie et le futur ordre international en Afrique », *in Centre d'études stratégiques de l'Afrique*, 2002.
[75] J. Guiffard, « Une solution providentielle surestimée : dissiper le mirage de l'offre sécuritaire russe en Afrique et ailleurs », pp. 17-19.
[76] M. Olivier, « Russie- Afrique : les mercenaires de Wagner sont-ils vraiment efficaces ? », in *Jeune Afrique*, 2022, p. 26.

d'ampleur ces dernières années. Exercice militaire conjoint, vente d'armes et bien d'autres formes de collaboration sont visibles entre la Russie et certains pays maghrébins. L'Algérie ne cache pas sa volonté et son intérêt à coopérer militairement avec la Russie. Les deux partenaires ont conclu un « partenariat stratégique », le premier document de ce type, signé par Moscou avec un pays arabe[77]. Déjà aligné sur l'Union des républiques socialistes soviétiques (URSS) pendant la guerre froide, le rapprochement d'Alger et de Moscou ne doit surprendre personne. Seulement, il a connu une intensification ces dernières années avec de nombreux exercices militaires conjoints. Les liens entre les deux pays sont très étroits. Alger est devenue le troisième client de l'industrie de défense russe dès 2006, après la Chine et l'Inde. La coopération est désormais régulière et menée au plus haut niveau[78].

Dans le cas de la coopération avec la Libye, s'estimant avoir été dupée par l'OTAN en 2011, la Russie s'est résolue à accompagner une faction libyenne pour marquer sa présence dans le chaos libyen post-Kadhafi. Wagner opère en Libye, notamment à l'Est depuis 2017. Ces paramilitaires interviennent dans les zones d'intérêt russe[79]. En 2019, environ 2000 mercenaires de la société militaire Wagner ont accompagné au combat les forces du maréchal Haftar dans son offensive contre Tripoli[80]. Dans le Maghreb, la Russie serait même plus active en Égypte. En effet, l'action de Moscou en Afrique du Nord est d'abord visible en Égypte. Profitant du retrait des États-Unis entamé sous la présidence de B. Obama (2009-2017) et de la méfiance du nouveau pouvoir égyptien vis-à-vis de Washington, Moscou a opéré un rapprochement avec l'homme fort d'Égypte, Abdel Fattah el-Sisi, suite à la chute du président Mohamed Morsi en 2013[81]. Les deux pays auraient réalisé un premier exercice militaire conjoint baptisé *Defensers of Friendship*. En outre, des livraisons d'armes, notamment 50 hélicoptères de combat Alligator en 2017, ont été annoncées et la même

---

[77] M. Mousli, «Algerian-Russian cooperation : True strategic Partnership ? », *Vesnik RUDN. International Relations*, 2019 vol. 19 N° 2 284-292, Mission of the league of Arabe States, Moscow, Russian Federation, pp. 28-29.
[78] B. Slaski, «Quelles réalités et intentions derrière les avancées russes en Afrique du Nord ? », *Revue Défense Nationale*, vol.806, N° 1, pp.101-105.
[79] A. Le Gal, « Le groupe Wagner, fer de lance des opérations russes d'influence en Afrique subsaharienne », https://www.ege.fr/infoguerre/le-groupe-wagner-fer-de, consulté le 7 janvier 2023, à 23 heures 26 minutes.
[80] J. Guiffard, « Une solution providentielle surestimée : dissiper le mirage de l'offre sécuritaire russe en Afrique et ailleurs », *Institut Montaigne*, 2022, pp. 17-19.
[81] B. Slaski, « *Quelles* réalités et intentions derrière les avancées russes en Afrique du Nord ? », *Revue Défense Nationale*, vol.806, N° 1, 2018, pp.101-105.

quantité d'avions de combat MiG-29 en 2020. Cette proximité entre les deux pays va également déboucher sur un contrat autour de l'installation d'une base militaire russe en Égypte[82]. On voit bien que la Russie nourrit l'ambition de se positionner durablement et stratégiquement dans tout le Maghreb. La Russie ne s'arrête pas là puisqu'elle va aussi se déployer en Afrique subsaharienne et y bousculer l'ordre occidental qui y règne depuis les périodes coloniale et postcoloniale.

Le contact de la Russie avec l'Afrique subsaharienne remonte plus loin avec l'Union des républiques socialistes soviétiques (URSS). Il s'agirait de nos jours d'un retour de la Russie sous une autre forme. Un retour qui vise un positionnement stratégique dans une arène d'attraction stratégique qu'est cette partie de l'Afrique. Le projet de la Russie d'étendre son impact stratégique en Afrique ne se limite pas à une partie du continent, mais à toute l'entièreté du continent. Il faut le préciser, l'action de la Russie en Afrique rentre dans la continuité de la défunte URSS qui a soutenu les mouvements d'auto-détermination du continent.

La Russie se déploie en Afrique subsaharienne en signant des accords de défense avec plusieurs pays. Ces accords incluent plusieurs composantes et varient selon chaque pays. En effet, entre 2017 et 2019, la Russie a signé vingt accords militaires avec des pays africains[83]. Ce pays offre une alternative plus séduisante que les pays occidentaux. D'après Aurélie Vittot, Moscou a ainsi fourni 28 % des armes aux pays d'Afrique subsaharienne entre 2008 et 2017, devant la Chine (24%), l'Ukraine (8,3%) et les États-Unis (7,1%). Cette situation montre tout l'attachement que les pays de l'Afrique subsaharienne ont pour la Russie et surtout la profondeur de leur coopération[84]. Selon A. Vittot:

La Russie a signé des accords avec une vingtaine de pays, les plus récents étant ceux avec le Mali (Juin 2019), la République du Congo (mai 2019) et Madagascar (octobre 2018). Ces accords prévoient la formation d'officiers à Moscou, la livraison de matériels militaires ou la maintenance d'équipement déjà en dotation, des exercices communs,

---

[82]Dirk Kohnert, « L'impact de la présence russe en Afrique », https://nbn-resolving.org/urn, consulté le 10 février 2023.

[83] M. Elboudrari, « Accord militaire avec la Russie : de Madagascar au Cameroun, Moscou en « phase d'accélération » en Afrique, *Tv5 Monde*, 2022.

[84] A. Vittot, « Le retour de la Russie en Afrique : Une menace pour l'influence française sur le continent », IHEDN, Novembre, 2022, pp. 23-24.

la lutte contre le terrorisme et la piraterie maritime. Ces composantes varient en fonction de la situation des pays et de leurs préoccupations[85].

Malgré la situation de guerre russo-ukrainienne, la Russie ne perd pas son attrait auprès des pays de l'Afrique subsaharienne. Alors que la guerre russo-ukrainienne connaît une évolution incertaine, le président camerounais Paul Biya signe (le 12 avril 2022) un accord de sécurité avec Poutine pour une durée de cinq ans renouvelable; ce qui démontre que la Russie continue d'être appréhendée comme le sauveur d'une région mal en point.

Préoccupé par sa situation sécuritaire qui se dégrade davantage du fait de la présence des groupes djihadistes dans le Nord-Est dont Boko-Haram, le Nigeria a signé un accord de coopération militaire avec la Russie le 23 aout 2021. Cet accord qui n'est pas le premier entre les deux fédérations « fournit un cadre juridique pour la fourniture d'équipement militaire, la prestation de service après-vente, la formation du personnel et le transfert de technologie entre autres »[86].

La Russie étend son influence dans la région en multipliant les accords de coopération militaire avec de nombreux pays. Elle est devenue la première pourvoyeuse d'armes de l'Afrique (…) Avec moins d'une dizaine d'accords avant 2017, la Russie a signé, dans les trois années qui ont suivi, dix nouveaux accords avec des pays qui n'avaient jamais contracté d'accord de coopération militaire avec elle (Niger, RCA, Tanzanie, Zambie, Madagascar, Botswana, Burundi, Guinée-Bissau, Sierra Leone, Eswatini)[87].

L'établissement des bases navales et militaires est inscrit parmi les stratégies de déploiement de la diplomatie militaire russe en Afrique subsaharienne. Ceci permettrait au pays de supplanter l'influence occidentale en Afrique. L'on parle de plus en plus de l'implantation prochaine d'une base militaire russe au Soudan, une situation qui étendrait l'influence de Moscou dans la région[88]. La Russie a également été autorisée par contrat à construire des bases militaires au Mozambique, à Madagascar, en Égypte, en Érythrée et en République Centrafricaine[89].

---

[85] Ibid.
[86] Lire Ordy Betga Betga, « Accord de coopération militaire Nigeria- Russie : Réflexion sur les ambitions russes sur le continent africain », *Centre africain d'Études internationales Diplomatiques Économiques et Stratégiques*, Yaoundé, 2022.
[87] Interview de Jean de Gliniasty-Areion 24 news, 2022.
[88] Entretien TV5- Marc Lavergne, Mars 2022.
[89] Dirk Kohnert, « L'impact de la présence russe en Afrique », https://nbn-resolving.org/urn, consulté le 10 février 2023.

Conclusion

En somme, l'objectif du premier sommet Russie-Afrique à Sotchi les 23 et 24 octobre 2019 était de marquer officiellement le retour de Moscou sur le continent africain. Conçu comme une véritable démonstration de force, le sommet Russie-Afrique apparait comme un succès pour Moscou. Contrairement à l'expansion chinoise, accusée d'entraîner l'Afrique dans le surendettement, Moscou met en avant sa politique d'effacement de la dette, héritée de l'époque soviétique, et sa volonté de fonder une coopération équilibrée[90]. Cela participe de la nouvelle coopération Russie-Afrique en contexte post-soviétique. Cependant, ce discours masque la faiblesse financière de la Russie, comparée au géant chinois. Quoi qu'il en soit, les échanges entre la Russie et l'Afrique connaissent une augmentation constante depuis quelques années. Le regain d'intérêt de Moscou pour l'Afrique ne date pas d'hier. Ce retour en force dans l'ensemble du continent africain laisse croire qu'elle ne s'arrêtera pas en si bon chemin. Dans cette visée, Vladimir Poutine a appelé l'Afrique lors du sommet de Sotchi à s'inspirer des meilleures pratiques humanitaires, militaires et énergétiques, dont son pays à la maîtrise, pour se développer et faire face au choc commercial que les blocs africains, européens et Russes subissent.

Références Bibliographiques

Africanews, « Relations Russie-Afrique (Business Africa) », 24/10/2019, in *H*yperlien, (consultés, le 27 novembre 2022).

Ageeva V. (2019), « Le soft power russe dans les pays baltes », in Dubien A. (dir.), *Russie 2019. Regards de l'Observatoire franco-russe, L'Inventaire,* Paris, p. 95-97.

Alexeeva O. et Lasserre F. (2020), «La Russie, la Chine et la route de la soie polaire», *Diplomatie 102,* janvier/février.

Arkhangelskaya A. (2013), « Le retour de Moscou en Afrique subsaharienne ? Entre héritage soviétique, multilatéralisme et activisme politique », *Afrique contemporaine,* vol. 4, n° 248, p. 61-74.

---

[90] J. Garçon, « Moscou efface la dette d'Alger pour placer ses armes », in *Libération,* 2006, pp. 23-26.

BetgaBetga O. (2021), *Accord de coopération militaire Nigeria-Russie : Réflexion sur les ambitions russes sur le continent africain.* Centre africain d'Études internationales Diplomatiques Économiques et Stratégiques, Yaoundé.

Birgerson S. M., Kozhemiakin A. M. et Kanet R. E., (1996), « La politique russe en Afrique : engagement ou coopération ? », in *Revue d'études comparatives Est-Ouest*, 3 septembre.

Delcour L., « Un nouvel aplomb sur la scène internationale ? Comment la Russie voit-elle le monde ? Éléments d'analyse d'une politique étrangère en mutation », in Revue internationale et stratégique, 2007/4 (N°68), pp.133-141.

Elboudrari M. (2022), *Accord militaire avec la Russie : de Madagascar au Cameroun, Moscou en « phase d'accélération » en Afrique.* Tv5 Monde.

Florian L. (2020), *Les grands théoriciens de la géopolitique*, Paris, Humensis Editions Major, 24 juin.

Garçon J. (2006), « Moscou efface la dette d'Alger pour placer ses armes », in *Libération*, 13 mars, pp. 23-26.

Gershkovich, E., «At Russia's Inaugural Africa Summit, Moscow Sells Sovereignty, The Moscow Times», 26/10/2019, in *H*yperlien, (consulté, le 7 novembre 2022).

Guiffard J., (2022)., *Une solution providentielle surestimée : dissiper le mirage de l'offre sécuritaire russe en Afrique et ailleurs*, Institut Montaigne. https://www.revuepolitique.fr/intervention-du-president-poutine-24-fevrier-2022, consulté le 10 mai 2023.

Kalika A. (2019), « Le "grand retour" de la Russie en Afrique ? », *Russie. Nei. Visions*, n° 114, IFRI, avril, p. 20.

Kissinger H. (2016), *L'Ordre du monde*, Paris, Fayard.

Kissinger H. (2023), *Leadership: Six études de stratégie mondiale*, Fayard.

Kohnert D., L'impact de la présence russe en Afrique…https://nbn-resolving.org/urn : nbn : de :0168ssoar-78260-6, consulté le 10 mai 2023.

Le Gal A., « Le groupe Wagner, fer de lance des opérations russes d'influence en Afrique subsaharienne », https://www.ege.fr/infoguerre/le-groupe-wagner-fer-de, consulté le 7 janvier 2023, à 23 heures 26 minutes.

Mackinder, H. J. (1904), «The Geographical Pivot of History », The Geographical Journal, Vol. 23, No.4, pp. 421–437.

(2018), *The Great Delusion: Liberal Dreams and International Realities*, New Haven (Conn.), Yale University Press.

Zygar M., *Vsiakremliovskïa rat*, (2018), Paris, Les Éditions du cherche midi.

Mousli M. (2019), « Algerian-Russian cooperation: True strategic Partnership? », *VesnikRudn. International Relations,* 2019 vol. 19 N°.2 284-292, Mission of the league of Arabe States, Moscow, Russian Federation.

Olivier M. (2022), « Russie- Afrique : les mercenaires de Wagner sont-ils vraiment efficaces ? », *In Jeune Afrique.*

Redondo R., « La diplomatie énergétique rapproche l'Europe de l'Afrique du Nord », https://atalayar.com/fr/content/la-diplomatie-energetique, consulté le 9 février 202

Russia-Africa, «Outcomes of the first Russia–Africa Summit and Economic Forum. Roscongress to continue working on the African track until the next Forum», 28/10/2019, in *H*yperlien, (consulté le 6 novembre 2022).

Russia-Africa, «Women in Russian–African Relations: Gender Balance in Politics, the Economy, and the Social Sector» Held as Part of Russia–Africa Economic Forum's Business Programme, 26/10/2019, https://summitafrica.ru/en/news/v-ramkah-delovoj-programmy-ekonomicheskogo-foruma-rossija-afrika-sostojalas-sessija-zhenschiny-v-rossijsko-afrikanskih-otnoshenijah-gendernyj-balans-v-politike-ekonomike-sotsialnoj-sfere/, consulté le 12 octobre 2022.

Siegle J. (2022), *La Russie et le futur ordre international en Afrique,* Centre d'études stratégiques de l'Afrique.

Slaski B. (2018), « quelles réalités et intentions derrière les avancées russes en Afrique du Nord ? », Revue Défense Nationale, vol.806, N° 1, pp.101-105.

Sputnik France, « La quasi-totalité des chefs d'États africains participeront au forum /Russie-Afrique à Sotchi », in *H*yperlien (consulté, le 18 novembre 2022).

Spykman N. J., *American Strategy in World Politics, The United States and The Balance of Power*, New Brunschwick, Transaction Publishers, 2007.

St. Petersburg International Economic Forum, «Series of events devoted to Russia-Africa relations to be held in 2019, 2019, in Hyperlien, (consulté, le 10 novembre 2022).

Ugwe, Bridget, « Sommet Russie-Afrique : donner un nouvel élan aux partenariats commerciaux », in *Euronews.*, 30/10/2019, (consulté, le 15 novembre 2022).

Venier P., « La pensée géopolitique de Sir Halford J. Mackinder, l'apôtre de la puissance amphibie», in Hervé Coutau-Bégarie et Martin Motte (sous la direction de*), Approches de la géopolitique, de l'Antiquité à nos jours*, Paris, Economica, 2013.

Vittot A, (2022), *Le retour de la Russie en Afrique : Une menace pour l'influence française sur le continent ?* IHEDN.

Webber M. (1992). « Soviet Policy in Sub-Saharan Africa: the Final Phase», *The Journal of Modern African Studies*, 30, pp. 1-30.

Zajek O. (2016), *Nicholas John Spykman : l'invention de la géopolitique américaine*, Paris, PU Paris-Sorbonne .

Zbigniew Brezinski (1997), *Le Grand Échiquier,* Paris, Hachette.

Chapitre 7 :

Contours de la neutralité de certains États africains face à la crise russo-ukrainienne

Rycado-Salex TONFACK

Résumé

Une semaine après l'invasion par l'armée russe du territoire ukrainien, l'Organisation des Nations Unies (ONU), réunie en Assemblée Générale le 02 mars 2022, a proposé une résolution condamnant « l'agression » contre l'Ukraine. La résolution a été adoptée à une très large majorité des pays membres. La curiosité ici, c'est la position des pays africains dont un nombre considérable a brillé par son abstention et sa non-participation. Que voulaient-ils dire ou insinuer par ce silence ? Il s'agira donc de décrypter le comportement de ces États africains face à un sujet d'intérêt commun. Pour ce faire, cette étude mobilise le paradigme de l'intérêt de la théorie réaliste, pour montrer que l'intérêt est érigé comme fondement de l'action internationale des États africains face à la crise russo-ukrainienne. Delà, il faut retenir que les facteurs ayant sous-tendu la réticence de ces pays africains sont à la fois le contexte mondial actuel et les enjeux propres à ces États.

Mots clés : Neutralité, État africain, enjeu, crise russo-ukrainienne.

Abstract

A week after the invasion by the russian army of ukrainian territory, the United Nations Organization meeting in general assembly on march 2nd adopted a resolution aimed at condemning the aggression against Ukraine. The resolution is adopted by a very large majority of member countries. The curiosity displayed by the table of this vote is the position of african countries, a considerable number of which shone by their abstention and that non-participation. What did they mean or insinuate? It will therefore be a question of unraveling the behavior of *these african states in the face of a subject of common interest. The concretization of this outcome will pass by the mobilization of the paradigm of the interest of the realist theory according to which the interest is erected as the only justification for the international action of the states. Beyond that, it should be remembered that the factors underpinned the reluctance of african countries was the current global context and the challenges of these states.*

Keys words: *Neutrality, african state, russian-ukrainian crisis.*

Introduction

Le 23 février 2022, le Président russe V. Poutine annonce publiquement dans un discours télévisé son intention de mener sur le territoire ukrainien « une opération militaire spéciale » en vue de « dénazifier et démilitariser» ce territoire qu'il estime faire partie de la fédération de Russie, puisqu'y vivent des peuples entièrement russophones. Pour lui, cette opération vise à voler au secours des populations de l'Est de l'Ukraine en proie aux «violences » de la part du régime de Kiev. À ce sujet, il déclare : « J'ai pris la décision de mener une opération militaire spéciale. Son objectif sera de défendre les personnes qui depuis huit ans subissent des persécutions et un génocide de la part du régime de Kiev »[1]. Le jour d'après (24 février 2022), la menace est mise à exécution et l'Ukraine fait face aux premiers bombardements. Au vu de la gravité du fait, il est inscrit à l'ordre du jour de l'Assemblée Générale des Nations Unies du 02 mars 2022 un projet de résolution portant condamnation de l'agression russe contre l'Ukraine. Vue de loin, cette résolution, tendant à protéger un faible qui subit les affres d'une grande puissance, est censée recevoir l'assentiment de tous les autres pays dits faibles. Pourtant, il n'en est rien. Cette résolution est adoptée à la majorité absolue de 141 États pour, 05 contre et 35 abstentions. Ce vote, majoritairement favorable à la cause ukrainienne cache tant bien que mal le comportement électoral des États africains. En fait, sur les 54 États africains, 29 ont voté pour, 01 contre (Érythrée), 17 abstentions et 07 n'ont daigné participer au vote[2]. Le regroupement des non-participants d'avec les absents dans la

---

[1] BBC News Mundo, (2022, 5 mars), « Cause de la guerre Ukraine-Russie- 4 clés pour comprendre l'invasion russe de l'Ukraine », En ligne sur URL : http://www.bbc.com. (Consulté le 26 septembre 2022).
[2] Rapport de l'Assemblée générale de l'ONU du 02 mars 2022.

rubrique des États neutres ou non-alignés donne un nombre important d'acteurs ayant choisi de rester en marge de toute opinion. Cet état de choses nous permet donc de questionner la neutralité des 24 États africains lors du vote de la résolution condamnant l'agression russe dans le territoire ukrainien.

En fait, la situation de guerre qui sous-tend le projet de résolution est le point de départ d'une crise qui aura une incidence négative sur la majorité des États du Monde et *a fortiori* sur l'Afrique qui dépend des produits céréaliers de l'Ukraine ou de Russie. Elle est à l'origine d'une crise humanitaire avec entre autres des morts et des déplacements de civils (réfugiés) qui suscitent de l'indignation. Bien plus, cette prise de position intervient à un moment où les pays africains réclament à l'unisson la réforme du Conseil de Sécurité afin de prendre en compte l'Afrique, qui, depuis plusieurs décennies, subit les décisions de cette instance sans pouvoir y donner son opinion[3]. Aussi, cette réflexion ambitionne de mettre à nu les facteurs stratégiques motivant la réticence d'une partie de l'Afrique à compatir à la souffrance du peuple ukrainien, désormais condamné à vivre au rythme des bombes et des bruits des armes. La question scientifique à résoudre est donc relative au comportement de 24 pays africains lors du vote de la résolution condamnant la violation du territoire ukrainien par son voisin russe. Comment comprendre le non-alignement des États africains ? Mieux, quels sont les mobiles qui ont contribué au choix de leur décision ? Il est évident que le choix de cette option a été sous-tendu par des facteurs qu'il nous revient d'élucider. La mise en œuvre de ce projet passe par la mobilisation du paradigme de l'intérêt de la théorie réaliste selon lequel l'intérêt est érigé comme unique justificatif à l'action internationale des États[4]. Il nous permettra de montrer que la neutralité des pays africains lors du vote sanctionnant la Russie est fondée sur la préservation de leurs intérêts. Pour ce faire, une importante veille documentaire s'avère importante afin d'appréhender la littérature autour des relations de ces pays avec l'extérieur et principalement les protagonistes à la crise en cours.

Cette armature conduit à l'adoption de deux points principaux comme facteurs ayant motivé le choix de cette partie de l'Afrique. Il

---

[3] Suivre les différentes allocutions des chefs d'États et de gouvernement africains à l'assemblée générale de septembre 2022.
[4] Roche J.-J., (2002), *Théories des relations internationales*, Paris, Montchretien, 4ᵉ Édition, Clefs Politique.

s'agit du contexte mondial (la destruction du nouvel ordre mondial sous la puissance des États-Unis) et des enjeux du moment.

1. La destruction du Nouvel Ordre Mondial ou la bipolarisation du Monde

Le Nouvel Ordre Mondial (NOM) ou *New Word Order (NWO)* est une expression polysémique, d'autant qu'elle s'entend de deux façons, selon le sens qu'on veut donner à la réflexion qu'on veut mener. Ces deux significations ont eu des apparitions ou consécrations successives. Immédiatement après la guerre froide, ce concept est rentré dans la géopolitique comme étant l'alignement idéologique et politique des gouvernements et organismes mondiaux vers une certaine unipolarité incarnée par les États-Unis. Cet usage du terme n'est pas à confondre avec celui de la théorie du complot où le nouvel ordre mondial est une formule utilisée pour désigner plusieurs pays qui allèguent un projet de domination planétaire que mèneraient des institutions démocratiques, des organisations non gouvernementales ou des régimes totalitaires. Toutes ces deux significations seront au centre de notre réflexion, puisque nous voulons évoquer la chute de la domination à outrance du Monde par les États-Unis d'Amérique et la montée en puissance d'un multipolarisme avec le sursaut de la Russie, de la Chine, la Turquie, etc. Mais, ici, nous resterons sur le bipolarisme mené de part et d'autre par les USA et la Russie, en démontrant que les États-Unis et leur allié, la France sont en perte de puissance en Afrique, depuis le réveil de l'ex-URSS. Cette perte d'autorité est due à la volonté des États africains de procéder à une diversification de leurs relations diplomatiques. Il est à noter qu'en Afrique, les USA jouent le jeu de couverture pour la France[5], en s'alliant à elle pour « combattre » la poussée russe.

1.1. La perte de la puissance extérieure de la France et des États-Unis en Afrique

Depuis plus d'une décennie, la France, soutenue par les États-Unis, est en difficulté dans son « précarré » qu'est l'Afrique francophone. En fait, l'éveil des consciences africaines et l'apparition d'une volonté de tenter une nouvelle aventure ailleurs a été la sonnette d'alarme, notifiant

---

[5]Lago Dregnounou L., (2022, 01 août), « Après le France, les USA veulent contrer l'influence russe en Afrique », *Africanews*.Sur URL :Https://fr.africanews.com. (Consulté le 25 janvier 2023).

l'ancienne puissance dominatrice de la perte de sa suprématie sur le continent noir. Ce signal fort a été donné il y a plusieurs années. Mais, la France n'a daigné faire un geste pour assurer sa survie, puisqu'ayant confiance à la solidité de son implantation dans le continent. C'est ainsi qu'elle a pris du temps à répondre à ce sursaut d'orgueil africain. Cette situation a permis au concurrent russe de s'implanter sans que la France ne dénonce cette présence.

Dans ce sillage, il a fallu attendre avril 2020, pour qu'un rapport remis au Conseil de sécurité de l'ONU, sur les violations de l'embargo sur les armes en Libye, évoque, en dénonçant explicitement, la présence de Wagner[6]. Ce rapport marque le sursaut des alliés américains et français, pris de court. « Les Occidentaux ont mis longtemps à se réveiller sur cette expansion militaire et commerciale rapide, malgré une avalanche d'informations et de témoignages parus dans de nombreux pays »[7]. Ainsi, c'est en 2020 que la France constate que Wagner est déjà installé au Mali, dans la foulée d'un accord de coopération militaire signé quelques mois plus tôt entre Moscou et Bamako, et ce, en dépit de la présence de 4 500 militaires français au Sahel. Entre temps, la RCA, le Mali, le Tchad et le Burkina Faso, ne semblent pas non plus insensibles à la séduction de Moscou[8]. Le constat est clair au vu de ce tableau que la France est en perte de puissance, puisque ces pays qui accueillent les Russes sont ses ex-colonies et font partie de son précarré.

Cet appétit de l'Afrique, affiché par toutes les puissances mondiales est justifié par l'énorme potentiel de matières premières dont elle regorge. Cela avait déjà été reconnu par Lénine qui, lors des préparatifs du congrès du Kominterm de 1922, estimait que sans le contrôle de vastes champs d'exploitation en Afrique, les pouvoirs capitalistes d'Europe ne peuvent pas maintenir leur existence, même un court moment[9]. Cette déclaration a été faite sans penser que la Russie affichera elle aussi un grand besoin desdites matières premières à un moment donné. Au fait, en retour du dispositif pluriel de sécurité ayant du reste conduit à la signature en sa présence des accords de paix à Khartoum en 2019 avec les forces séditieuses de la RCA, la Russie a

---

[6] *Wagner* est une société de sécurité russe qui depuis plus d'une décennie s'installe en Afrique. Bien que Moscou dit ne pas la reconnaitre, il s'en sert pour conquérir des espaces.
[7] Mandraud I. & Théron J., (2021), *Poutine, la stratégie du désordre*, Paris, Éditions Tallandier, non paginée.
[8] Ibid.
[9] Tsafack Nanfosso A. R., (2022), « Russafrique », *Revue internationale des économistes de langue française*, vol. 7, n° 2, p. 33.

obtenu des avantages économiques liés à l'exploitation de l'or, du diamant, de l'uranium, etc.[10]

1.2. Le regain de vitalité de la Russie

Depuis quelques années, l'on assiste à un retour en force de la Russie en Afrique. Ce retour intervient alors que les relations russo-africaines sortent d'une période de silence. En fait,

Pendant les années 1990, les relations entre la Russie et l'Afrique subsaharienne se réduisent comme peau de chagrin. L'effondrement de l'Union Soviétique coupe pratiquement tous les liens et met fin à la mission idéologique de l'URSS pour la propagation du socialisme. La Russie est incapable de maintenir ses subventions aux régimes « clients » et l'Afrique recule dans ses priorités. Les relations avec certains États africains se tendent à la fin de l'année 1991, lorsque le président, Boris Eltsine, arrête toute aide étrangère et exige le remboursement immédiat des dettes impayées. Avec la reprise économique en Russie, mais aussi sous l'effet de l'ouverture d'esprit dont font preuve les nouveaux dirigeants, la situation va progressivement s'améliorer[11].

Pour le régime russe, ce retour en force sur les terres africaines relève d'une volonté de rattraper le temps perdu et de ne pas laisser le libre cours aux teneurs de l'unipolarisation du monde. À ce sujet, le Président russe Vladimir Poutine estime que :

À une époque, nous avons pu donner l'impression d'avoir perdu tout intérêt pour le continent africain, il est de notre devoir de rattraper le temps perdu. Nous avons quantité de projets et d'idées intéressantes et de qualité pour développer notre coopération. La Russie [constate] sans jalousie que d'autres pays ont noué des liens en Afrique, mais elle entend bien défendre [ses] intérêts sur le continent[12].

Il est utile de noter que les relations russo-africaines ne datent pas de l'aube du XXIe siècle. La Russie a depuis longtemps joué, pour les pays africains, un rôle d'assistant ou de « sapeur-pompier ». Elle a contribué à la décolonisation d'une bonne partie d'entre eux avec entre autres l'appui à la lutte contre l'apartheid en Afrique du Sud et la contribution à l'émergence des mouvements d'émancipation dans ces pays[13]. Cet

---

[10] Ibid., p. 44.
[11] Arkhangelskaya A., (2013), « Le retour de Moscou en Afrique subsaharienne ? », *Afrique contemporaine*, n°248, p. 63.
[12] Vladimir Poutine cité par Arkhangelskaya A., op. cit., p. 64.
[13] Mandraud I. & Théron J., (2021), *op. cit*.

appui a permis l'émergence d'une nouvelle génération d'acteurs gouvernants dans certains États et l'installation des bases militaires dans d'autres[14]. Lors de sa visite de charme en Afrique en juillet 2022, Sergueï Lavrov, ministre russe des Affaires étrangères, a mis en valeur ce soutien historique pour appuyer ses opérations de conquête. Il a déclaré que la Russie qui ne s'est pas souillée des crimes sanglants du colonialisme, a toujours soutenu sincèrement les Africains dans leur lutte pour se libérer de l'oppression coloniale[15].

Cet attrait de la Russie pour les pays africains est en conformité avec sa politique étrangère qui repose sur des principes directeurs que sont « la primauté du droit international, l'égalité et l'indépendance des États »[16]. En fait, l'action internationale de la Russie est fondée sur des principes tels que : la diplomatie régionale, le pragmatisme contre l'idéologie occidentale, la démocratisation mondiale, l'indépendance et la non-ingérence dans les affaires des autres États[17]. Ce dernier principe veut que le droit international prime sur les volontés particulières, les États soient égaux et non dépendants les uns des autres. La Russie préfère ne pas faire usage des exigences occidentales en matière de gouvernance et de droits de l'Homme et surtout ne se mêle pas des sujets d'endettement. Bien plus, la Russie privilégie « les relations bilatérales par rapport à une aide octroyée sans condition, cherchant ainsi à obtenir une certaine ''reconnaissance'' dans les pays bénéficiaires pour en retirer des avantages »[18]. En fait, la Russie est capable de faire des choses que l'Occident ne peut pas ou ne veut pas faire. Elle ne s'embarrasse aucunement du système politique de ses partenaires. Les fraudes électorales, l'élimination des insurgés et autres ne font pas partie de ses préoccupations, du moment où elle parvient à écouler ses armes[19].

Bien plus, la montée en puissance de la présence russe en Afrique est le corollaire du contrepoids que joue Poutine face au bloc impérialiste.

Il existe aussi certaines ambiguïtés africaines vis-à-vis de la Russie, les opinions publiques voyant en Poutine un homme fort qui aurait pour

---

[14] Il s'agit des dirigeants marxisants au Mozambique et en Angola, de l'implantation de bases militaires en Guinée, en Angola, en Somalie, ou en Éthiopie, et de l'exportation de milliers de conseillers militaires instructeurs. Mandraud I. & Théron J., op. cit.
[15] Grigor A., « Géopolitique : que veut la Russie en Afrique ? », *BBC News Afrique*, 2022.
[16] Arkhangelskaya A., « Le retour de Moscou en Afrique subsaharienne ? », p. 67.
[17] Tsafack Nanfosso A. R., (2022), op. cit., p. 37.
[18] Ibid., p. 68.
[19] Ibid.

cette raison le droit de décider des alliances sécuritaires futures d'un pays, tout en étant très soucieux de leur souveraineté. Il lui semble qu'il y a énormément de la mythologie politique russe, diffusée et entretenue par Poutine qui est partagée par les populations africaines : équivalence morale entre l'intervention russe et celles de l'OTAN, anti-impérialisme fort, anti-américanisme, politique de l'humiliation, sentiment que l'histoire est écrite par les vainqueurs[20].

À travers cette action dévastatrice en Ukraine, la Russie veut envoyer un message clair aux dirigeants africains. Elle veut démontrer son statut de grande puissance dont les intérêts doivent être pris en compte à travers le monde et déplacer l'influence occidentale en Afrique, tout en « sapant le soutien à la démocratie »[21]. La rencontre de ces ambitions d'avec le « sentiment anti-français », crée un terreau favorable à l'entrée de la Russie en Afrique.

En quelques mots, en capitalisant sur son histoire « vierge » avec l'Afrique, la Russie a engrangé des résultats certains dans ce continent en jouant pourtant sur des sentiers généralement utilisés par les autres puissances notamment ses grands concurrents (France et USA), mais aujourd'hui en phase d'épuisement et/ou de répulsion[22].

1.3. Une volonté de maintien et de diversification des relations diplomatiques

La recherche des mobiles ayant entouré la neutralité de certains États africains lors du vote de la résolution condamnant les exactions russes en Ukraine ne fait du non-alignement un élément nouveau ou extraordinaire. Dans les relations internationales, c'est un fait traditionnel qui est souvent admis comme une politique pour certains États, à l'instar de la Suisse qui pratique une neutralité perpétuelle. Le non-alignement se veut comme une :

Politique étrangère d'un État qui renonce officiellement de s'engager dans les conflits internationaux. Elle implique de n'appartenir à aucune alliance diplomatique ou militaire, ni de financer ou de soutenir des groupes belligérants impliqués dans des conflits. La neutralité

---

[20] Le Gouriellec S., « L'Afrique face à l'invasion russe en Ukraine », 2022, 14 mars, En ligne sur URL :https://legrandcontinent.eu/fr/2022/03/14/lafrique-face-a-linvasion-russe-de-lukraine/. (Consulté le 29 août 2022).
[21] Ibid.
[22] Tsafack Nanfosso, (2022), op. cit., p. 52.

internationale d'un pays se fonde sur des traités ou sur la coutume internationale[23].

Dans un contexte international de multipolarité dérégulée, la politique de diversification des partenariats menée par de nombreux pays africains semble être une stratégie gagnante qui sonne comme une manière de dire que le conflit russo-ukrainien est une affaire des grandes puissances[24].

Le non-alignement d'aujourd'hui constitue un problème puisque de quelque manière que ce soit, les États qui s'inscrivent dans cette rhétorique relèvent d'un camp précis ou se veulent dépendants des deux. Il s'agit d'une action stratégique, car, le refus de condamner est censé donner raison au plus fort qu'est la Russie, malgré que l'Afrique tente de justifier son action. Macky Sall, le Chef de l'État sénégalais et Président en exercice de l'Union Africaine a signalé lors d'une conférence de presse commune le 22 mai avec le nouveau chancelier allemand, Olaf Scholz, que l'Afrique veut la paix et non l'alignement sur une position quelconque dans la crise entre la Russie et l'Ukraine[25].

Une autre analyse qui justifie la position de ces États africains voudrait qu'on ne trouve pas en ce non-alignement une assimilation de l'agression. Ceci pourrait s'analyser comme de la prudence diplomatique. Cette prudence s'explique cependant par deux facteurs principaux : les risques de séparatisme que rencontrent certains États africains et leur dépendance vis-à-vis de la Russie, notamment en termes de céréales[26].

Il s'agit d'une volonté de rester neutre et de garder les capacités de pouvoir communiquer, dialoguer et entretenir des relations diplomatiques avec tous les protagonistes dans le conflit. De tout ce qui se dit et se contredit, il est clair que l'Afrique reconnaît la faute commise par le Président V. Poutine, en agressant son voisin, mais privilégie ses relations avec la Russie en refusant de voter sa condamnation à l'ONU. À ce sujet, Macky Sall déclarait que l'Afrique, en choisissant de rester à l'écart du conflit, s'est basée sur le fait que le conflit n'est pas sur ses terres. Il évoque comme argument :

---

[23] Nay O., (dir.), (2017), *Lexique de science politique,* Paris, Dalloz, 4ᵉ Édition, non paginée.
[24] Tsafack Nanfosso, (2022), op. cit., p. 55.
[25] Faye M., (2022, 03 juin), « Macky Sall - Vladimir Poutine : quels enjeux pour la visite du président de l'Union africaine et qu'a-t-il dit à Poutine ? », *BBC News.* (Consulté le 17 novembre 2022).
[26] Le Gouriellec S., « L'Afrique face à l'invasion russe en Ukraine ».

C'est un conflit qui n'est pas régional. C'est sur un autre continent bien qu'il nous affecte et on le dit. Mais, pour l'Afrique, nous voulons la paix, nous ne voulons pas être alignés au conflit, très clairement. Même si nous condamnons l'invasion, nous travaillons pour qu'il y ait une désescalade. Nous travaillons pour qu'il y ait un cessez-le-feu, qu'il y ait un dialogue puisque de toute façon on finira par s'asseoir autour d'une table[27].

De ces propos, l'on retient que l'essentiel pour le continent noir n'est pas de dire s'il est pour ou contre la guerre, mais de négocier non seulement sa survie, mais aussi de garder ses capacités à pouvoir dialoguer avec tous les protagonistes. « Les pays africains ne peuvent pas se permettre de perdre leurs relations économiques, techniques ou diplomatiques avec quelque pays que ce soit, c'est pourquoi ils restent sur la touche »[28]. La volonté de l'Afrique de mettre à profit le conflit russo-ukrainien pour faire promouvoir ses relations diplomatiques est mieux lisible dans ce passage de Macky Sall selon qui, l'Union Africaine a déjà engagé des consultations pour étudier les voies et moyens d'atténuer les conséquences de la guerre. Sur ce chemin, il tient à convier tous les partenaires bilatéraux et multilatéraux du continent à le soutenir[29].

Dans ce sillage, Ibrahima Bakhoum, estime que l'avantage ici est que l'Afrique sera au moins la seule voix non impliquée dans le conflit. Et, en ce moment-là, on pourra toujours dire que c'est peut-être un partenaire des deux pays[30].

2. Une neutralité fondée sur la mise en place des défis du moment

Au rang des nombreux défis actuels de l'Afrique, on peut retenir entre autres : le maintien des régimes en place, la recherche des solutions à la crise économico-sociale en cours et la recherche d'un partenaire sûr dans le domaine sécuritaire par ces temps où la France n'est plus rassurante.

---

[27] Faye « Macky Sall - Vladmir Poutine ».
[28] Atuhaire cité dans Grigor A. (2022, 29 juillet), « Géopolitique : que veut la Russie en Afrique ? », op. cit.
[29] Faye M., (2022, 03 juin), « Macky Sall - Vladmir Poutine, », op. cit.
[30] Ibid.

2.1. La protection des parts de pouvoir politique par les régimes en place

La ruée des États africains vers la Russie est fondée sur sa non-ingérence dans les affaires internes et surtout dans le mode d'accession au pouvoir et à la gouvernance. Les dirigeants africains s'en servent donc pour se maintenir au pouvoir au moyen de la fraude et de la violence. Cette idée n'est toutefois pas absolue puisque la majeure partie des États africains à la tête desquels se trouvent des chefs depuis des décennies sont soutenus par la France. Plusieurs exemples peuvent illustrer ce postulat.

Le Soudan de l'époque de Oumar El-Bechir a connu la présence du groupe sécuritaire russe Wagner, sous couvert de la société *M-Invest* qui était chargée d'élaborer des plans afin de réprimer les manifestants en quête de réformes démocratiques. Quant à l'entreprise *M-Invest*, sa stratégie visait l'utilisation de campagnes de désinformation sur les réseaux sociaux à l'effet de maintenir le peuple dans le joug de l'ancien dictateur. Non loin de là, l'abstention du Soudan a été -on peut le dire- conditionnée par la signature de l'accord-cadre de coopération dans le cadre du nucléaire civil pour la construction d'une centrale nucléaire[31].

De même, en Libye l'homme fort de l'Est, le Maréchal Khalifa Haftar, qui mène une guerre féroce contre le gouvernement d'union national de Faïez El-Sarraj, est un allié de la Russie. Cette dernière, voit en lui l'homme au profil nécessaire pour restaurer sa légitimité perdue dans la région, depuis la chute du Colonel Muhammar Kadhafi. En vue de maintenir son autorité sur son territoire, le patron de l'Armée Nationale Libyenne (ANL) a fait appel au groupe Wagner pour combattre à ses côtés et à l'État russe pour le ravitaillement en armes[32].

Quelque temps avant l'élection présidentielle de 2018 à Madagascar, une rencontre inédite a lieu entre le Président sortant et candidat Hary Rajoanarimampianina et Vladimir Poutine. Il y aurait été question des stratégies à mettre en œuvre pour orienter les résultats électoraux en faveur du Chef d'État sortant. C'est le mobile de l'entrée discrète en territoire malgache quelques semaines avant l'élection de certains citoyens russes qui auraient eu pour mission d'interférer dans le processus électoral et de permettre le maintien du Président-candidat en poste[33].

---

[31] Tsafack Nanfosso A. R., op. cit., p. 45.
[32] Mandraud I. & Théron J., op. cit.
[33] Ibid.

Le cas du Mozambique n'est pas en reste. Le groupe Wagner y aurait également été invité à soutenir les forces de défense nationale en vue de lutter contre le terrorisme dans la région de Cabo Delgado. Mais, le plus important ici a été la publication d'un sondage mené par la société d'études *Afric* et largement publié à quelques jours de l'élection présidentielle de 2019. Ledit sondage prophétisait et a joué un rôle majeur dans la victoire du Président-candidat Filipe Nyusi[34]. Cette pratique n'est pour autant pas une exclusivité, car, l'élection présidentielle ivoirienne de 2010 a été influencée par des sondages objectifs français. De même, l'élection de 2018 aux États-Unis a connu la participation officieuse des agents russes en faveur de Donald Trump. Le Mozambique, fait la particularité dans ce sens où il est d'autant attaché à la Russie que son drapeau porte toujours l'emblématique Kalachnikov russe[35].

On le voit, le silence d'une partie considérable de l'Afrique face à la violence de la Russie sur l'Ukraine est la résultante de la dépendance de ces pays à la puissance russe. Bien que la métropole dit ne pas reconnaître légalement les sociétés qui agissent en Afrique, elle tire un profit certain de ses actions.

Outre le fait que ces sociétés sont illégales au regard du droit russe, elles font partie intégrante, malgré les démentis obstinés, de la stratégie d'influence de Moscou. Celle-ci combine en effet l'action diplomatique, appuyée sur une rhétorique du passé, une coopération militaire pragmatique sans conditionnalité politique et l'utilisation des mercenaires confondus dans une imbrication d'intérêts privés et publics. En termes géopolitiques et économiques, le Kremlin y trouve son compte, les oligarques proches de lui, qui se servent « sur la bête », aussi[36].

Derrière le paravent de la protection, le contrôle des ressources minières et naturelles est donc l'enjeu véritable[37]. Il est désormais clair que malgré les justificatifs évoqués, les pays africains non-alignés présentent un rapprochement clair ou non avec la Russie. Il s'agit des pays où les dirigeants ne bénéficient pas souvent de légitimité et dépendent du soutien politique de Moscou et de ses mercenaires pour s'accrocher au pouvoir. C'est ce qui ressort en filigrane de ces propos de Siegle pour qui :

---

[34] Ibid.
[35] Tsafack Nanfosso A. R., (2022), p. 33.
[36] Mandraud I. & Théron J., op. cit.
[37] Ibid.

La deuxième catégorie de pays qui se sont abstenus ou qui n'ont pas voté comprend les pays dont les dirigeants ont des liens de patronages avec la Russie. Les dirigeants de pays tels que l'Algérie, l'Angola, le Burundi, la Guinée, la Guinée équatoriale, Madagascar, le Mozambique, le Soudan du Sud, l'Ouganda, ou encore le Zimbabwe bénéficient tous d'armements russes, de désinformation ou de soutien politique. Ces dirigeants n'ont par ailleurs aucun intérêt dans les processus démocratiques qui pourraient ébranler leur mainmise sur le pouvoir[38].

Au cours de l'année 2022, l'Afrique du Sud, grand abstentionniste, a commandé en Russie un stock d'Avifavir qui est un traitement contre le Covid-19[39]. En outre, de nombreux représentants de l'*African National Congress* (ANC) au pouvoir restent loyaux envers la Russie qui avait combattu à leur côté le régime de l'apartheid[40].

2.2. La nécessité de faire face aux conséquences socioéconomiques locales de la crise russo-ukrainienne

Les effets du/de la Covid-19 ont été néfastes pour les économies mondiales et africaines en l'occurrence. Alors que l'Afrique se bat à sortir du marasme économique subit par cette pandémie, la crise russo-ukrainienne surgit, entraînant aussi avec elle une kyrielle de problèmes, toujours dans les économies nationales. Au fait, la grande partie des États du continent noir dépend de l'Europe de l'Est en termes de denrées de première nécessité, telles que les matières premières agricoles (engrais et autres fertilisants), énergétiques (produits pétroliers) et certaines denrées alimentaires des plus prisées que sont les produits céréaliers (maïs, blé, sorgho, etc). Le déclenchement de la crise a donc entraîné la perturbation de la fourniture et des livraisons du fait du blocus russe des ports ukrainiens (Marioupol, Odessa, etc.). S'agissant de ce blocus, le chef de la diplomatie russe, M. Lavrov, en visite en Afrique, a imputé aux sanctions occidentales la responsabilité de la crise alimentaire consécutive au conflit russo-ukrainien[41].

Par ces faits, les pays africains connaissent d'énormes crises sociales avec en prime la hausse généralisée des prix des denrées de première

---

[38] Siegle J., (2022, 11 mars), «Les implications stratégiques de l'invasion russe de l'Ukraine pour l'Afrique », CESA, sur URL : https://africacenter.org. (Consulté le 14 novembre 2022).
[39] Tsafack Nanfosso A. R., (2022), op. cit., p. 41.
[40] Ibid., p. 53.
[41] Grigor A. (2022, 29 juillet), « Géopolitique : que veut la Russie en Afrique ? », *BBC News Afrique*.

nécessité, tels que les produits dérivés des hydrocarbures, les farines et par ricochet le pain, et des produits phytosanitaires. Pour le cas particulier des hydrocarbures :

Les prix continuent de flamber dans les pays africains, emportant du coup une hausse des prix des produits de première nécessité. Le Burkina en mi-mai, la Côte d'Ivoire (qui réajuste chaque mois), le Bénin, le Cameroun[42], la Guinée Conakry (où une manifestation contre la hausse a même entraîné un mort le 1er juin), le Sénégal qui vient d'annoncer une augmentation de 115 francs sur le prix du supercarburant à partir de dimanche 5 juin 2022…, pour ne citer que ceux-là, subissent le phénomène, au grand dam de leurs populations[43].

Il est à noter que cette hausse des prix des hydrocarbures intervient après celle imposée par la crise relative au/à la Covid-19. Ces défis sont venus s'ajouter dans certains pays comme le Niger, le Mali, le Burkina-Faso, le Tchad, le Cameroun, la République Démocratique du Congo, etc. aux différentes crises sécuritaires qui y sévissent.

Face à ces crises, chaque pays essaie tant bien que mal de trouver des solutions. C'est ainsi que certains États ont pris des mesures afin d'en limiter les effets sur la société. Dans ce sillage, la Côte d'Ivoire a consenti à mobiliser environ 120 milliards de F CFA, de janvier à avril 2022, pour préserver le pouvoir d'achat des ménages vivant sur son territoire, en accordant des subventions sur certains produits de première nécessité. En mars 2022, le gouvernement béninois a quant à lui décidé d'agir, entre autres, sur les produits de grande consommation, tels que le riz, l'huile, le blé, pour faire face à la cherté de la vie ; en plus de la suspension du réajustement des tarifs d'électricité jusqu'à la fin de l'année, dans le but de les maintenir au même niveau que l'année 2021. Certains États ont procédé par des mesures drastiques, comme l'interdiction d'exporter les céréales, pour tenter d'endiguer la situation[44].

Toutes ces explications permettent de dire que les États africains ont adopté des mesures qui s'inscrivent dans une logique d'évitement des crises de la faim ou des émeutes, même si certains pays en ont connu. À bien y regarder, on peut constater que la majorité de ces États cités font partie des non-alignés, objets de cette recherche. Leur réticence

---

[42] Pour le cas spécifique du Cameroun, les prix restent stables mais subissent des menaces d'augmentation.
[43] Lefaso.net, (2022, 5 juin), « Crise russo-ukrainienne : l'Afrique ''pleure'' son sort », (consulté le 26 sept. 2022.
[44] Ibid.

semble venir du fait qu'ils craignent que la Russie ne favorise l'émergence des mouvements de contestation pour déstabiliser les autorités en place ou ne mette un blocus à leur approvisionnement en produits de première nécessité tel que cité plus haut.

Ces difficultés ne sont pas exclusivement l'apanage de quelques États ou ceux cités plus haut. Il s'agit des obstacles auxquels font face tous les États africains largement dépendants de l'Europe de l'Est en certaines matières essentielles. À ce sujet, Macky Sall, en sa qualité de président en exercice de l'Union Africaine, s'est rendu à Sotchi, à la rencontre de V. Poutine, avec qui il était question de la crise alimentaire causée par l'invasion de son armée en Ukraine. Selon l'*Agence France Presse* (AFP)[45], Macky Sall aurait demandé à son interlocuteur d'éprouver de la compassion pour les pays qui subissent les dommages causés par les pénuries alimentaires. Par cette même occasion, il aurait souhaité que les céréales et les produits phytosanitaires soient exempts de toutes les sanctions de/contre la Russie.

2.3. La recherche d'un nouveau partenaire dans le domaine sécuritaire

Contrairement à nombre de ses concurrents en Afrique et plus largement dans les pays du Sud, la Russie met plus l'accent sur le volet sécuritaire. L'on est passé du temps où l'économie était une priorité des États à celui où cette économie se trouve paralysée par la montée de l'extrémisme violent. Le coup dur de la violence dans la sécurité nationale et internationale des États fait d'elle le nouvel enjeu majeur à côté de l'économie, avec qui elle constitue les facteurs du bien-être social tant recherché par les politiques. Confrontés à ces difficultés sécuritaires, les Africains trouvent en la Russie un partenaire sûr ou presque, qui se montre moins demandeur et regardant en matière de contrepartie et de droits de l'Homme, comparativement à la France et aux États-Unis qui ne font pas de concessions aux États partenaires dans ce sillage. Ils ne tardent pas à demander des comptes ou à rappeler à l'ordre tout État qui enfreint les normes en vigueur en matière de droits de l'Homme.

Dans le volet sécuritaire, la participation aux sommets russo-africains est une opportunité pour les pays du continent noir de dénicher d'énormes contrats d'armements et de coopération militaire afin de parer à toute éventualité. En plus des intérêts particuliers, l'enjeu des

---

[45] Faye M., (2022, 03 juin), « Macky Sall - Vladimir Poutine, op. cit.

Africains lors desdits sommets n'est plus une question d'amitié, mais une occasion de rencontrer :

Le chef de la première puissance nucléaire placée sous sanctions internationales, celui qui s'affronte aux Occidentaux, qui a su protéger un allié et s'imposer par la force en Syrie au nom d'une ''lutte antiterroriste''. Pour nombre de dirigeants présents, confrontés à une instabilité chronique et à des mouvements terroristes ou armés, Vladimir Poutine représente un éventuel recours d'autant plus attractif qu'il se montre particulièrement accommodant sur la question des droits de l'homme[46].

Moins d'un an après son élection à la tête d'un État croupissant sous des sanctions onusiennes et internationales, Faustin-Archange Touadéra rencontre Poutine pour plaider la levée du blocus. Cette rencontre va porter des fruits, puisqu'en décembre 2017, la résolution 2127 du Conseil de sécurité de l'ONU lève l'embargo sur les armes et la Russie en profite pour en livrer et envoyer des instructeurs militaires en Centrafrique.

Pour le cas du Cameroun, le non-alignement, lors du vote de la résolution condamnant l'invasion russe en Ukraine, se trouve dans la foulée des négociations d'un nouvel accord militaire avec la Russie. En effet, le 12 avril 2022, les ministres de la Défense de ces deux États se sont retrouvés pour signer un accord de coopération militaire qui prévoit pour une durée de cinq ans un échange d'informations, la formation et l'entrainement des troupes, un partage d'expérience et des activités communes de lutte contre le terrorisme et la piraterie maritime. Cet accord porte aussi sur des visites officielles, des participations aux exercices militaires, d'échanges de spécialistes ou d'organisations des évènements. En fait, il s'agit du renouvellement d'un accord qui prévoit depuis 2015, la livraison d'armes et l'aide logistique à l'armée camerounaise. On peut donc comprendre ici qu'un vote contre la Russie aurait sapé ou rendu hypothétique le renouvellement dudit accord.

Ces défections, dans ce que l'on convient d'appeler le pré carré français, interviennent au moment où cette ancienne puissance coloniale ne convainc plus véritablement ses partenaires africains en matière de lutte contre le terrorisme ou autres menaces de

---

[46] Mandraud I. & Théron J., op. cit.

déstabilisation. Ainsi, en prenant le chemin de la Russie, Bamako a jugé nuls les efforts français dans la lutte contre le terrorisme sur ses terres[47].

L'implication russe à la mise en place des plans de sécurité des pays africains n'est pas récente. Depuis les années 1950 jusqu'à la *perestroïka*, l'Union Soviétique s'est toujours distinguée par l'aide militaire qu'elle accordait à des pays comme l'Angola et la Libye, comme faisant partie de son rôle international tel qu'elle le concevait. C'est d'elle que semblait provenir la principale menace contre les intérêts du monde occidental. En effet, soit l'Union Soviétique patronnait des groupes révolutionnaires du tiers monde, décidés à instaurer dans leurs pays respectifs des régimes marxistes-léninistes copiant son modèle comme en Angola, Éthiopie, Mozambique, Namibie, Algérie, soit elle soutenait des États en conflit avec le monde occidental tel, la Libye et, selon les époques, l'Égypte[48].

Conclusion

La posture de neutralité de plus d'une vingtaine d'États africains, lors du vote de la résolution déplorant l'agression commise par la Russie contre l'Ukraine, a été motivée par de nombreux facteurs. D'une part, l'action de ces États a été influencée par le contexte mondial, caractérisé par la fébrilité de la France dans ses anciennes possessions coloniales. Ce recul, alimenté par un sentiment anti-français de plus en plus manifeste, a permis à la Russie de reprendre pied en Afrique.

Par ailleurs, ce silence ou non-alignement traduit également la volonté des Africains de diversifier les partenaires diplomatiques, dans l'optique de trouver des solutions aux nouveaux défis sécuritaires qui s'imposent à eux, et face auxquels la France apparaît de moins en moins crédible. Cette posture de neutralité peut aussi se justifier par des enjeux tels que la volonté des dirigeants de consolider leur position de pouvoir, la quête des solutions devant permettre de surmonter la crise socioéconomique qu'a entraînée l'invasion russe de l'Ukraine. L'option prise par ces États africains apparaît comme une occasion de s'affirmer comme des entités souveraines, capables de donner leur opinion et fonde leur prétention légitime quant à la revendication d'un siège permanent au conseil de sécurité. En effet, ce non-alignement est

---

[47] Bansept L. & Tenenbaum É., « Après Barkhane Repenser la posture stratégique française en Afrique de l'Ouest », Études de l'IFRI, Laboratoire de recherches sur la défense, Focus stratégique, n° 109.
[48] Tsafack Nanfosso A. R., (2022), op. cit., p. 42.

d'autant plus curieux qu'il intervienne à une époque où l'Afrique réitère sa volonté de réforme du Conseil de sécurité de l'ONU, où elle souhaite obtenir un siège[49]. Cette revendication est d'ailleurs soutenue par la Russie dont l'objectif est de se positionner comme le nouveau partenaire sûr en matière sécuritaire. La particularité de cette puissance est qu'elle est plus précise dans l'orientation de sa revendication. En fait, elle demande une réforme du Conseil « pour le rendre plus représentatif, mais sans compromettre son efficacité et son efficience ni toucher aux prérogatives des membres permanents actuels, notamment le droit de véto »[50].

Références bibliographiques

Arkhangelskaya A. (2013), « Le retour de Moscou en Afrique subsaharienne ? », *Afrique contemporaine*, 2013/4, n°248, pp.61-74.

BBC news Afrique, « Guerre Russie-Ukraine : l'Afrique deviendra-t-elle l'alliée de Kiev au détriment de Moscou ? », 30 juillet 2022, sur URL : http://www.bbc.com/Afrique/région/62333395, Consulté le 25 janvier 2023.

Grigor A. (2022, 29 juillet), « Géopolitique : que veut la Russie en Afrique ? », *BBC News Afrique*, visité le 14 novembre 2022.

Le Gouriellec S. (2022), « L'Afrique face à l'invasion russe en Ukraine », En ligne sur https://legrandcontinent.eu/fr/2022/03/14/lafrique-face-a-linvasion-russe-de-lukraine/, Publiée le 14 mars 2022, visitée le 29 août 2022.

Mamadou Faye, (2022), « Macky Sall - Vladimir Poutine : quels enjeux pour la visite du président de l'Union africaine et qu'a-t-il dit à Poutine ? », *BBC News Afrique*, du 01 juin 2022.

Mandraud I. & Théron J. (2021), *Poutine, la stratégie du désordre*, Paris, Éditions Tallandier, non paginée. Roche J.-J. (2002), *Théories des relations internationales*, Paris, Montchretien, 4ᵉ Édition, Clefs Politique, 212 pages.

OL, « Crise russo-ukrainienne : l'Afrique ''pleure'' son sort ! », *Lefaso.net,* du 05 juin 2022.

---

[49] Lors des prises de parole à la 77ᵉ Assemblée générale des Nations Unies en septembre 2022, l'unité de l'Afrique était bien perceptible sur cette revendication. Presque tous les chefs d'États et de gouvernements africains ont évoqué ce sujet dans leurs allocutions.

[50] Arkhangelskaya A. (2013), "Le retour de Moscou en Afrique subsaharienne ?", op. cit., p 66

Siegle J. (2022, 11 mars), « Les implications stratégiques de l'invasion russe de l'Ukraine pour l'Afrique », CESA, sur https://africacenter.org, visité le 14 novembre 2022.

Tsafack Nanfosso A. R., (2022), « Russafrique », *Revue internationale des économistes de langue française*, vol. 7, n° 2. pp. 32-61.

**TROISIÈME PARTIE :
LE REDÉPLOIEMENT RUSSE
DANS LE CONTINENT AFRICAIN :
ENJEUX ET PERSPECTIVES**

Chapitre 8 :

Le panafricanisme au service de Moscou : une immersion dans les réseaux pro-russes en Afrique

Lucie MESSY

Résumé

La Russie a une longue histoire avec le continent africain, notamment l'aide aux figures de l'indépendance de plusieurs pays dans les années soixante. Dépeint comme l'antagoniste parfait face aux Occidentaux, Vladimir Poutine trouve des soutiens dans les sphères panafricaines dans sa guerre face à l'Ukraine. Une rhétorique assez médiatisée fait de la Russie le camp à rejoindre pour lutter contre la France, et plus largement toute l'emprise occidentale prégnante en Afrique. Le sentiment pro-russe qui s'étend en Afrique n'est-il que le résultat d'une stratégie moscovite ? Est-il l'expression des velléités d'un nouvel ordre mondial ? Ou simplement le résultat des échecs de tentative de réécriture de l'histoire entre la France et l'Afrique ? Les alliances de l'Afrique vers la Russie en raison d'un anti-impérialisme semblent de prime abord paradoxales, car, la guerre de Poutine face à Zelensky, apparaît également comme de l'impérialisme pur et simple. En analysant les communications des figures de proue sur les réseaux sociaux et les profils des personnes qui les soutiennent, cet article tente de dépeindre ces réseaux et d'en déterminer l'origine.

Mots-clés : Afrique, panafricanisme, Moscou, *soft power*, Ukraine.

Abstract

Russia has a long history with the African continent, especially the support to independence leaders in several countries. Depicted as the perfect antagonist against Westerners, Vladimir Putin finds support in

panafrican spheres in his war against Ukraine. A fairly publicized rhetoric makes Russia the camp to join in the fight against France, and more broadly any significant Western influence in Africa. Is the pro-Russian sentiment spreading in Africa only the result of a Moscow strategy? Is it the expression of the desire for a new world order? Or is it the result of failed attempts to rewrite history between France and Africa? Africa's alliances with Russia due to anti-imperialism seem paradoxical at first glance because Putin's war against Zelensky also appears as pure and simple imperialism. By analyzing the communications of figureheads on social networks and the profiles of the people who support them, this article attempts to portray these networks and determine their origin.
Keywords: *Africa, pan-Africanism, Moscow, soft power, Ukraine.*

Introduction

Le sommet Russie-Afrique qui s'est tenu en 2019 n'était que le premier d'une série de rapprochements entre les deux parties. L'organisation du second sommet, à Saint Petersburg, les 27 et 28 juillet 2023, entérine l'ambition russe de devenir un partenaire incontournable des pays africains. 17 chefs d'États africains y étaient présents, contre 43 en 2019, avant le début de la guerre en Ukraine. La déclaration commune[1] parue à l'issue du sommet réaffirme une coopération dans plusieurs domaines avec les pays africains et met une fois de plus en avant la création d'un nouvel ordre mondial multipolaire. Le Kremlin est également conscient que la plupart de ces pays font face à des menaces intérieures qui nécessitent son appui militaire, comme l'ont montré les coups d'État subis par certains. Cet appui est notamment matérialisé par la présence des mercenaires du groupe Wagner, dont les liens avec le pouvoir russe restent officieux bien qu'évidents, tandis que la vente d'armes demeure lucrative pour Moscou, devenu le premier exportateur d'armes en Afrique[2].

Pour les délégations africaines, l'enjeu principal était d'obtenir le rétablissement de l'accord céréalier qui permettait à Kiev de continuer les exportations via la mer Noire[3]. Si le président russe ne s'est pas

---
[1]Déclaration officielle du sommet publiée le 28 juillet 2023 consulté le 13 novembre 2023 URL : https://summitafrica.ru/fr/about-summit/declaration-2023/ .
[2] Selon le Stockholm International Peace Institute (Sipri), 49% des armes vendues en Afrique sont russes contre 14% pour les États-Unis, 13% pour la Chine et 6,1% pour la France sur la période de 2016 à 2020.
[3] Les navires russes ont bloqué les ports Ukrainiens pendant plusieurs semaines empêchant les exportations de céréales. En juillet, un accord entre la Turquie, l'ONU et la Russie a permis de

engagé sur le long terme, il a cependant consenti à livrer gratuitement 25 000 à 50 000 tonnes de céréales au Mali, à l'Érythrée, à la Somalie, à la République Centrafricaine, au Zimbabwe et au Burkina Faso. Ces pays n'ont pas tiré leurs épingles du jeu par hasard, Wagner est déjà bien implanté en RCA, au Mali et au Burkina Faso, sans oublier que l'Érythrée et le Mali ont voté contre les résolutions de l'ONU condamnant l'invasion russe de l'Ukraine. Lors de cette seconde édition, les personnalités africaines soutenant la Russie sur le continent étaient également présentes[4] ; des militaires, patrons de presse, et influenceurs panafricains.

Pour revenir au premier forum de Sotchi qui a signé le « grand retour » de la Russie sur le continent, il a permis de mettre un visage sur les voix panafricaines soutenant le Kremlin. Ces figures de proue du sentiment pro-russe en Afrique jouent sur l'ancienneté des rapports avec l'Union des Républiques Socialistes Soviétiques, mais surtout sur la démarche actuelle du président russe. À leurs yeux, la guerre en Ukraine est un coup légitime porté à l'Occident ; et le rapprochement avec la Russie est une aubaine pour les pays africains. Dans leurs discours, Poutine est représenté dans une démarche amicale ; et l'accroissement des liens avec son pays est appréhendé comme l'opportunité de développer un nouveau narratif face à l'hégémonie des anciennes puissances coloniales. L'image d'Épinal du douloureux souvenir de la crise libyenne joue également en leur faveur, car, la Russie s'était positionnée contre les Occidentaux et pour la présidence de feu Mouammar Kadhafi[5]. Le rapide ralliement de l'opinion publique africaine, illustré notamment par l'apparition régulière de drapeaux russes pendant les manifestations, constitue également un fait notoire sur le continent.

Par ailleurs, la rhétorique selon laquelle les voix qui se font entendre en Afrique sur la guerre en Ukraine ne sont que des « poissons-pilotes » ou des « idiots utiles » stipendiés par le Kremlin, est assez simpliste et ne semble pas rendre justice à la réalité. C'est la thèse à laquelle la plupart des médias français adhèrent, comme le montre le documentaire

---

sortir 33 millions de tonnes et maintenir des prix stables pour les pays du continent qui en dépendent cruellement. En août la Russie s'est retirée de l'accord.

[4] « Ces Africains sur qui Moscou s'appuie pour étendre son influence » par Morgane le Cam dans le Monde, paru le 28 juillet 2023 consulté le 13 novembre 2023 URL : https://www.frs-fnrs.be/fr/reglements-guides#bourses-mandats .

[5] L'assassinat de Kadhafi par les Occidentaux reste un symbole fort pour les panafricains, ce leader qui avait une vision émancipatrice pour le continent a été réduit à jamais au silence pour maintenir l'Afrique dans son assujettissement.

d'Arte, sur la question.⁶ D'un autre côté, on ne peut nier l'intensification de la propagande russe en Afrique sur fond de passé commun du temps de l'URSS. De plus, ces leaders d'opinion utilisent leur influence pour parler de la guerre en Ukraine, comme le moment pour l'Afrique de rebattre les cartes en se rangeant du côté russe. Les outils discursifs russes pour raconter la guerre en Ukraine nourrissent les panafricains et vice-versa. Cette stratégie russe touche les notions de souveraineté des États, d'ingérence et plus globalement de la diplomatie d'influence.

Il y a donc lieu ici de questionner les facteurs qui expliquent l'émergence de réseaux pro-russes en Afrique, dans ce contexte de retour de la Russie sur le continent africain. Dans quelle mesure cette attitude pro-russe est-elle le résultat d'une stratégie de la Russie ou d'une réaction aux politiques impérialistes occidentales passées et présentes en Afrique ? Enfin, quelle est la nature de ces réseaux pro-russes et qui en sont les principaux acteurs ?

Dans un premier temps, nous aborderons les facteurs et les motivations de l'attitude russe à l'égard de l'Afrique. La longue relation entre l'Afrique et l'ex Union Soviétique suggère un contexte plus global, prenant en compte l'histoire entre les deux aires géographiques. Après d'intenses relations pendant les indépendances africaines, les partenariats se sont essoufflés jusqu'à reprendre une forme nouvelle avec une politique étrangère spécifique à Vladimir Poutine, accentuée par le contexte géopolitique induit par la guerre en Ukraine.

Dans un second temps, nous présenterons les effets de la stratégie du président russe qui déploie une diplomatie d'influence sur les populations africaines, notamment à travers des relais panafricanistes, vus et appréciés comme des leaders d'opinion sur le continent africain. La rhétorique antioccidentale et la mise en avant de l'avènement d'un ordre mondial multipolaire profitent au rapprochement idéologique entre l'Afrique et le Kremlin. Ce rapprochement idéologique est lié à un changement discursif sur l'état du monde et la responsabilité occidentale derrière les maux africains. La Françafrique s'est installée en tissant des liens avec les chancelleries, les officiels et les gouvernements, tandis que la Russie tente de s'arroger une légitimité populaire qui tend à être populiste. Le revirement de Moscou est symptomatique d'un changement plus global dans la diplomatie en tant

---

⁶ Documentaire ARTE "Centrafrique : le *soft power* russe en action" 6 juin 2022 sur YouTube URL : https://www.youtube.com/watch?v=TFcCJ5ycv9s&t=254s , consulté le 8 février 2023.

que discipline, que l'on qualifie de « *Track II diplomacy* » ou diplomatie parallèle[7]. En effet, la Russie mise sur une complémentarité entre soldat et diplomate qui est une caractéristique essentielle de la diplomatie dite de défense[8].

1. **L'attitude russe : facteurs et motivations**

Le changement sur la scène internationale peut prendre plusieurs formes. La restructuration du pouvoir, comme la fin de la polarisation hier, ou l'affirmation des puissances émergentes aujourd'hui, en font partie. Ces aspects sont à l'œuvre dans la relation que plusieurs pays africains ont pu entretenir avec l'ancienne URSS. Ce que l'on convient d'appeler aujourd'hui le sentiment pro-russe, et qui semble gagner de plus en plus de terrain en Afrique, trouve ses fondements dans les rapports entre l'URSS et la question coloniale, puis, plus tard, son attitude solidaire vis-à-vis de la décolonisation, dans un contexte de guerre froide.

1.1. L'URSS et la question coloniale

D'emblée, il faut relever que la Russie ne bénéficiait pas d'une situation géographique favorable pour coloniser l'Afrique. Elle devait passer par la mer Noire via l'Empire Ottoman avec lequel une guerre était déjà engagée depuis des siècles. La défaite russe face à la coalition franco-britannique, lors de la guerre de Crimée de 1855, lui a laissé un goût d'amertume[9]. De fait, traditionnellement, la Russie ne s'est intéressée qu'aux régions limitrophes du territoire de son empire. Elle a procédé à l'annexion de territoires qu'elle pouvait contrôler en Europe de l'Est et en Asie Centrale. Ces territoires ne vont pas échapper à la soviétisation sous l'URSS[10].

---

[7] Delcorde, R. (2021). « Diplomatie secrète, diplomatie parallèle », in R. Delcorde, *La diplomatie d'hier à demain: Essai politique*, Chapitre 8, Wavre: Mardaga pp. 107-113.
[8] Charillon, F., Balzacq, T. & Ramel, F. (2018). Chapitre 18. La diplomatie de défense. Dans : Thierry Balzacq éd., Manuel de diplomatie (pp. 307-319). Paris: Presses de Sciences Po. https://doi.org/10.3917/scpo.balza.2018.01.0307 .
[9] Georgeon, F. (2005). « L'Empire ottoman et l'Europe au XIXe siècle : De la question d'Orient à la question d'Occident », *Confluences Méditerranée*, 52, 29-39. https://doi.org/10.3917/come.052.0029.
[10] Roy, O. (2010). « La conquête russe et la soviétisation », in Olivier Roy éd., *L'Asie centrale contemporaine* (pp. 19-42). Paris cedex 14: Presses Universitaires de France.

L'Afrique, quant à elle, constituait pour les Russes, selon Tatiana Smirnova, « un continent éloigné, étranger et ô combien exotique »[11]. Au XIXᵉ siècle, l'empire russe n'a pas les moyens de participer au partage de l'Afrique par les puissances européennes et ne possède aucune colonie. Tout au plus, la Russie tsariste entretient des relations privilégiées avec l'empire d'Éthiopie : les Russes fournissent alors des armes aux Éthiopiens, qui parviennent à vaincre les armées italiennes en 1896, lors de la bataille d'Adoua[12].

La révolution de 1917 constitue véritablement le point de départ des liens entre la Russie et l'Afrique. Cet événement apparaît comme la remise en cause des compétitions impérialistes, nationalistes et économiques entre les rivaux européens. Lesdites compétitions avaient notamment conduit à la colonisation de la presque totalité du continent africain entre 1880 et la Première Guerre mondiale. Les peuples africains sont alors considérés par les Bolcheviques comme de potentiels alliés contre les puissances « impérialistes ». En 1919 est créé le Komintern : une organisation ayant pour but de coordonner les partis et organisations communistes internationales afin de mener la révolution socialiste et anti-impérialiste dans le monde entier. L'une des conditions pour y adhérer est de soutenir les mouvements de libération dans les colonies, notamment en Afrique[13]. Les élites communistes appréhendent les colonies comme essentielles à la survie des régimes capitalistes. Lénine le relève clairement lorsqu'il écrit en 1920 en préparation du congrès du Kominterm : « Sans le contrôle de vastes champs d'exploitation dans les colonies, les pouvoirs capitalistes d'Europe ne peuvent pas maintenir leur existence, même un court moment »[14].

En Afrique, l'après-Première Guerre mondiale voit apparaître les premiers mouvements de contestations coloniales : un nombre croissant d'intellectuels africains s'intéresse aux idées marxistes qui font naturellement écho aux questions de libération du joug occidental. Des intellectuels communistes, comme le Sénégalais Lamine Senghor,

---

[11] Smirnova, T., Matusevich, M. (ed.). (2017). « *Africa in Russia, Russia in Africa. Three Centuries of Encounters*», *Cahiers d'études africaines*, pp. 465-469.
[12] Dignat, A. « 1896, les Italiens défaits à Adoua», publié le 09 juillet 2019 URL : 1er mars 1896 - Les Italiens défaits à Adoua - Herodote.net consulté le 27 mars 2023.
[13] Swagler, M., « La révolution russe a-t-elle eu une importance pour l'Afrique ? », 28 mars 2018, 2018-04- *Histoire, Théorie*, https://www.contretemps.eu/revolution-russe-afrique/ consulté le 21 décembre 2022.
[14] Hakim Adi, Pan-Africanism and Communism: The Communist International, Africa and the Diaspora, 1919-1939 (Trenton, Africa World Press, 2013).

appellent à la création de liens entre le Komintern et les mouvements de libération africains :

L'oppression impérialiste que nous appelons colonisation chez nous et que vous appelez ici impérialisme est une seule et même chose. Tout cela prend racine dans le capitalisme... De ce fait, ceux qui souffrent sous l'oppression coloniale doivent rejoindre et se tenir aux côtés de ceux qui souffrent de l'impérialisme dans les pays développés. Ils doivent se battre avec les mêmes armes pour détruire le fléau de la terre, l'impérialisme mondial ![15]

Pendant la guerre froide, l'URSS et d'autres pays communistes considèrent l'Afrique comme une arène importante pour la compétition idéologique avec l'Occident. Ils apportent diverses formes de soutien aux mouvements anticolonialistes et indépendantistes de la région. Certains dirigeants africains, tels que Julius Nyerere de Tanzanie et Ahmed Sékou Touré de Guinée, considéraient l'URSS comme un allié dans leurs efforts pour débarrasser leurs pays de la domination coloniale et garantir leur indépendance. Ils considéraient également le soutien soviétique comme un moyen de résister à l'influence occidentale et de promouvoir le socialisme et d'autres idéologies de gauche dans leurs pays.

Dans les décennies qui ont suivi l'indépendance, le soutien soviétique aux pays africains a varié en fonction de l'idéologie politique et de la politique étrangère de chaque pays. Dans certains pays, l'appui s'est fait directement à des partis politiques, comme le Parti de la lutte unifiée pour les Africains en Angola ou le Front de libération du Mozambique (FRELIMO). Ils ont adopté des systèmes socialistes ou marxistes-léninistes et ont reçu un soutien soviétique important, tandis que d'autres ayant suivi des voies politiques plus capitalistes ou modérées ont reçu moins de soutien.

Dans l'ensemble, la relation entre les dirigeants indépendantistes africains et l'URSS a été façonnée par une interaction complexe de facteurs idéologiques, politiques et stratégiques, et son impact sur la région se fait encore ressentir aujourd'hui.

---

[15]Ibid.

1.2. Poutine et le redéploiement de Moscou en Afrique à l'ère de la guerre ukrainienne : stratégies de conquête de l'opinion et réponse aux attentes africaines

Après l'éclatement de l'URSS, la Russie procède à son retrait du continent, au profit des gagnants de la guerre froide. On assiste alors à la fermeture d'ambassades, de consulats et le gel de l'aide étrangère sous Boris Eltsine. La *perestroïka*[16] va entériner ce retrait sur fond d'accords avec les États-Unis.

Trente ans après, on peut assister à un redéploiement de la part de Moscou sur le continent, que ce soit sur le plan militaire ou économique, avec Vladimir Poutine au pouvoir. Désormais, la politique étrangère de la Russie s'appuie davantage sur le *soft power* : l'appui aux acteurs de la société civile, les médias, les ONG et les coopérations bilatérales avec les pays concernés[17]. La volonté de resserrer les liens avec le continent est manifeste et a commencé bien avant la guerre en Ukraine. La Russie participait déjà à toutes les opérations de maintien de la paix de l'ONU dès les années 2010[18]. Son appartenance à la tribune multilatérale des BRICS fait également partie de la concrétisation de ses ambitions géopolitiques africaines[19].

Cependant, la guerre avec l'Ukraine a contribué à accroître l'intérêt de Moscou pour l'Afrique en la hissant parmi ses priorités. Comme dit précédemment, le *soft power* russe multiplie ses supports, et les médias jouent un rôle crucial dans cette entreprise. La narration de la guerre s'y fabrique et est distillée en Afrique sur fond de « dégagisme » français. Les médias *Russia Today* et *Sputnik*, désormais interdits en Europe,

---

[16] Le terme *perestroïka* désigne un ensemble de réformes entreprises en URSS entre avril 1985 et décembre 1991 par Mikhaïl Gorbatchev, secrétaire général du Parti Communiste de l'Union Soviétique (PCUS). Ce changement d'orientation de la politique avait pour but de restructurer la vie économique et sociale de l'Union soviétique et de changer les mentalités en s'appuyant notamment sur la communication et la transparence (*glasnost*) par l'introduction d'une certaine liberté d'expression et d'information.

[17] Arkhangelskaya, A. (2013). « Le retour de Moscou en Afrique subsaharienne : Entre héritage soviétique, multilatéralisme et activisme politique », in *Afrique contemporaine*, 248, pp. 61-74, consulté le 21 décembre 2022 URL: https://www.cairn.info/revue-afrique-contemporaine1-2013-4-page-61.htm .

[18] Balmond, L. (2017). « La politique étrangère de la Fédération de Russie à travers les résolutions récentes du Conseil de sécurité des Nations unies », in *Paix et sécurité européenne et internationale*, consulté le 21 décembre 2022. URL : https://hal.science/hal-01834275.

[19] « La Russie et l'Afrique : la stratégie du jeu de go » interview de Jean de Gliniasty, directeur de recherche à l'Institut des Relations Internationales et Stratégiques (IRIS) parue dans la revue *Les Grands Dossiers de Diplomatie* n°67 « Quel avenir pour la Russie de Poutine? », (Avril-Mai 2022) consulté sur le site de l'IRIS le 17 janvier 2022 URL : https://www.iris-france.org/169177-la-russie-et-lafrique-la-strategie-du-jeu-de-go/.

sont les relais indispensables au Kremlin pour rallier le continent. Ces deux médias, qui ne sont que la pointe visible de l'iceberg, sont bien représentatifs des velléités russes dans la guerre informationnelle qu'elle mène. Après avoir arrêté la production de contenus du 4 mars au 21 juillet 2022, *Sputnik France* fait peau neuve sous le nouveau nom de *Sputnik Africa*. L'édition française de *Sputnik* a donc décidé d'internationaliser son identité éditoriale et de se concentrer sur l'actualité de tout le continent africain.

Dès le 25 janvier, soit bien avant que ne tombe la sanction européenne, le média accusé de diffuser de « la propagande de guerre » avait déposé plusieurs noms de domaine Internet révélateurs de ses projets de développement : Rt-afrique.com, Africa-rt.com, Rtafrica.media, Rtafrique.online, etc. « Il y a (…) 300 millions de francophones dans le monde, et près de 60 % d'entre eux sont en Afrique », justifiait, dès mars 2019, Xenia Fedorova, la présidente de RT France, à *Jeune Afrique*[20].

Le plan de conquête de l'opinion africaine précède donc bien la guerre, mais il s'agit d'une opportunité que Poutine a su saisir. L'ancienneté de la démarche a permis la création de réseaux (via des canaux tels que *Télégram*, *Signal*, *Twitter* ou encore *Whatsapp*) qui vont se faire les relais du narratif russe naturellement sans que le Kremlin n'ait à en être l'instigateur[21]. À cette entreprise de longue haleine, on peut ajouter le sentiment anti-français grandissant dans les anciennes colonies. Ce sentiment, distillé par les discours russes, est un catalyseur pour le ralliement derrière la Fédération. L'exemple du Mali est criant. La junte, dirigée par Assimi Goïta, qui a pris le pouvoir après le coup d'État en août 2020, s'est rapidement montrée très proche de Moscou[22]. Face au problème sécuritaire qui touche le Mali, les militaires ont fait partir la France[23] et ont demandé de l'aide pour faire face à la menace terroriste aux Russes. C'est à travers la désormais

---

[20] Extrait de l'article d'Aude Dassonville : « Le continent africain dans le viseur de la chaîne russe RT », paru dans *Le Monde* le 28 mars 2022, consulté le 21 décembre 2022 URL : Le continent africain dans le viseur de la chaîne russe RT.
[21] Dans les cercles anti vaccin, complotistes ou plus largement antisystèmes, la Russie a une bonne image grâce à son anticonformisme sur la scène internationale.
[22] "Mali : Vladimir Poutine évoque l'envoi d'engrais lors d'un appel avec le chef de la junte", paru le 5 octobre 2022 sur le site du Monde
URL : https://www.lemonde.fr/afrique/article/2022/10/05/mali-vladimir-poutine-evoque-l-envoi-d-engrais-lors-d-un-appel-avec-le-chef-de-la-junte_6144472_3212.html, consulté le 24 mars 2023.
[23] La France était présente militairement au Mali depuis 2013, d'abord pour l'opération Serval qui sera suivie de l'opération Barkhane.

célèbre milice paramilitaire Wagner que l'appui militaire russe se déploie au Mali[24].

La guerre conventionnelle et la guerre informationnelle ne sont que les deux faces d'une même pièce. Avant sa mort en août 2023, Evgueni Prigozhin était le chef de la milice Wagner et le principal exécutant de la stratégie russe en Afrique. Présent sur le continent depuis 2017, le groupe Wagner, possède également plusieurs officines qui opèrent sur les médias en ligne dont l'Internet Research Agency qui avait été condamnée aux États-Unis en 2016 pour son ingérence dans les élections. Prigozhin s'appuyait sur les théories de l'idéologue et homme d'influence Vladislav Sourkov. Sa méthode est décrite par le chercheur en neurosciences, Sébastien Dieguez, dans l'ouvrage intitulé *Le Mage du Kremlin*[25] : « Il s'agit [plutôt] de créer une surdose d'informations, jusqu'à rendre impossible la distinction entre le vrai et le faux, et générer ainsi un scepticisme, ou même un certain cynisme généralisé vis-à-vis des communications officielles »[26]. Le but n'est donc pas de rallier des personnes du camp occidental au camp russe, mais de prêcher à ceux qui sont déjà convertis pour qu'ils soient de plus en plus convaincus. En persuadant les populations africaines que la Russie est l'antonyme parfait de la France, l'image de Poutine s'associe aux sentiments anti-français des populations des anciennes colonies. Si la Russie mène son opération de charme de manière si offensive à travers ses médias, c'est pour des raisons stratégiques très claires. Elle veut montrer qu'elle n'est pas isolée sur la scène internationale et qu'un nouvel ordre mondial peut advenir. Les discours sur le conflit avec l'Ukraine répandus par les chaînes russes tendent à inscrire le conflit dans un affrontement plus vaste de l'Orient face à l'Occident. Le Kremlin enjoint donc naturellement les dirigeants africains à se positionner à ses côtés dans cette guerre idéologique.

À travers Wagner, Moscou s'attèle à viser particulièrement les autocrates isolés politiquement, ceux qui dirigent des États où les systèmes de contrôle démocratique sont totalement en faillite. Et la disparition de Prigozhin n'y changera rien. L'emprise de la Russie sur

---

[24] Ochieng, B. « Serguei Lavrov en Afrique : les mercenaires de Wagner ont-ils aidé le Mali à lutter contre les djihadistes? », paru le 8 février 2023, consulté le 23 mars 2023. URL: https://www.bbc.com/afrique/region-64568628.

[25] Ce roman paru en avril 2022 et écrit par le politologue Giuliano da Empoli, relate la vie de l'éminence grise de Poutine, sous les traits d'un personnage fictif, l'auteur dépeint le conseiller politique Vladiskav Sarkov.

[26] Dieguez, S. « Le Mage du Kremlin : la propagande par le chaos », *Cerveau & Psycho*, 146, 94-97. https://doi.org/10.3917/cerpsy.146.0094, 2022, consulté le 8 décembre 2022.

le continent ne dépend pas que d'un seul homme, car, c'est tout un écosystème qui a savamment été créé par un maître d'orchestre et dont certains éléments peuvent être remplacés[27]. Le groupe est déjà assez bien implanté pour agir de manière décentralisée, notamment avec des conseillers russes dans les appareils d'États africains. Ses activités sur le continent sont une manne financière non négligeable pour une Russie en plein conflit armé[28]. D'après plusieurs experts, Andreï Averyanov (anciennement homme de l'ombre) est en passe de reprendre le commandement de la milice. De 2013 à 2019, il a été à la tête de l'unité 29155 du GRU, l'agence de renseignement militaire russe[29]. Cette unité mène des opérations à l'étranger et serait responsable de multiples assassinats et tentatives d'ingérences. Le général Averyanov a fait une première apparition publique lors du dernier sommet Afrique Russie où il a échangé avec plusieurs dignitaires maliens[30].

La diplomatie d'influence russe semble porter ses fruits, car, c'est une machine bien huilée dont la pratique est très proche de la théorie. La diplomatie d'influence revêt des dimensions essentielles, comme se donner des buts qui peuvent être commerciaux, politiques, diplomatiques ou même de l'ordre des idées et/ou de la réputation[31]. Ensuite, chacun de ces buts requiert des actions spécifiques. Pour les mener à bien, le pays se donne des cibles qui dépassent les seuls gouvernements. En effet, ces cibles sont de plus en plus des forces politiques, des acteurs sociaux, des ONG et des leaders d'opinion. Sur le long terme, cette diplomatie agit sur les esprits afin de gagner la

---

[27] « Point tournant dans les relations Russie Afrique après la mort de Prigojine » par Joseph Siegle paru sur le site du Centre d'études stratégiques de l'Afrique le 19 septembre 2023 consulté le 10 novembre 2023 URL : https://africacenter.org/fr/spotlight/point-dinflexion-pour-les-relations-afrique-russie-apres-la-mort-de-prigojine/.

[28] « Wagner coûte une fortune aux Etats africains » par Jean-Michel Bos publié le 18 mars 2023, consulté le 14 novembre 2023 URL : https://www.dw.com/fr/wagner-co%C3%BBte-fortune-etats-africains/a-64987135#:~:text=Dix%20millions%20de%20dollars%20par,de%20mercenaires%20Wagner%20au%20Mali.

[29] « Quel avenir pour le groupe Wagner en Afrique suite à la mort d'Evgueni Prigjone ? » par la rédaction RFI paru le 24 août 2023, consulté le 9 novembre 2023 URL : https://www.rfi.fr/fr/afrique/20230824-quel-avenir-pour-le-groupe-wagner-en-afrique-suite-%C3%A0-la-mort-d-evgueni-prigojine.

[30] « Un cadre des services secrets russes pourrait remplacer Prigojine en Afrique » par Hadrien Valat publié le 28 août 2023, consulté le 9 novembre 2023 URL : https://www.lesechos.fr/monde/afrique-moyen-orient/un-cadre-des-services-secrets-russes-pourrait-remplacer-prigojine-en-afrique-1973120 .

[31] Tenzer, N. (2013). « La diplomatie d'influence sert-elle à quelque chose ? », *Revue internationale et stratégique*, 89, 77-82. https://doi.org/10.3917/ris.089.0077, consulté le 20 mars 2023.

confiance des pays africains ; et sur le moyen terme, en obtenant des marchés et en établissant des partenariats bilatéraux. Définir des alliés, des relais et des contreforts fait entièrement partie de la stratégie ; et c'est pourquoi on assiste à la prolifération de réseaux pro-russes en Afrique.

Les théories de l'influence accordent à la globalisation un rôle majeur dans ce champ comme la notation des nations par rapport à leur compétitivité globale. En effet, la mondialisation a entraîné l'essor des marchés pour des projets de développement, la prolifération des acteurs sur la scène internationale et l'importance du débat d'idées relayées par les médias[32]. Le champ d'influence s'est élargi et la stratégie russe intègre totalement ces changements et se livre à une guerre froide des concepts avec l'Occident.

2. **Réseaux panafricains et soutien à la Russie**

Le dispositif d'influence informationnel russe se caractérise par la dynamique entre acteurs officiels et acteurs non étatiques. Des entrepreneurs privés qui agissent pour la Fédération et les relais locaux d'influenceurs qui participent à la réalisation des ambitions russes en Afrique. Ces entrepreneurs d'influence, comme les nomment Kevin Limonier et Maxime Audinet, experts du cyberespace russophone, se définissent comme suit : « Les entrepreneurs d'influence sont des individus ou des organisations qui accompagnent le retour géopolitique de la Russie dans certaines zones du monde afin de faire fructifier un capital économique, politique ou symbolique »[33]. Les personnalités panafricaines que sont Nathalie Yamb ou Kémi Séba entrent dans cette catégorie. Ainsi, panafricanisme et « poutinophilie » s'accordent lorsque l'on fait coïncider le répertoire de préservation de la souveraineté russe avec les valeurs sous-tendant le panafricanisme. L'instrumentalisation du sentiment de frustration postcolonial fait partie du plan russe et les entrepreneurs d'influence s'en servent également.

---

[32] Tenzer, N. (2011). 5. « Les nouvelles règles de l'influence ?», in Tenzer N., *Le monde à l'horizon 2030: La règle et le désordre* (pp. 149-170). Paris: Perrin, consulté le 20 mars 2023 URL : https://www.cairn.info/le-monde-a-l-horizon-2030--9782262035525-page-149.htm .
[33] Audinet, M. & Limonier, K. (2022). « Le dispositif d'influence informationnelle de la Russie en Afrique subsaharienne francophone : un écosystème flexible et composite », *Questions de communication*, 41, 129-148.
https://doi.org/10.4000/questionsdecommunication.29005, consulté le 20 février 2022.

2.1. Panafricanisme et Poutinophilie

Panafricanisme et Poutinophilie se nourrissent l'un de l'autre au détriment des liens avec la France et la communauté francophone d'Afrique. Cette érosion dans les rapports entre la France et les anciennes colonies alarme l'Élysée. Lors de la conférence des ambassadeurs français qui s'est tenue à Paris en septembre 2022, Emmanuel Macron a expliqué la nécessité de mettre en place des contre-opérations de communication en Afrique, car, la France serait «attaquée dans les opinions publiques»[34].

Les leaders d'opinion que sont Nathalie Yamb et Kémi Séba sont désignés par les médias français comme des proxys de la guerre hybride que mène la Russie[35]. Nathalie Yamb, activiste suisso-camerounaise, est d'ailleurs interdite de territoire pour incitation à la haine contre les symboles français depuis octobre 2022[36]. À la critique que les médias leur font, ils répondent, à raison, que le sentiment anti-français n'est pas que le fait du Kremlin. En effet, l'attitude paternaliste de la France, son soutien à certains dictateurs et tout le système de la Françafrique sont des raisons suffisantes pour vilipender le pays[37].

Dans sa vidéo du 23 septembre 2022 intitulée : « Afrique vs France »[38], Nathalie Yamb se présente comme le pire cauchemar de l'Occident. Cette vidéo est une réponse au documentaire d'Arte, sur la guerre informationnelle au Sahel. Dans ce documentaire, Nathalie Yamb est dépeinte comme un poisson-pilote de la Russie stipendiée pour diaboliser l'Occident. Cette image d'éternelle dissidente participe finalement à sa légende. Elle a démontré à ses ouailles que son discours fait trembler ses détracteurs tant il est criant de vérité. La considérer comme un simple relai de propagande serait erroné. Force est de reconnaître qu'elle est active sur les réseaux sociaux et en particulier sur sa chaîne *You Tube* depuis 2010 et que sa ligne éditoriale vis-à-vis

---

[34] Discours d'Emmanuel Macron à la conférence des ambassadeurs, URL : Conférence des ambassadrices et des ambassadeurs : suivez le discours du Président Emmanuel Macron, consulté le 15 décembre 2023.
[35] Audinet, M. & Limonier, K. (2022). « Le dispositif d'influence informationnelle de la Russie en Afrique subsaharienne francophone : un écosystème flexible et composite », *Questions de communication*, 41, 129-148. https://doi.org/10.4000/questionsdecommunication.29005, consulté le 2 février 2023.
[36] Nathalie Yamb. Interdiction d'entrée et de séjour en France: Ma réaction, vidéo You tube postée le 14 novembre 2022, consulté le 20 décembre 2022.
[37] https://www.jeuneafrique.com/865228/politique/nathalie-yamb-nouvelle-egerie-controversee-du-french-bashing-en-afrique/, consulté le 31 janvier 2023.
[38] Nathalie Yamb. France vs Afrique: Anatomie d'une guerre de survie sans merci, vidéo You Tube postée le 23 septembre 2022.

de la France et de l'Occident en général a toujours été la même. Elle a plus de 213 000 abonnés sur *Twitter*, 84 000 sur *Facebook* et 200 000 sur *You Tube*. Cette grande audience, elle l'utilise pour propager les arguments du Kremlin sur l'actuelle situation en Ukraine et présente Vladimir Poutine comme un allié pour se libérer des chaînes coloniales que la France veut maintenir sur ses anciennes colonies[39].

Le média russe indépendant *Proekt* a publié des résultats d'une enquête qui met en lumière les ingérences russes dans l'opinion publique en Afrique. En effet, le fondateur de Wagner, Yevgeniy Prigozhin, aurait disposé d'un « back office » officieux chargé des opérations sur le continent[40]. Ce « back office » concernerait 39 pays, chacun avec son propre plan d'action et la majorité des efforts seraient concentrés vers les pays francophones et inclurait l'activiste Kémi Séba[41]. Activiste franco-béninois, ce dernier est un panafricain pour ses supporters et un suprémaciste noir antisémite pour ses détracteurs. Il fait régulièrement le tour des plateaux télés, dans les pays où il a encore le droit de séjourner, pour dénoncer le néocolonialisme et plus particulièrement la Françafrique. Il est à la tête de l'ONG Urgences Panafricanistes qui est présente dans les pays suivants : Bénin, Burkina Faso, Côte d'Ivoire, Cameroun, Gabon, Guinée, Niger, Congo, Sénégal, Togo et la Tunisie[42]. Les Russes auraient commencé à travailler avec Kémi Séba depuis 2017. Invité par Alexandre Douguine à Moscou, il aurait tissé des liens avec Prigozhin au même moment[43]. Douguine est un idéologue, très apprécié de l'extrême-droite française et décrit en ces termes par le spécialiste de l'extrême-droite Jean-Yves Camus : « Mystique orthodoxe, traditionaliste ésotérique, Douguine est le pape

---

[39] « Nathalie Yamb, nouvelle égérie controversée du French bashing » par Marième Soumaré et André-Silver Konan publié le 6 décembre 2019 URL : https://www.jeuneafrique.com/865228/politique/nathalie-yamb-nouvelle-egerie-controversee-du-french-bashing-en-afrique/, consulté le 31 janvier 2023.
[40] « Poutine met en scène le retour russe en Afrique » par Benoît Vitkine publié le 22 octobre 2019, consulté le 20 décembre 2022 URL : https://www.lemonde.fr/afrique/article/2019/10/22/poutine-met-en-scene-le-retour-russe-en-afrique_6016432_3212.html.
[41] https://www.proekt.media/en/article-en/russia-african-elections/, consulté le 15 décembre 2022.
[42] https://urpanaf.org/volet-politique/, consulté le 15 décembre 2022.
[43] https://www.geopolitika.ru/fr/article/alexandre-douguine-kemi-seba-espoir-africain-dun-monde-multipolaire, consulté le 30 janvier 2023.

du néo-eurasisme, doctrine qui promeut la constitution d'un grand bloc continental eurasien pour lutter contre la puissance anglo-saxonne »[44].

La priorité pour les gens du cabinet de Prigozhin est de s'implanter dans des pays où des élections ont lieu dans moins de deux ans. Dans ces pays, les mêmes techniques sont utilisées : lutte contre le franc CFA, critique du néocolonialisme et s'immiscer dans les combats pour les territoires disputés[45]. Le discours de Kémi Séba est radicalement décolonial depuis ses débuts. Il s'est d'ailleurs retrouvé interdit de séjourner au Sénégal, après avoir brûlé un billet de banque à la télévision dans un geste de protestation contre le franc CFA. L'activiste soutient Madagascar dans sa dispute avec Paris pour les îles Éparses[46]. La conférence de Madagascar, lors de laquelle Kémi Séba s'est exprimé avec véhémence contre la France, a été organisée par l'association AFRIC dont l'acronyme signifie Association for Free Research and International Coopération qui n'est qu'une des nombreuses vitrines de Prigozhin[47].

Dans ses discours qui touchent à chaque fois une grande audience comme l'indiquent les millions de vues sur ses vidéos, Kémi Séba fait de la Russie un allié naturel de l'Afrique face à l'emprise occidentale. Il y explique que l'OTAN mène une guerre aux pays qui veulent s'autodéterminer et jouir de leur souveraineté. Pour ce qui est de l'actuel conflit en Ukraine, c'est l'élite du pays qui serait instrumentalisée pour tenter de nuire à la Russie qui ne fait que se défendre[48]. En mars 2022 à Moscou, il déclare lors du forum de la jeunesse sur l'avenir des relations Russie-Afrique : « Nous autres Africains, avons nos Zelensky », en parlant des dirigeants africains sponsorisés par la France. Il place donc l'Afrique du côté russe dans la guerre de l'oligarchie occidentale « globaliste, néolibérale et

---

[44] https://www.lemonde.fr/international/article/2022/08/25/alexandre-douguine-inspiration-ideologique-de-l-extreme-droite-francaise-prorusse_6138943_3210.html, consulté le 15 décembre 2022.
[45] Article par la rédaction sur le site zinfos974 « Le militant panafricain Kemi Seba à la Réunion », publié le 25 juin 2019 URL: Le militant panafricain Kémi Seba est à La Réunion consulté le 15 décembre 2023.
[46] Caramel, L. « Entre la France et Madagascar, la liste des contentieux s'allonge sur fond d'interférence russe », *Le Monde*, consulté le 27 décembre 2022.
[47] Site officiel du Trésor américain, https://home.treasury.gov/news/press-releases/jy0126 consulté le 27 décembre 2022.
[48] « A Moscou, Kemi Seba cible la Françafrique et appelle à un partenariat juste avec la Russie », vidéo You Tube de la chaîne *Afrique média*, publiée le 29 mai 2023 URL : https://www.youtube.com/watch?v=rpZfZRmg1qU&ab_channel=AfriqueM%C3%A9dia consulté le 15 décembre 2023.

progressiste ». En suivant cette logique, être pro-russe, tout en déplorant les morts en Ukraine, reste compatible et s'inscrit même dans le droit des peuples à disposer d'eux-mêmes si cher aux panafricains. Le journal d'investigation *Proekt* affirme que Séba a été rémunéré pour cette intervention. Malgré les sanctions internationales et la révélation de leurs liens avec le Kremlin, ces protagonistes en lien avec Evguéni Prigozhin continuent d'opérer en Afrique.

L'État russe tire indéniablement parti de l'essor des réseaux sociaux qui représentent une audience de plus d'un milliard d'internautes. Les réseaux sociaux brouillent les lignes classiques entre émetteur et récepteur ; ils offrent la possibilité d'avoir une audience ciblée à laquelle offrir une réalité tronquée. Cette communication spécifique, dite "communication sociale" est plus puissante qu'une communication classique, car, elle se joue essentiellement au niveau de communautés qui se font confiance. Les interventions d'influenceurs ayant une forte communauté sur les réseaux ont une force prescriptive décuplée parce qu'elles ont tendance à susciter l'adhésion d'une audience en principe captive[49].

De plus, l'absence de hiérarchie sur les réseaux, où la parole de chaque utilisateur a la même portée, participe à la formation d'un marché ouvert des idées que la Russie semble bien décidée à investir.

2.2. - Rhétorique antioccidentale

Les réseaux sociaux, où des acteurs comme Yamb ou Séba officient, sont un support précieux dans la diffusion d'une rhétorique antioccidentale. La popularité de ces figures s'est construite au fil du temps grâce à leurs postures sans concessions à l'égard du néocolonialisme. Auprès des jeunes Africains, ils représentent ceux qui osent dire sans détour tout ce qui va mal dans les régimes africains et leur inféodation aux pays européens. Le terreau semble donc parfait pour l'entreprise africaine de Vladimir Poutine, qui a su mener une propagande offensive sur le continent via plusieurs proxys. Ce qu'ils disent dans leurs diatribes sur les réseaux sociaux mélange arguments légitimes contre la France à des arguments fallacieux pro-russes[50]. La méthode du mage du Kremlin qui consiste à inonder les opinions

---

[49] Hermet, G. (2018). 9. « Le pouvoir en « réseaux », in Bertrand Badie (éd.), *Qui gouverne le monde?* (pp. 147-158). Paris: La Découverte. https://doi.org/10.3917/dec.badie.2018.01.0147.
[50] Chronique de Sophie Malibeaux dans l'émission "Les dessous de l'infox" sur RFI, publiée le 08 octobre 2021 URL: France-Mali sur les réseaux, désinformation et fausses accusations - Les dessous de l'infox, la chronique » consulté le 15 décembre 2023.

publiques dans un flot informationnel démesuré est en marche et semble bel et bien fonctionner. C'est notamment en changeant le narratif autour du conflit ukrainien que les voix panafricaines, qui font écho au discours pro-russe, se nourrissent de la manne informationnelle (véridique ou non) déversée par les satellites du Kremlin présents en Afrique. On peut citer les médias Radio Lengo Songo (RLS) ou encore Ndjoni Sango en République Centrafricaine (RCA) qui sont indirectement financés par la Russie[51].

En RCA, le chantre du projet moscovite s'appelle Blaise Didacien Kossimatchi. Cet enseignant-chercheur de l'Université de Bangui, membre du parti politique du président Touadera, est un personnage controversé[52]. Il n'hésite pas à formuler des menaces de mort à l'égard des opposants politiques, depuis sa plateforme Galaxie Nationale. Il est devenu un acteur politique influent et un représentant incontournable de la société civile. Il affiche dès que possible son soutien à la Russie et ne rechigne jamais à s'attaquer à l'ancien colon français.

Une analyse lexico métrique, sur le site de RLS entre février 2020 et juin 2021 a été réalisée par les chercheurs Audinet et Harding pour *La revue des médias*[53]. En examinant l'ensemble des 439 articles publiés sur cette période, ils montrent que la ligne éditoriale s'attache à légitimer la présence russe dans le pays de manière constante. Ils mettent en relief les groupes de mots utilisés pour traiter des sujets ayant trait à la Russie et à sa présence en Centrafrique. À partir de février 2021, l'analyse met en exergue un basculement éditorial très net après un mois de janvier calme. Le discours pro-russe s'accompagne dès lors de discours anti-français accusant la France de mener une campagne de désinformation sur le continent.

Le Président centrafricain, Faustin-Archange Touadera, travaille avec Valéry Zakharov en sa qualité de conseiller en matière de sécurité à la présidence de la République. Bien qu'il ne soit pas officiellement affilié à une quelconque délégation russe, c'est un ancien membre du service intérieur de sécurité russe toujours prompt à commenter la

---

[51] Article par Maxime Audinet et Benjamin Harding pour La revue des médias, publié le 13 octobre 2021, URL : https://larevuedesmedias.ina.fr/republique-centrafricaine-russie-sous-traitance-influence-information-radio-lengo-songo consulté le 15 décembre 2023.
[52] Article de Matthieu Olivier, publié sur le site Jeune Afrique le 17 août 2022, URL : Centrafrique : Blaise Didacien Kossimatchi, griot anti-français et pro-Wagner de Touadéra – Jeune Afrique consulté le 15 décembre 2023.
[53] Audinet, M. et Harding, B. « En Centrafrique, la Russie externalise son influence médiatique », *La revue des médias*, consulté le 20 janvier 2023.

situation centrafricaine sur les réseaux sociaux en défendant son pays[54]. La signature des accords bilatéraux offre aux Russes la voie royale pour l'exploitation minière avec la société Lobaye Invest, (derrière laquelle on retrouve encore Prigozhin) sous le coup de sanctions américaines[55].

Finalement, ceux contre qui les salves panafricaines sont dirigées restent toujours les mêmes, quelle que soit la conjoncture. On peut même dire que la propagande russe leur a été utile autant qu'ils ont été utiles au Kremlin. Les figures que sont Nathalie Yamb ou Kémi Séba sont-elles tout simplement prêtes à s'allier avec quiconque est contre la France, quel que soit son agenda ?

La rhétorique de la mise en place d'un nouvel ordre mondial qui voit dans la guerre en Ukraine une opportunité pour l'Afrique de tirer son épingle du jeu en participant à une mondialisation alternative semble encore avoir de beaux jours devant elle. De plus, Kémi Seba, Nathalie Yamb ou encore Blaise Didacien Kossimatchi, font office d'entrepreneurs d'influence quelles que soient leurs réelles ambitions. Ils arrivent à avancer des pions pour leurs propres idées tandis que leurs actions fournissent l'appui médiatique nécessaire au retour géopolitique de la Russie dans une région particulière du monde afin d'y apporter un capital économique, politique ou symbolique. La Russie ne semble plus simplement contester les normes occidentales : elle développe son propre modèle distinct, en tout cas en matière de gestion de conflit.

L'investissement russe dans la diplomatie d'influence numérique témoigne d'un *smart power*, tel que Barack Obama a pu le déployer pour reconquérir l'autorité morale perdue par le gouvernement américain après les années Bush[56]. Les réseaux sociaux ont un rôle novateur sur la scène internationale, surtout en période de conflit ; ils permettent à des acteurs de s'organiser autour d'une communauté de valeurs. Ils sont donc porteurs de nouveaux enjeux. Pour la Russie, ils sont un support qui lui permet de maximiser son pouvoir face à une communauté internationale qui cherche à l'isoler.

---

[54] RFI, « Paramilitaires russes en RCA : Valery Zakharov réagit aux propos du chef de la Minusca », publié le 10 avril 2021, consulté le 6 avril 2023.
[55] Par Anselme Patrick Houlaguele publié le 21 janvier 2019, consulté le 15 décembre 2022 URL : https://www.ege.fr/infoguerre/2019/01/limplantation-russe-centrafique.
[56] Ténèze, N. (2016). « La politique étrangère d'Obama : réinitialiser le leadership américain par le *Smart Power* », *Revue Défense Nationale*, 793, 56-62. URL : https://doi.org/10.3917/rdna.793.0056.

Conclusion : La Russie, un meilleur partenaire ?

En Afrique, les Russes se font l'écho d'un anti-impérialisme qui dépasse le conflit en Ukraine et sonne le glas de l'omniprésence délétère de la France et de l'Occident en général dans les affaires africaines. Déplacer le curseur afin de faire des pays de l'OTAN l'ennemi contre lequel un nouvel ordre mondial doit se former a été la ligne éditoriale de Nathalie Yamb ou de Kémi Séba, avant même que la propagande russe ne soit aussi intense. Ces leaders d'opinion permettent à la Russie de diffuser une information qu'elle participe à produire. Ces figures qui propagent ces idées à leur communauté de valeurs contribuent à susciter une adhésion au sein du peuple. Le discours soutenant un retour aux traditions et la préservation des identités nationales sur la scène internationale est inclus dans la stratégie moscovite. C'est pourquoi elle s'accompagne d'une invocation systématique du respect de la souveraineté et du rejet des ingérences étrangères. Cette rhétorique diplomatique est saluée en Afrique, mais aussi au Moyen-Orient. Ces leaders d'opinion apparaissent comme des stratèges pro-Afrique servant leurs objectifs en utilisant les forces antagonistes du moment à leur avantage. Actuellement, leurs intérêts convergent avec ceux de la Russie et participent au ressentiment envers l'ancienne puissance coloniale dont les intérêts sont menacés[57].

La Russie apparaît comme une voix alternative à l'Occident où les courants anti-français et plus largement antioccidentaux sont largement représentés. Toutefois, le rapprochement est le fruit d'une stratégie qui relève plus du pragmatisme que de l'idéologie. Ce qui est réellement à l'épreuve sous nos yeux, c'est la capacité de l'Afrique à transcender les antagonismes pour gérer les interdépendances induites par la mondialisation[58]. L'esprit de revanche des panafricains sur l'Occident alimente un partisanisme pro-russe qui semble plus opportuniste que naïf face aux ambitions russes. Ce n'est pas la Russie, mais la totale défiance vis-à-vis de l'Occident qu'elle symbolise qui est brandie

---

[57] Article Le Monde avec Reuters « Emmanuel Macron dénonce le « projet de prédation » russe à l'œuvre en Afrique » publié le 21 novembre 2022, consulté le 4 février 2023 URL : https://www.lemonde.fr/afrique/article/2022/11/21/le-president-macron-accuse-la-russie-d-un-projet-de-predation-en-afrique_6150878_3212.html#:~:text=%C2%AB%20Il%20suffit%20d'aller%20voir,'une%20j unte%20militaire%20russe%20%C2%BB. .
[58] Petiteville, F. (2004). « L'hégémonie est-elle soluble dans le multilatéralisme : Le cas de l'OMC », *Critique internationale*, no 22, p63-76. URL : https://doi.org/10.3917/crii.022.0063, consulté le 08 février 2023.

comme un étendard. Cependant, la stratégie russe, à travers ses satellites officieux comme Wagner, parvient à gagner les cœurs et les esprits sur le continent, faisant oublier les exactions commises par la milice désormais classée comme "organisation criminelle transnationale" par Washington[59].

Tout ce que la Françafrique fait subir au continent est avéré et nul ne peut en être dupe. Cependant, le système de dépendance à peine masqué instauré par la France dans ses anciennes colonies devrait mettre la puce à l'oreille et rendre les Africains tout aussi méfiants de la Russie. Sous couvert de bonnes intentions, le Kremlin avance les pions de son projet panafricain qui, loin d'être altruiste, s'apparente plutôt à une autre forme d'ingérence dans les affaires africaines. Bien que le passé de l'URSS avec l'Afrique participe également à en donner une image différente, il est important de souligner que le récit russe n'est que la forme du fond géopolitique de son ambition. Il est prioritairement question de *business* pour la Russie qui vient en Afrique pour les hydrocarbures avec Gazprom[60], les diamants avec Alrosa[61], le nucléaire avec Rosatom[62] ou encore vendre son blé aux pays du continent[63]. Pour l'Afrique, il s'agit donc de pouvoir traiter sur la base de contrats qui ne soient pas léonins comme ceux habituellement conclus avec les Occidentaux. Il ne s'agit pas d'avoir des ennemis ou des alliés, qui dans une donne mondialisée, sont des statuts qui peuvent rapidement s'inverser. Il est davantage question pour l'Afrique de profiter de ce moment de bascule pour faire jouer la concurrence et faire valoir ses propres intérêts.

Avant la guerre, la Russie était un partenaire stratégique[64] de l'Union Européenne. Si elle a pu être une partenaire utile à son développement, pourquoi ne le serait-elle pas aussi pour l'Afrique ?

---

[59] Alica Mihami, article consultable sur le site de tv5 monde URL : "Wagner classée comme organisation criminelle : quelles répercussions pour le groupe paramilitaire russe ?, consulté le 8 février 2023.
[60] Alexandre Billette, « Les grandes ambitions africaines du géant russe Gazprom », *Le Temps* publié le 11 juillet 2008, consulté le 8 février 2023.
[61] Benjamin Quénelle, URL : « Alrosa, l'un des bras de Moscou pour renforcer la présence russe en Afrique », *Les Echos,* publié le 15 octobre 2019, consulté le 5 février 2023.
[62] AFP, publié le 24 octobre 2019 « La Russie avance ses pions dans le nucléaire en Afrique », consulté le 5 février 2023.
[63] Christophe Chatelôt, publié le 04 juin 2022 « Les promesses de Vladimir Poutine pour faciliter l'exportation du blé ukrainien vers l'Afrique », consulté le 9 février 2023.
[64] Russie | Fiches thématiques sur l'Union européenne | Parlement européen, consulté le 8 février 2023.

Références bibliographiques

Articles

Arkhangelskaya, A. (2013). « Le retour de Moscou en Afrique subsaharienne : Entre héritage soviétique, multilatéralisme et activisme politique ». *Afrique contemporaine*, 248, 61-74. https://doi.org/10.3917/afco.248.0061.

Birgerson, S. M., Kozhemiakin, A. V., Kanet, R. E., Tchimichkian, M. (1996). « La politique russe en Afrique : désengagement ou coopération ? », in *Revue d'études comparatives Est-Ouest*, vol. 27, n°3. pp. 145-168.

Cox, K. R. et Negi, R. « L'Etat et la question du développement en Afrique subsaharienne», *L'Espace Politique* [En ligne], 7 | 2009-1, mis en ligne le 20 août 2009, consulté le 20 octobre 2022. URL : http://journals.openedition.org/espacepolitique/1287 ; DOI : 10.4000/espacepolitique.1287.

Katsakioris, C. « L'Union Soviétique et les intellectuels africains », *Cahiers du monde russe* [En ligne], 47/1-2 | 2006, mis en ligne le 01 janvier 2006, Consulté le 25 mars 2019. URL : http://journals.openedition.org/monderusse/9589 ; DOI : 10.4000/monderusse.9589.

Laidi (1983). « L'URSS et l'Afrique : vers une extension du système socialiste mondial » ? in
Politique étrangère, n°3 - 48ᵉannée. pp. 679-699.

Loup, V. « En Afrique, la Russie se présente comme un ours et agit comme une hyène » par Alexandre de Galzain publié le 20 octobre 2022. URL : Loup Viallet : « En Afrique, la Russie se présente comme un ours et agit comme une hyène » - Causeur .

Smirnova, T. (2017). Davidson, Apollon & Ivanova, Lubov. — Moskovskaya Afrika. Prirodnoe kulturnoe nasledie Moskvui (L'Afrique moscovite. L'héritage culturel de Moscou). Cahiers d'études africaines, 226, 458-462.
https://doi.org/10.4000/etudesafricaines.20769

Smirnova, T. et Matusevich, M. (ed.). (2017). « *Africa in Russia, Russia in Africa. Three Centuries of Encounters* », *Cahiers d'études africaines*, vol. 226, no. 2, pp. 465-469.URL:https://www-cairn-info-s.bibliopam.univ-catholille.fr/revue-cahiers-d-etudes-africaines-2017-2-page-465.html, consulté le 15 décembre 2023.

Swagler, M. « La Révolution russe a-t-elle eu une importance pour l'Afrique ?», *Contretemps*, 28 mars 2018. URL: https://www.contretemps.eu/revolution-russe-afrique/

Weiss, M. et Vaux, P. (2020). « The compagny you keep Yevgeny Prigozhin's influence operations in Africa », URL: https://www.4freerussia.org/wp-content/uploads/sites/3/2020/09/The-Company-You-Keep-Yevgeny-Prigozhins-Influence-Operations-in-Africa.pdf, consulté le 22 décembre 2023.

Sitographie

Audinet, M. & Harding B. (2021, 13 octobre). « En Centrafrique, la Russie externalise son influence médiatique ». *La revue des médias*. https://larevuedesmedias.ina.fr/republique-centrafricaine-russie-sous-traitance-influence-information-radio-lengo-songo, consulté le 2 janvier 2023.

Billette, A. M. (2008, 11 juillet). « Les grandes ambitions africaines du géant russe Gazprom ». *Le Temps*. https://www.letemps.ch/economie/grandes-ambitions-africaines-geant-russe-gazprom, consulté le 20 janvier 2023.

Documentaire ARTE Centrafrique : «Le *soft power* russe», diffusé en juin 2022 URL : https://www.youtube.com/watch?v=TFcCJ5ycv9s .

Houlaguele, A. P. (2019, 21 janvier). « L'implantation russe en Centrafrique », *Ecole de Guerre Economique*, https://www.ege.fr/infoguerre/2019/01/limplantation-russe-centrafique, consulté le 3 janvier 2023.

The Proekt team. (2019, mars). «*Master and Chef : How Evgeny Prigozhin led the Russian offensive in Africa*». Proekt Media. https://www.proekt.media/en/article-en/evgeny-prigozhin-africa/, consulté le 10 novembre 2022.

Tenzer, N. (2013). « La diplomatie d'influence sert-elle à quelque chose ? », *Revue internationale et stratégique*, 89, 77-82. https://doi.org/10.3917/ris.089.0077.

TV5 Monde. (2021, 9 avril). « Quels sont les réseaux pro-russes en Afrique? », https://information.tv5monde.com/afrique/quels-sont-les-reseaux-pro-russes-en-afrique-452254.

US Department of State (2022, 4 novembre) https://www.state.gov/disarming-disinformation/yevgeniy-prigozhins-africa-wide-disinformation-campaign/, consulté le 20 novembre 2022.

Chapitre 9 :

Le redéploiement de la Russie en Afrique : Acteurs, axes et manifestations d'un retour aux considérations géopolitique et géostratégique

Hanse Gilbert MBENG DANG
& Jean Pierre MEKINDE

Résumé

Après un désengagement brutal, consécutif à la chute de l'URSS, la Russie a repris position sur le continent africain au début des années 2000. En octobre 2019, le sommet Russie-Afrique de Sotchi, qui devrait connaître une nouvelle édition en Russie en 2023, a matérialisé ce retour en force. À Sotchi, Moscou s'est affiché sous deux facettes aux yeux des quarante-trois dirigeants africains présents : d'un côté, celle d'un partenaire économique et un prestataire de sécurité pragmatique ; de l'autre, celle d'un défenseur des souverainetés et d'un rempart contre les ingérences des anciennes puissances coloniales et des États-Unis. Si l'un des principaux objectifs de la Russie en Afrique est d'acquérir une influence sur des territoires stratégiques le long de la Méditerranée méridionale et de la mer Rouge, quelles sont les manifestations de ce redéploiement ? Cette étude qui exploite une documentation diversifiée s'appuie sur l'approche historique pour expliquer les faits internationaux dans une option diachronique et synchronique. Elle fait recours à la géopolitique pour essayer de comprendre les batailles que se livrent les grandes puissances sur la scène internationale. En somme, la Fédération de Russie se positionne comme un nouveau partenaire non négligeable dans la coopération bilatérale avec les États africains.

Mots-clés : Russie, Afrique, domaines de redéploiement, entrepreneurs d'influence, stratégiques.

Abstract

After a brutal disengagement with the fall of the USSR, Russia regained its position on the African continent in the early 2000s. In October 2019, the Russia-Africa summit in Sochi, which should experience a new edition in Russia in 2023, materialized this comeback. In Sochi, Moscow displayed itself in two facets in the eyes of the forty-three African leaders present: on the one hand, that of an economic partner and a pragmatic security provider; on the other, that of a defender of sovereignties and a bulwark against the interference of the former colonial powers and the United States. If one of Russia's main objectives in Africa is to gain influence over strategic territories along the southern Mediterranean and the Red Sea, what are the manifestations of this redeployment? This study which exploits a diversified documentation, is based on the historical approach to explain the international facts in a diachronic and synchronic option. She uses geopolitics to try to understand the battles between the great powers on the international scene. In short, the Russian Federation is positioning itself as a significant new partner in bilateral cooperation with African States.

Keywords: *Russia, Africa, areas of redeployment, influential entrepreneurs, strategies.*

Introduction

Le premier Sommet Russie-Afrique, qui s'est tenu à Sotchi les 23-24 octobre 2019, visait à affirmer le grand retour de la Russie en Afrique après une longue période d'absence consécutive à la dissolution de l'Union Soviétique[1]. À partir de 2014, année de l'éclatement de la crise des relations russo-occidentales, l'Afrique qui avait joué un rôle majeur dans la politique étrangère soviétique a regagné une partie de son importance aux yeux de Moscou. La politique africaine de la Russie met l'accent sur l'adhésion aux principes de justice, de droit international, de respect des droits de l'homme et de souveraineté des nations africaines ; ce qui, selon le discours russe, contraste avec la « posture utilitariste » de l'Occident (lequel chercherait uniquement à s'approprier les ressources de l'Afrique et à y

---

[1] «Russia-Africa Summit and Economic Forum», Roscongress Foundation, consulté le 1er mai 2020, www.summitafrica.ru, consulté le 15 mars 2023.

renforcer sa « sphère d'influence »)[2]. Pour remplir ses objectifs géoéconomiques et politiques en Afrique[3], la Russie emploie une combinaison de facettes légitimes et illégitimes de la coopération militaro-technique ; l'un des rares avantages comparatifs sur lesquels elle peut compter en Afrique.

Dans l'optique d'apporter des éléments pouvant saisir le comportement de la Russie sur la scène internationale, le présent travail convoque la théorie géopolitique. Cette théorie peut-être perçue de multiples façons. D'une « théorie réactionnaire qui se propose d'expliquer les phénomènes sociétaux par des raisons géographiques » pour Boris Ponomarev à une « étude du rapport de forces dans l'espace » selon Pascal Gauchon, elle n'en demeure pas moins un outil pour comprendre et étudier le monde. Sans vouloir définir la géopolitique, entreprise qui lui semble impossible, Florian Louis propose de dresser un panorama général de ce champ d'étude à travers ses grandes figures, de sa genèse avec la Geopolitik allemande créée par Friedrich Ratzel, largement critiquée pour ses visées nationalistes, à la géopolitique critique développée ces dernières années par Gearoid O. Tuathail. Cette généalogie de la géopolitique met en lumière le foisonnement de théories qu'elle abrite et les enjeux idéologiques qui lui sont inhérents. De manière générale, la théorie géopolitique va permettre d'expliquer le comportement de la Russie sur la scène internationale et davantage, son redéploiement en Afrique.

Aussi, peut-on s'interroger sur les axes ciblés, les acteurs et les manifestations de ce redéploiement en Afrique. L'argumentaire prend appui sur l'analyse d'une documentation diversifiée et sur une approche duale : historique et géopolitique. L'approche historique, à base de la diachronie et de la synchronie, permet de rendre compte des faits sociaux internationaux et leur mise à juxtaposition dans le cours des événements mondiaux. Quant à l'approche géopolitique, elle permet de structurer l'étude dans un cadre purement géographique en délimitant la sphère d'influence de la Russie sur le sol africain. Ainsi, il est question de présenter les différents domaines et les acteurs du redéploiement russe en Afrique avant de nous attarder sur ses manifestations.

---

[2] «Vladimir Putin : Rossiâgotova k konkurenciizasotrudničestvo s Afrikoj» (Vladimir Poutine: « la Russie est prête à rivaliser pour la coopération avec l'Afrique »), *TASS*, 20 octobre 2019, disponible sur : www.tass.ru, consulté le 15 mars 2023.
[3] Les pays d'Afrique du Nord sont exclus du champ de cette recherche. Le Soudan sera considéré comme faisant partie de l'Afrique subsaharienne en raison de son contexte historico-culturel.

1. Domaines et acteurs du redéploiement russe en Afrique

Le redéploiement de Moscou en Afrique porte notamment sur les domaines géostratégique et géopolitique qui se justifient dans un contexte de tensions avec le monde occidental. Les acteurs de ce redéploiement, qui donne une nouvelle perspective aux relations entre Moscou et l'Afrique, se recrutent dans des cercles diversifiés.

1.1. Les domaines géostratégique et géopolitique du déploiement russe en Afrique

Contrairement à d'autres grandes puissances, l'Empire russe n'a jamais envisagé de mettre en œuvre une expansion coloniale en Afrique. Dans les premières décennies de son existence, l'Union soviétique n'a-t-elle aussi accordé à l'Afrique qu'une attention marginale. La situation a évolué sous Nikita Khrouchtchev (1958-1964) et Léonid Brejnev (1964-1982). Durant cette période, la politique africaine de l'Union Soviétique a atteint son apogée. La décolonisation, souvent émaillée de violences, représentait une occasion parfaite d'exporter l'idéologie du régime[4]. Justifiant son engagement en Afrique par des principes d'internationalisme et de solidarité, l'Union Soviétique y a alloué des ressources considérables, qui ont été consacrées aux domaines suivants[5] :

- La coopération militaro-technique (livraison d'armes ; formation ;(ré)organisation des forces armées locales) ;
- Le soutien économique direct (prêts et crédits ; livraison de denrées alimentaires et de produits stratégiques ; aide aux grands projets d'infrastructure) ;
- L'assistance économique indirecte (formation d'experts/spécialistes civils africains)[6].

---

[4] S. Sukhankin, « Russia'sHired Guns in Africa », European Council on Foreign Relations, 12 novembre 2018, disponible sur : www.ecfr.eu, consulté le 2 mars 2023.
[5] S. Sukhankin, « The "Hybrid" Role of Russian Mercenaries, PMCs and Irregulars in Moscow's Scramble for Africa », The Jamestown Foundation, 10 janvier 2020, disponible sur: www.jamestown.org, consulté le 2 mars 2023.
[6] Avant 1991, environ 60 000 Africains ont étudié en Union soviétique, et plus de 240 000 autres ont reçu en Afrique une formation dispensée par des enseignants soviétiques. Lire A. Baklanov, «RF–Afrika : složeniepotencialovusilitvliânie v mire» [Fédération de Russie-Afrique : l'addition des capacités des deux parties va leur permettre d'accroître leur influence dans le monde], Nezavisimaâ Gazeta, 16 juin 2019, disponible sur : www.ng.ru, consulté le 12 février 2022.

L'Union Soviétique est ainsi parvenue à renforcer sa présence militaire dans les océans indien et atlantique, établissant notamment des bases en Guinée, en Angola, en Somalie et en Éthiopie[7]. Toutefois, ces efforts extrêmement coûteux n'ont guère permis d'engranger des dividendes économiques. Après l'effondrement de l'Union Soviétique, l'Afrique a de facto disparu du champ de vision de la politique étrangère russe[8]. Cette tendance a commencé à évoluer à partir de 2006, après la visite de Poutine en Afrique du Sud. Le déplacement du président russe répondait à un ensemble de calculs géoéconomiques et géopolitiques (notamment liés au groupe informel des BRICS) ; il ne s'est cependant pas traduit par des mesures concrètes significatives.

Dans une certaine mesure, la crise ukrainienne a favorisé le rapprochement russo-africain. Après 2014, Moscou a en effet cherché à rompre l'isolement imposé par les pays occidentaux et a notamment intensifié ses contacts avec les nations africaines. Néanmoins, malgré certains progrès visibles, ses capacités sur le continent sont limitées par un certain nombre de facteurs, en particulier la faible attractivité de son économie et le niveau très bas de ses échanges commerciaux avec les pays subsahariens[9] (qui ne devrait pas augmenter substantiellement)[10].

D'autre part, le *soft power* de la Russie sur le continent est très limité. Selon un sondage mené par Afrobarometer, les Africains considèrent les modèles politiques américain (30 %) et chinois (24 %) comme les plus attractifs. Le discours russe a pour défaut de se concentrer excessivement sur le rôle joué par l'Union Soviétique dans la décolonisation et la libération des nations africaines. Une posture qui

---

[7]Du fait de l'opacité et du secret entourant la présence militaire soviétique en Afrique pendant la guerre froide, les données relatives à cette question sont à ce jour classées. D'après certaines estimations, entre 1975 et 1994, rien qu'en Angola, le nombre total de militaires soviétiques/russes a pu atteindre jusqu'à 11 000 hommes. Pour plus d'informations, voir : S. Kolomnin, « Russkijspecnaz v Afrike » (Les forces spéciales russes en Afrique), Soûz Veteranov Angoly, consulté le 1er juin 2020, disponible sur : www.veteranangola.ru, consulté le 12 février 2022.

[8]A. Baklanov, « Rossiâ-Afrika : srednesročnij plan dejstvij » (Russie-Afrique : plan d'action à moyen terme), Russia in Global Affairs, 10 août 2018, disponible sur : www.globalaffairs.ru, consulté le 2 mars 2023.

[9]«Rossiâ-Afrika : raskryvaâpotencialsotrudničestva» (Russie-Afrique : développer le potentiel de la coopération), *Roscongress Foundation*, 23 octobre 2019, «Rossiâ-Afrika : raskryvaâpotencialsotrudničestva » (Russie-Afrique : développer le potentielde la coopération), RoscongressFoundation, 23 octobre 2019, disponible sur : www.roscongress.org, consulté le 2 mars 2023.

[10]P. Stronski, «Late to the Party : Russia's Return to Africa», Carnegie Endowment for International Peace, 16 octobre 2019, disponible sur : www.carnegieendowment.org, consulté le 2 mars 2023.

s'accompagne notamment d'une rhétorique antioccidentale et, plus particulièrement, anti-française[11]. Ce discours de type soviétique, bien qu'il soit dans une certaine mesure préjudiciable à la France, ne correspond pas à l'évolution rapide du paysage socioculturel, politique et ethno-religieux en Afrique, et n'apporte donc guère de bénéfices à Moscou[12]. De fait, le recours à une rhétorique de style soviétique[13] ne semble pas en mesure de renforcer significativement son *soft power* sur le continent. Une autre grave erreur historique tient à la personnification excessive de la politique étrangère de Moscou. Cette approche a montré ses limites aussi bien à l'époque soviétique (vis-à-vis de Gamal Abdel Nasser et d'Hafez al-Assad, entre autres exemples) qu'après 1991, quand la Russie s'est trop appuyée sur des dirigeants comme Jacob Zuma, Mouammar Kadhafi et Omar el-Béchir. Malgré le contrôle qu'il semblait exercer sur de nombreux pays africains pendant la guerre froide, les résultats obtenus par Moscou se sont révélés décevants. De toute évidence, l'absence de stratégie constructive représentait une voie sans issue[14]. Or, à ce stade, le retour de la Russie en Afrique, particulièrement prononcé après 2014, apparaît non comme une réaction, mais davantage, comme la manifestation d'une stratégie globale tournée vers l'avenir. Quels sont donc les différents artisans de ce redéploiement en Afrique ?

1.2. Typologie des entrepreneurs d'influence en Afrique

Nous distinguons trois types d'entrepreneurs qui, par leurs actions, participent à renforcer l'influence de la Russie en Afrique. Cette typologie prend la forme de cercles concentriques avec, au centre, le Kremlin et ses intérêts : plus on s'en éloigne, moins ces acteurs ont accès aux réseaux du pouvoir russe.

---

[11] K. Limonier, « The Dissemination of Russian-Sourced News in Africa: A Preliminary General Map », *Institut de recherche stratégique de l'École militaire* (IRSEM), 29 janvier 2019.

[12] I. Loškarev, « PolitikaRossii v menâûščejsâAfrike : v poiskahstrategii » [La politique russe dans une Afrique en mutation : à la recherche d'une stratégie], Russian International Affairs Council, 9 octobre 2019, disponible sur : www.russiancouncil.ru, consulté le 4 mars 2023.

[13] S. Sukhankin, « The Russia-AfricaSummit: Soviet Mistakes and Fresh Challenges », Eurasia Daily Monitor, vol. 16, n° 149, The Jamestown Foundation, 28 octobre 2019, disponible sur : www.jamestown.org, consulté le 5 mars 2023.

[14] L'Union Soviétique s'était uniquement consacrée à promouvoir son idéologie et à défier les autres acteurs internationaux.

1.2.1. Les « grands » entrepreneurs russes

Les figures de proue de cette catégorie sont : l'oligarque monarchiste et traditionaliste Konstantin Malofeïev, dont les intérêts dépassent largement le strict cadre africain et la manipulation informationnelle, et Evgueni Prigojine. Surnommé « le cuisinier du Kremlin », E. Prigojine a fait fortune dans les années 1990-2000 dans l'industrie du hot-dog, puis dans la restauration de luxe à Saint-Pétersbourg. Il est aujourd'hui admis que ce personnage, qui avait un accès direct au Kremlin, était à la fois à la tête de la société militaire privée Wagner[15], de sociétés engagées dans des contrats publics avec le gouvernement russe (en particulier le ministère de la Défense), de compagnies d'exploitation de matières premières en Afrique et en Syrie et, enfin, d'un puissant appareil d'influence à la fois visible et clandestin. Son rôle dans les ingérences de 2016, à travers l'Internet Research Agency (IRA), « l'usine à trolls » de Saint-Pétersbourg, a été largement documenté par le FBI[16].

L'Afrique subsaharienne a constitué une zone de prospection pour la plupart des secteurs de la «galaxie Prigojine ». Le soutien en influence offert à certains gouvernements fait partie d'une sorte de « package » qui inclut des prestations de sécurité et l'exploitation de ressources. C'est le cas en RCA, où ce modèle économique est le plus abouti. L'on retrouve ce groupe aussi à divers degrés au Soudan, en République démocratique du Congo et au Mozambique. Le Mali, où Wagner se déploie depuis décembre 2021 après des négociations avec le gouvernement de transition à Bamako, s'ajoute depuis cette date à la liste[17].

---

[15] K. Marten, (2019), « Russia's use of semi-state security forces : the case of the Wagner Group », *Post-Soviet Affairs*, 35 (3), pp. 181-204 et M.Olivier, 2021, « Russie-Afrique : l'ombre des mercenaires de Wagner », *Jeune Afrique*, 26 juillet
[16] R. S.Mueller, (2019), *Report On The Investigation Into Russian Interference In The 2016 Presidential Election*, Washington, U.S. Departement of Justice, mars.
https://www.justice.gov/archives/sco/file/1373816/download, consulté le 11 février 2023.
[17] M. Audinet et C. Gérard, (2022), « Les "libérateurs" : comment la "galaxie Prigojine" raconte la chevauchée du groupe Wagner au Sahel », *Le Rubicon*, 15 févr.
https://lerubicon.org/publication/la-galaxie-prigojine-promoteur-de-wagner-au-sahel/, consulté le 10 février 2023 et M. Audinet, M. Dreyfus, 2022, « La Russie au Mali. Une présence bicéphale », *Étude*, 97. https://www.irsem.fr/media/etude-irsem-97-audinet-dreyfus-def.pdf, consulté le 10 février 2023.

1.2.2. Les entrepreneurs politiques étrangers, européens ou africains du déploiement stratégique de la Russie en Afrique

Il est question ici de tous ceux qui cherchent à capitaliser sur la présence rehaussée de la Russie dans la région pour appuyer leurs propres agendas militants ou idéologiques à l'échelon régional. Ces figures peuvent être liées ou non à des entrepreneurs du premier cercle. L'activiste franco-béninois Kémi Séba[18], connu pour ses positions extrémistes, a ainsi obtenu le soutien d'une fondation du réseau Prigojine pour amplifier la diffusion de son discours hostile à la présence française en Afrique. C'est aussi le cas de la militante suisso-camerounaise Nathalie Yamb[19]. D'autres semblent ne pas entretenir de relations directes avec les grands entrepreneurs russes, à l'image de Luc Michel, un nationaliste belge et soutien ardent de la politique russe en Afrique[20]. À travers un réseau d'une dizaine de sites, L. Michel diffuse des publications hostiles à « l'impérialisme occidental » et semble vivre, du moins médiatiquement, de cette position[21].

1.2.3. Les acteurs neutres ou acteurs sans aucun lien direct ou indirect avec Moscou

Ce cercle inclut des acteurs sans aucun lien direct ou indirect avec Moscou. Il s'agit pour l'essentiel d'entrepreneurs du numérique qui, parce qu'ils trouvent un intérêt financier à diffuser une parole russe sur le continent, constituent des relais d'influence « malgré eux ». Il ne s'agit donc pas d'entrepreneurs d'influence au sens plein du terme, puisque leur accompagnement du retour de la puissance russe n'est pas

---

[18] Kémi Séba, de son vrai nom Stellio Gilles Robert Capo Chichi, né le 9 décembre 1981 à Strasbourg, est un militant politique franco-béninois.

[19] Nathalie Yamb, née le 22 juillet 1969 en Suisse, est une femme politique, activiste et militante suisse, accusée par ses détracteurs d'être liée au groupe Wagner et d'être un élément de la propagande russe en Afrique. Installée en Côte d'Ivoire depuis 2007, elle est expulsée du pays pour la Suisse en décembre 2019. En France, elle est persona non grata depuis janvier 2022. Elle est membre du parti politique ivoirien Lider et conseillère exécutive de Mamadou Koulibaly.

[20] M. Laruelle et K. Limonier (2021), « Beyond "hybridwarfare": a digital exploration of Russia's entrepreneurs of influence », *Post-Soviet Affairs*, 37 (4), p. 318-335.
https://doi.org/10.1080/1060586X.2021.1936409
DOI : 10.1080/1060586X.2021.1936409 , consulté le 10 février 2023.

[21] M. Laruelle et K. Limonier, (2021), « Beyond "hybridwarfare": a digital exploration of Russia's entrepreneurs of influence », *Post-Soviet Affairs*, 37 (4), p. 318-335.
https://doi.org/10.1080/1060586X.2021.1936409
DOI : 10.1080/1060586X.2021.1936409 , consulté le 10 février 2023.

intentionnel. C'est le cas d'un large éventail de sites africains, qui semblent avoir fait de la réplication des contenus russes en français un véritable modèle économique. Ces portails, qui relaient de nombreuses rumeurs et faits divers invérifiables, prolongent dans la sphère numérique la presse à sensation caractéristique des paysages médiatiques d'Afrique de l'Ouest[22]. Pour de tels sites, qui engrangent des revenus en fonction du nombre de clics, les contenus russes – en particulier ceux de RT et *Sputnik* – représentent une manne inespérée : libres de droits, ils sont le plus souvent bien écrits et s'accordent aisément à la tonalité générale de cette « presse jaune ». Ces organismes s'efforcent aussi de maximiser la diffusion de leurs contenus sur les réseaux sociaux ; certains créent même leurs propres réseaux de propagation pour capter davantage d'audience, et donc générer des revenus (Limonier, 2018). Plusieurs réseaux de ce type ont été découverts en Afrique francophone, sans qu'un lien avec des intérêts russes n'ait pu être démontré. C'est le cas du réseau *Africa24*, qui regroupait à son apogée une dizaine d'autres sites aux noms évocateurs[23].

2. Les manifestations du redéploiement stratégique sur tous les plans

Anciens satellites du bloc soviétique, alliés vénézuéliens ou iraniens, partenaires commerciaux chinois ou indiens... La Russie n'a de cesse d'affirmer son retour sur le devant de la scène internationale. Redevenue une actrice incontournable sous l'impulsion du Président Vladimir Poutine, elle a aussi pu prouver qu'elle était à nouveau capable de projeter ses forces lorsqu'elle est intervenue au profit de son allié syrien dès 2015. Aujourd'hui, solidement implantée au Moyen-Orient, la Fédération de Russie entend profiter de ce succès géostratégique. Il est un autre terrain sur lequel la Russie se redéploie progressivement : celui de l'Afrique. Coopération militaire, investissements économiques, soutien à la lutte contre le terrorisme :

---

[22] O. Kamga, (2019), « Difficile émergence d'un journalisme objectif en Afrique. Origine du drame et pistes de solution », *Communication*, 36 (1).
https://doi.org/10.4000/communication.9827
DOI : 10.4000/communication.9827, consulté le 10 février 2023.
[23] A ce sujet, lire l'enquête des Observateurs, *France 24*, « Africa24.info, 24jours.com et Cie : enquête sur un réseau de désinformation en Afrique », 16 mars 2020. Accès : https://observers.france24.com/fr/20200316-africa24-info-24jours-com-reseau-desinformation-clickbait-afrique (consulté le 7 févr. 2023).

après des années d'absence entre la chute de l'Union soviétique et la fin des années 2000, la Russie fait son grand retour sur le continent africain.

2.1. Redéploiement sécuritaire tous azimuts et exportations militaires russes en Afrique

Le soutien militaire de la Russie à l'Afrique ne date pas d'hier. Le redéploiement sécuritaire de Moscou s'observe dans toute l'Afrique au Sud du Sahara et au Nord arabophone du continent. Même si l'influence de Moscou s'est réduite après la chute de l'ancienne URSS, le commerce des armes quant à lui n'a jamais cessé.

2.1.1. Un redéploiement sécuritaire tous azimuts dans toute l'Afrique au Sud du Sahara et le Nord arabophone du continent

Après une longue éclipse, la Russie reprend pied en Afrique, comme le montre son soutien militaire appuyé à la Centrafrique. Moscou, qui, par le passé, a soutenu la décolonisation, se contente de remplir son carnet de commandes et de renforcer ses partenariats sécuritaires.

En octobre 2019, une quarantaine de chefs d'État se pressent dans les allées de l'ancien village olympique de Sotchi, la cité balnéaire des bords de la mer Noire qui a accueilli les Jeux d'hiver en 2014. Tenu à l'initiative du président Vladimir Poutine, le premier sommet Russie-Afrique se conclut par la proclamation d'objectifs ambitieux. Le Kremlin vise le doublement des échanges commerciaux d'ici à cinq ans et sur la promesse d'un nouveau rendez-vous, probablement à Addis-Abeba (Éthiopie), siège de l'Union africaine, en 2022.

Cette grand-messe diplomatique a été perçue en Occident comme la consécration du retour de Moscou sur le continent africain, traduction d'un intérêt nouveau pour la région qui s'inscrit dans une stratégie d'ensemble. Une analyse plus attentive montre que ce processus a en réalité débuté il y a une quinzaine d'années. Depuis, il a sensiblement évolué, tant par la géographie des pays concernés que par les vecteurs d'influence employés, sans toutefois qu'une approche cohérente à l'échelle africaine se dessine.

La topographie de l'influence de Moscou en Afrique a longtemps épousé les reliefs de la décolonisation et de la lutte anti-apartheid. Si ce continent était présent dans les réflexions de Lénine dès le début des années 1920, ce n'est que trois décennies plus tard, à la faveur de l'effondrement des empires français et britannique, qu'il devient un enjeu de politique étrangère pour le Kremlin. Après sa tonitruante irruption dans la crise de Suez, en octobre 1956, l'Union soviétique apporte un soutien économique et militaire massif à l'Égypte du président Gamal Abdel Nasser, tout en s'intéressant de plus en plus activement aux divers mouvements de libération nationale. La Chine maoïste, qui dénonce la tiédeur révolutionnaire de l'ancien grand frère soviétique, aiguillonne Moscou sur sa gauche. À partir de 1956, l'URSS noue des liens privilégiés avec le Front de libération nationale (FLN) algérien. La base russe de Perevalnoe, en Crimée, accueille des combattants antiapartheid du Congrès national africain (ANC) de Nelson Mandela, de l'Union du peuple africain du Zimbabwe (ZAPU) ou du Front de libération du Mozambique (Frelimo).

Traditionnellement, la Russie distingue l'Afrique au Sud du Sahara et le Nord arabophone du continent, où elle déploie l'essentiel de ses efforts diplomatiques et économiques. Cette tendance s'est renforcée depuis les « retrouvailles » avec l'Égypte en 2013, après le coup d'État militaire du maréchal Abdel Fattah Al-Sissi, et grâce au renforcement, observé depuis 2014 des liens avec le Maroc. Les ventes d'armes et la coopération militaire sont les premières manifestations du rapprochement avec Le Caire. Entre 2013 et 2017, les militaires égyptiens reçoivent quarante-six avions de combat Mig-29M, des systèmes antiaériens Buk-M1-2 et S-300VM, ainsi que quarante-six appareils d'attaque Ka-52. Initialement destinés aux porte-hélicoptères Mistral que la France devait vendre à la Russie, ceux-ci échoient à l'Égypte en 2015. Ce processus devrait se poursuivre avec la livraison de chasseurs bombardiers Su-35, en dépit des menaces de rétorsions américaines envers Le Caire. Les marines de guerre russe et égyptienne ont par ailleurs conduit ensemble, en octobre 2020, des exercices en mer Noire, tandis que les troupes aéroportées des deux pays se retrouvent désormais tous les ans pour des manœuvres conjointes.

Les liens commerciaux entre les deux pays se sont fortement développés, le volume des échanges bilatéraux passant de 2,8 milliards de dollars en 2011 à près de 8 milliards en 2018. La Russie a beaucoup augmenté ses exportations de céréales vers l'Égypte, premier importateur mondial, qui s'est approvisionnée à hauteur de 85 % en blé russe lors de la campagne 2017-2018. Par ailleurs, selon les termes d'un accord signé en 2015, Rosatom construira à Al-Dabaa, à l'ouest d'Alexandrie, la première centrale nucléaire du pays. Le chantier, estimé à environ 25 milliards de dollars (21 milliards d'euros), devrait s'achever en 2029. Il est financé à hauteur de 85 % par un prêt de l'État russe.

Les tensions croissantes avec l'Occident à la suite de la crise ukrainienne et l'implication grandissante de Moscou au Proche-Orient après le déclenchement de l'intervention militaire en Syrie ont également rendu possible l'essor des relations jusqu'ici plutôt modestes avec le Maroc. En mars 2016, quatorze ans après une première visite, le roi Mohammed VI, accompagné d'une dizaine de ministres, était reçu au Kremlin par M. Poutine. Le Maroc est l'un des principaux bénéficiaires des contre-sanctions instaurées par Moscou en août 2014 sur les produits agroalimentaires européens. Il espère en outre attirer les touristes russes grâce à l'ouverture d'une liaison aérienne directe. Casablanca était, avant la pandémie de Covid-19, l'une des rares villes africaines à être reliées à Moscou. Le volume des échanges bilatéraux n'est plus négligeable, puisqu'il a atteint 1,47 milliard de dollars (1,25 milliard d'euros) en 2018.

Ces dernières années, les relations russo-marocaines comportent une importante dimension sécuritaire. En décembre 2016, le secrétaire du conseil de sécurité nationale de Russie, M. Nikolaï Patrouchev, a effectué une visite de deux jours au Maroc. Cette visite faisait écho à celle, en avril 2018, de M. Abdellatif Hammouchi, le chef de la direction générale de la sûreté nationale (DGSN) et de la direction générale de la surveillance du territoire (DGST), à Moscou. Les divergences pudiquement tues en public sur le Sahara occidental n'empêchent donc pas la Russie et le royaume chérifien de développer des relations pragmatiques et ambitieuses dans tous les domaines ou presque.

Plus généralement, depuis 2014, l'aspect sécuritaire de la politique russe en Afrique est prépondérant. Au cours des cinq dernières années, elle a signé des accords avec une vingtaine de pays, les plus récents étant ceux avec le Mali (juin 2019), le Congo (mai 2019) et Madagascar (octobre 2018). Ils prévoient généralement la formation d'officiers à Moscou, la livraison de matériels militaires neufs ou la maintenance d'équipements déjà en dotation, des exercices communs, la lutte contre le terrorisme et la piraterie maritime. Ces composantes variant en fonction de la situation des pays et de leurs préoccupations. Si l'ouverture des bases militaires permanentes en Afrique n'est pas à l'ordre du jour, l'annonce, en décembre, de la préparation d'un accord intergouvernemental avec le Soudan sur l'ouverture d'un point d'appui logistique et matériel en mer Rouge[24] indique que Moscou cherche des facilités navales, dans le prolongement de son implication croissante au Levant.

2.1.2. Les exportations militaires russes en Afrique

Le retour d'influence de la Russie concerne en particulier les États dirigés par des militaires putschistes comme le Soudan, la Guinée, le Burkina Faso, le Mali, auxquels s'ajoute la Centrafrique[25].

Dès 2006, c'est en Algérie que la Russie a posé le premier jalon de son retour sur le continent africain. Poutine y étrenne une stratégie qui s'avère efficace. Il annule la dette de l'Algérie envers la Fédération de Russie (4,7 milliards de dollars), en échange d'un contrat d'armement substantiel. Ce contrat de 7,5 milliards de dollars permettra à l'Algérie d'afficher ses ambitions de puissance maghrébine de manière plus crédible et à la Russie de reposer un pied sur le sol africain.

Deux ans après, cette même méthode est appliquée en Libye : annulation de la dette contre un contrat ferroviaire de grande ampleur et des facilités d'installation pour Gazprom, le géant russe du secteur gazier. Depuis la guerre et la chute du colonel Kadhafi, la Russie reste impliquée dans le pays, notamment aux côtés du maréchal Haftar auprès duquel sont déployés des opérateurs de la désormais célèbre SMP « Wagner ».

En Égypte, en 2014, la Russie profite du désengagement américain consécutif aux printemps arabes pour se rapprocher du président Al-Sissi. La Russie est même le premier pays hors du monde arabe à faire l'objet d'une visite officielle par le nouvel homme fort de l'Égypte. Dès le mois de septembre, les deux pays signent un contrat d'armement de 3,5 milliards de dollars. Depuis, l'Égypte et la Russie sont liées par d'étroits traités de collaboration militaire, portant sur la fourniture d'armements ou sur la formation. En outre, un accord conclu en 2015 prévoit une coopération entre la société d'État Rosatom et l'Égypte. Cette coopération permet la construction d'une centrale nucléaire dans la région de Dabaa. Enfin, la Russie y trouve un nouveau débouché pour ses céréales boycottées en Occident.

---

[24] Lire à ce propos, P. Airault, (23 novembre 2020), « Bataille navale : Vladimir Poutine installe sa marine à Port-Soudan » (entretien avec Igor Delanoë), *L'Opinion*, Paris.
[25] Centre d'études stratégiques de l'Afrique (9 mars 2021), « Autocratie et instabilité en Afrique », Infographie.

Sur la période 2014-2019, la Russie est devenue le principal pourvoyeur d'armes de l'Afrique, si l'on en croit les chiffres du *Stockholm International Peace Research Institute* (Sipri)[26], un observatoire international reconnu du marché de l'armement. Elle fournit ainsi presque la moitié des équipements (49%) vendus aux pays du continent. L'Algérie et l'Égypte sont aujourd'hui les deux plus importants clients africains de l'industrie militaire russe. Moscou vend presque deux fois plus d'armes aux Africains que leurs deux autres gros fournisseurs : États-Unis (14%) et Chine (13%). La France est le 4e plus important, avec 6,1% du marché.

Avec l'Algérie, l'Égypte et l'Angola, le Kremlin a en fait retrouvé d'anciens partenaires du temps de l'URSS. L'Algérie est, et de loin, le plus gros débouché de l'industrie militaire russe en Afrique.

En 1996, les Russes ont effacé 70% de la dette de Luanda, d'un montant de 4,5 milliards d'euros, remontant à l'époque soviétique. En 2019, ils ont signé un accord pour la fourniture de plus de 20 avions chasseurs SU-35. Montant : 2 milliards de dollars (1,78 milliard d'euros). Troisième gros client : l'Angola. Suivi et de très loin par le Nigeria, le Rwanda, le Mali, le Soudan... Et la Russie n'arrête pas de conquérir des parts de marché sur le continent. Au début des années 2000, 16 pays africains (sur 54) achetaient des armes à la Russie, constate la *Deutsche Welle*.

Selon les cercles diplomatiques de Moscou, la Russie essaie d'éviter une confrontation frontale avec d'autres puissances mondiales en Afrique ; comme au temps de la guerre froide. On disait qu'il se concentrait plutôt sur des zones et des pays dans lesquels ni l'Occident ni la Chine n'étaient encore actifs, tout simplement parce que cela coûterait moins cher. Quoi qu'il en soit, les poids lourds africains comme l'Afrique du Sud, le Nigeria et le Kenya sont toujours des partenaires russes fiables en Afrique subsaharienne, aux côtés de plusieurs autres pays africains. Les relations entre la Russie et la Côte

---

[26] L'Institut international de recherche sur la paix de Stockholm (en anglais, *Stockholm International Peace Research Institute, SIPRI*) est un institut international basé à Stockholm. Il a été fondé en 1966 et fournit des données, des analyses et des recommandations dans les secteurs concernant les conflits armés, les dépenses militaires, le commerce d'armes, et le désarmement et le contrôle d'armes. La recherche est basée sur des sources accessibles et s'adresse aux décideurs (politiques), aux chercheurs, aux médias et au public intéressé. L'objectif organisationnel de SIPRI est de mener des recherches scientifiques sur les questions de conflit et de coopération importantes pour la paix et la sécurité internationales, dans le but de contribuer à la compréhension des conditions d'une solution pacifique des conflits internationaux et d'une paix durable.

d'Ivoire sont également devenues fortes et amicales après l'éclatement de l'Union soviétique en 1991, bien que le pays soit resté principalement attaché à son ancienne puissance coloniale, la France. Les relations bilatérales se sont encore renforcées depuis que la Russie a envoyé des missions de l'ONU dans le pays.

Le Tchad n'a jusqu'ici qu'une simple coopération militaire portant sur la formation ; cela n'est tout de même pas à négliger, quand on sait que dans ce pays se trouve le Q G de la force Barkhane, ainsi que des militaires américains. L'Angola partage aussi un partenariat stratégique avec la Russie : en plus d'avions de combat multirôle Soukhoi Su-30, la coopération porte sur l'entretien d'équipements militaires et la formation des cadres.

L'Ouganda a également, en plus du protocole avec Rosatom en juin 2017 sur le nucléaire civil, un partenariat stratégique avec la Russie. Il a déjà acquis des T-90 et des chasseurs Soukhoi Su-30.

Le Zimbabwe a, outre un contrat de 3 milliards de dollars portant sur une mine de platine et dont sont attendus 8000 emplois locaux, renforcé ses liens militaires avec Moscou. Une aubaine pour ce pays auquel les Occidentaux, en guise de sanctions, ont cessé de fournir du matériel militaire depuis les années 2000.

L'Afrique du Sud, membre comme la Russie des BRICS, a avec le pays de Vladimir Poutine de sérieuses relations politiques, économiques, culturelles, agro-alimentaire, sans vouloir méconnaître ces rapports dans le domaine de l'énergie atomique avec Rosatom. La Russie, profitant du Xe sommet des BRICS à Johannesburg en juillet 2018, a signé un mémorandum portant sur la coopération technique et militaire avec la SADC, une des organisations les plus influentes en Afrique et qui regroupe 16 États ; notons que les armées de beaucoup de pays de la SADC sont équipées de matériels russes. On le voit, le forum des BRICS est pour la Russie un levier en or pour son influence en Afrique.

Le Cameroun : la Russie a signé avec ce pays un accord de coopération militaire depuis le 15 avril 2015 ; des formations, notamment en sécurité incendie, sont dispensées par des experts venus de Russie et des officiers camerounais sont également formés dans ce pays.

La RDC et la Russie ont contracté une convention de coopération militaire datant de 1999. Les deux pays entendent la redynamiser. Ils se sont également accordés sur des partenariats dans le secteur de l'exploitation minière, de l'énergie et de l'agriculture.

Le Burundi qui, avant la chute de l'URSS, y formait l'essentiel de ses cadres militaires, renforce, en ces temps de tensions avec l'Occident surtout, ses liens avec la Russie ; il vient de signer, en marge du Forum militaire de 2018 qui eut lieu en Russie, des contrats pour la livraison d'hélicoptères de combat.

Quant au Soudan, en plus d'accords dans le nucléaire civil, les secteurs minier et énergétique, ont signé avec Moscou un accord militaire en février pour renforcer ses capacités militaires. Cela a réconforté la posture du président Béchir, suite à son voyage en Russie ; d'où ces propos optimistes : « Nous sommes prêts à faire face à toute menace contre notre pays ». La possibilité d'établir dans ce pays une base militaire permanente pour l'Afrique de l'Est a déjà été évoquée au sommet entre autorités des deux pays. Notons que le Soudan a une réserve d'uranium extrêmement importante, probablement la troisième mondiale.

En ce qui concerne le Mozambique, il a également un accord de coopération militaire et technique avec la Russie. Depuis le 22 décembre 2015, il est facile de comprendre que cet accord fera l'objet de beaucoup d'attention au regard des récentes attaques attribuées à des islamistes radicaux au Nord de ce pays.

De son côté, le Burkina Faso a, avec la Russie, signé en août 2017 un accord dont les termes amènent la Russie à soutenir ce pays dans sa lutte contre le terrorisme islamique. La menace terroriste est en effet une priorité de Moscou dans sa coopération avec l'Afrique. Ce grand partenaire se targue d'avoir une grande expérience en matière de lutte anti-terroriste, avec des armes et moyens de renseignements perfectionnés.

N'étant pas en reste, la Guinée équatoriale a, avec la Russie, un accord dont les termes n'ont pas été divulgués, accordant des facilités pour l'entrée libre et le ravitaillement des navires de guerre russes dans ses ports.

Pour sa part, la Guinée Conakry a avec la Russie une commission intergouvernementale de coopération économique, scientifique, technique et commerciale. Suite à la visite du président Alpha Condé en Russie en septembre 2017, les deux pays ont signé huit (08) nouveaux accords de coopération dans plusieurs domaines, y compris la construction de garnisons militaires.

Pour revaloriser leur coopération, et du coup, s'impliquer dans la crise malienne, la Russie a offert au Mali, deux hélicoptères en 2017, ainsi que des armes et munitions, notamment dans le cadre de la lutte antiterroriste.

Le Niger a relancé ses anciennes relations avec Moscou par un protocole datant de 2016, notamment en matière de sécurité et développement. Malgré la présence de l'armée française, mais également d'une base Allemande, de militaires italiens, et de la plus grande base Américaine de drones sur le continent, le président Mahamadou Issoufou aurait également fait appel aux Russes pour lutter contre le terrorisme.

En Érythrée, la Russie entend investir sérieusement et faire de ce pays la passerelle vers l'Éthiopie, suite à ses retrouvailles avec celle-ci, voire le « pivot vers l'Afrique » ; la Russie tient à une solide présence dans la région de la Corne de l'Afrique et de la mer Rouge.

Notons qu'à Djibouti, la Russie cherchait (selon le journal Jeune Afrique du 22 mai 2018), à l'instar de la Chine qui y a sa base depuis octobre 2017, à installer une base navale, mais a reçu une fin de non-recevoir ; on dit maintenant que l'Égypte et le Soudan seraient des options.

De même, à Madagascar, la Russie investit dans la santé, mais on dit qu'elle souhaite s'implanter dans le port de Toamasina pour avoir un accès à l'océan Indien.

Aux Comores, les deux pays ont signé en février 2015 une convention de coopération portant sur la sécurité, notamment la lutte contre le terrorisme. Une convention relancée récemment par le gouvernement actuel.

De ce qui précède, l'on peut dénombrer une quinzaine d'accords de coopération militaire et technique entre la Russie et l'Afrique. L'accélération du retour militaire de la Russie en Afrique est bien frappante, avec pas moins de six accords militaires récents en moins d'une année (d'août 2017 à mai 2018) avec la RD Congo, le Soudan, la Centrafrique, l'Égypte, la Guinée, le Burkina. Cette Russie qui avait, il y a quarante ans, accompagné les indépendances de beaucoup de pays africains connaît suffisamment l'importance de l'Afrique pour s'en désintéresser aujourd'hui ; au contraire ! Elle a senti que le monde change et, championne de la multipolarité, elle veut être sur le continent africain, un partenaire de marque.

Les Russes disposent de bases en Centrafrique dont celles de Bria et de Ouata dans le Nord-Est, curieusement dans une zone diamantifère. En fait, Moscou a diversifié sa coopération en Afrique : il s'est appuyé sur les partenaires traditionnels, les amitiés idéologiques d'avant, qu'il a redynamisées sous d'autres formes, tels les cas de l'Algérie, de l'Éthiopie, du Soudan. Mais, Moscou s'est également ouvert à de nombreux autres pays africains, y compris et surtout l'Afrique du Sud avec laquelle il avait toujours eu maille à partir du temps de l'Apartheid.

2.2. Domaine commercial et *Soft power* russe en Afrique

Sur le plan commercial, il s'agit de trouver des débouchés dans les autres domaines où la Russie est compétitive, notamment la prospection géologique, l'extraction des matières premières et le secteur hautement technologique du nucléaire civil[27]. Dans cette politique d'influence, l'enseignement, la formation et la langue sont également pris en compte.

2.2.1. Domaine commercial rénové et fructifié

À l'instar des autres puissances présentes en Afrique, l'importation de ressources naturelles africaines constitue également une priorité pour les Russes. En effet, s'il est vrai qu'elle dispose d'une large part des réserves mondiales de ressources minérales et d'hydrocarbures[28], la Russie a néanmoins besoin de minéraux tels que le manganèse, la bauxite, le chrome et le coltan[29]. On peut également estimer que la Russie a tout intérêt à s'entendre avec les autres pays producteurs de minerais pour maintenir des prix aussi élevés que possible face à la demande asiatique, américaine et européenne.

Le commerce et les investissements russes en Afrique ont considérablement augmenté, en particulier au Maghreb, en Égypte et au Soudan[30]. L'une des raisons était l'attractivité croissante des marchés africains du gaz et du pétrole pour les sociétés russes telles que

---

[27] La Russie est aujourd'hui l'un des principaux acteurs mondiaux du combustible nucléaire. Pour plus d'informations, voir Nicolas Mazzucchi, « Nucléaire civil : un enjeu stratégique pour la Russie » in Anne de Tinguy (dir.), *Regards sur l'Eurasie – L'année politique 2018 / Les Études du CERI, n° 241-242*, février 2019.
[28] 30 % des réserves totales de matières premières énergétiques et minières. Voir Cyrille Bret, Begorre-Bret M., (2 janvier 2016), « La Russie a-t-elle les moyens économiques de ses ambitions géopolitiques ? », *Diploweb*.
[29] M. Kumar, (9 janvier 2019), « La Russie est-elle un acteur clé en Afrique ? », *BBC*.
[30] Agnieszka Paczyńska, (2020), "Russia in Africa: is great power competition returning to the continent? Bonn: German Development Institute", *Deutsches Institut fürEntwicklungspolitik (DIE)*, Briefing, p.15.

Rosneft[31], Gazprom[32], Lukoil[33], non seulement comme une opportunité d'augmenter la production et l'impact sur le marché mondial du gaz, mais aussi pour influencer les prix et les conditions du marché d'autres pays[34]. Ceci, d'autant plus, en ce qui concerne l'embargo occidental envisagé sur les importations de pétrole et de gaz en réaction des États-Unis et de l'UE à la guerre de Poutine en Ukraine. À cet égard, la suggestion répétée des politiciens et des médias occidentaux que l'UE et ses États membres devraient accroître les importations de gaz naturel liquéfié africain, y compris le Nigeria, l'Égypte, le Mozambique, la Tanzanie et le Ghana[35] s'est avérée être une bénédiction mitigée.

Le commerce entre la Russie et l'Afrique a doublé depuis 2015, pour atteindre environ 20 milliards de dollars par an en 2021, selon le président de la Banque africaine d'import-export, Benedict Oramah. La Russie a exporté pour quatorze (14) milliards de dollars de biens et services et a importé environ cinq (05) milliards de dollars de produits africains. Les matières premières stratégiques présentent un intérêt particulier. Par exemple, Rusal, une entreprise extrait de la bauxite, la source de l'aluminium, en Guinée, et le groupe nucléaire Rosatom extrait de l'uranium en Namibie. Alrosa, la plus grande société d'extraction de diamants au monde, tentait d'étendre ses opérations en Angola et au Zimbabwe, selon la Fondation Carnegie pour la paix internationale.

2.2.2. Le *Soft power* russe en Afrique : regard sur l'enseignement, la formation et la langue

Le *soft power*, ou « puissance douce », représente généralement les critères non coercitifs de la puissance d'un État. Parmi ces critères, on

---

[31] Rosneft est une société d'État russe spécialisée dans l'extraction, la transformation et la distribution de pétrole. C'est le deuxième plus grand producteur de pétrole russe, après Gazprom. Son siège se trouve à Moscou sur l'île de Baltchoug, de l'autre côté de la Moskova et en face du Kremlin.

[32] Gazprom est une société anonyme russe connue principalement pour l'extraction, le traitement et le transport de gaz naturel. Depuis 2005, elle est aussi un acteur majeur sur le marché mondial du pétrole. Son nom est l'acronyme de Gazovaïa Promychlennost, qui signifie « Industrie gazière » en russe.

[33] PJSC Lukoil est le plus grand producteur russe de pétrole. En 2005, il a produit 90,16 millions de tonnes de pétrole et 7,57 milliards de m^3 de gaz naturel.

[34] Shakhovskaya L.S. & V. I. Timonina (2019), "Russia on the African natural gas market. In: Popkova E. (eds), The Future of the Global Financial System: Downfall or Harmony", *Institute of Scientific Communications (Volgograd, Russia), (ISC)*, 2018. Lecture Notes in Networks and Systems, vol. 57, pp. 705-707.

[35] Fox, 2022 ; Whitehouse, 2022.

note en particulier l'influence culturelle. Défini par le géopolitologue américain Joseph Nye en 1990 comme « l'habileté à séduire et à attirer »[36], le concept de *soft power* met en perspective la notion de puissance dans un cadre non conventionnel[37].

À l'intérieur des relations interétatiques, la tradition géopolitique distingue deux types de relations entre les nations. Les premières reposent sur la puissance traditionnelle, c'est-à-dire sur un rapport symétrique de rivalité et de négociation (*hard power* ou « puissance dure »)[38]. Dans l'économie géopolitique traditionnelle, la guerre mesure les forces. Quant à la diplomatie, elle cherche les compromis, les accords.

Au cours des dernières années, Moscou s'est ainsi fait remarquer par ses interventions militaires décrites comme limitées et opportunistes[39]. Parmi elles, la Géorgie en 2008 et l'Ukraine en 2014. À ces opérations militaires conventionnelles, s'ajoutent des actions de type hybride (entre autres, des cyber-attaques et des campagnes de désinformation) menées, par exemple, dans les pays Baltes[40]. Mais, il faut également compter avec la diplomatie publique/culturelle russe (*soft power*) active à travers le monde[41]. Considérée comme un « outil intentionnel de politique étrangère pour atteindre certains objectifs » au même titre que les interventions militaires et « une extension de la diplomatie traditionnelle »[42], cette diplomatie s'appuie sur un éventail d'instruments d'action parmi lesquels les agences culturelles[43].

Selon la spécialiste Marlène Laruelle, le *soft power* russe s'articule autour de deux axes diplomatiques publics : un premier, dit classique, dirigé par des instances étatiques et un autre par des acteurs

---

[36] Joseph Nye, (1990), *Bound to Lead: The Changing Nature of American Power*, New-York, p. 5.

[37] Ibid.

[38] Pour une large compréhension, lire à ce propos Olga V. Alexeeva et Frédéric Lasserre, (octobre 2022), « Le concept de troisième pôle : cartes et représentations polaires de la Chine », *Géoconfluences*; Nashidil Rouiaï, (septembre 2018), « Sur les routes de l'influence : forces et faiblesses du soft power chinois », *Géoconfluences*,

[39] Lire à ce sujet Y. Bourdillon, « La Russie veut retrouver son rang à l'international », *Les Echos*, 12 mars 2018.

[40] S. Chivvis Christopher, (2017), "Hybrid war: Russian contemporary political warfare", *Bulletin of the Atomic Scientists*, vol. 73, n° 5, pp. 316-317.

[41] M. Audinet, (2017), « Anatomie de la diplomatie culturelle russe à l'ère postsoviétique », *Hérodote*, vol. 3-4, n° 166-167, pp. 165-177.

[42] C. S. Chivvis, (2017), "Hybrid war: Russian contemporary political warfare", *Bulletin of the Atomic Scientists*, vol. 73, n° 5, pp. 316-317.

[43] E. Sevin, (2017), *Public Diplomacy and the Implementation of Foreign Policy in the US, Sweden and Turkey*, Cham (Suisse), Palgrave Macmillan, p. 27.

paraétatiques (fondations, célébrités, oligarques et médias tels *Russia Today* et *Sputnik*) étroitement liés aux institutions gouvernementales[44]. Ces acteurs paraétatiques agiraient, toutefois, de façon relativement autonome. Leur mission commune est de promouvoir une image positive de la Russie à l'étranger en usant du micro-ciblage. Pour y parvenir, ces divers acteurs s'appuient sur quatre aspects : l'histoire et la culture de la Russie, son héritage soviétique, son statut de « joker » sur la scène internationale ainsi que sa gouvernance et son idéologie politique actuelles. La stratégie consistant à mettre en avant l'histoire et la culture russes, cible prioritairement les Russes établis à l'étranger. Ceux vivant dans « l'étranger proche » peuvent choisir d'être rapatriés (via le programme d'État dédié aux compatriotes, lancé en 2006) ou de demeurer dans leur pays d'accueil où ils bénéficient d'un soutien culturel (et politique) du gouvernement. Pour les Russes installés ailleurs (Europe, Amérique, etc.), les choses sont quelque peu différentes : le lien avec leur pays d'origine étant plus distendu, ils sont encouragés à cultiver leur « russité »[45] en investissant en Russie et en participant à des activités culturelles[46]. La Fondation *Russkiï Mir*, l'Agence fédérale pour la Communauté des États indépendants, le secteur de la coopération humanitaire internationale (*Rossotrudnitčestvo*) et la diaspora russe (qualifiée de « compatriotes »[47]) occupent un rôle non négligeable dans cette stratégie.

En 2013, le nombre d'étudiants africains suivant un cursus universitaire civil était évalué à environ huit mille[48]. Le nouveau directeur de l'Agence pour la coopération, M. Evgueni Primakov, petit-fils de l'ancien chef du gouvernement, souhaite augmenter le quota de places gratuites réservées aux étudiants africains, qui est aujourd'hui d'environ 1 800, et développer un système de bourses dans le cadre d'un partenariat avec les entreprises russes actives en Afrique. Aujourd'hui, la Russie demeure une destination d'études moins prisée que l'Europe et les États-Unis, tant pour des raisons climatiques qu'à

---

[44] M. P. Busson, (février 2012), « La diplomatie culturelle : levier stratégique au cœur des luttes d'influence ? », *Laboratoire d'étude sur les politiques publiques et la mondialisation*, n° 11, p. 3.
[45] M. Laruelle, (avril 2021, « Soft power russe. Sources, cibles et canaux d'influence », *Ifri (Russie.Nei.Visions)*, n° 122, avril 2021, pp. 5-6 et Jill Dougherty, (novembre 2013), "*Russia's "Soft Power" Strategy*" (mémoire), Georgetown University, 111 p.
[46] M. Laruelle, (avril 2021, « Soft power russe. Sources, cibles et canaux d'influence », p. 15.
[47] Jill Dougherty, (novembre 2013), "*Russia's "Soft Power" Strategy*", p. 42.
[48] Lire Alexandra Arkhangelskaya et Vladimir Shubin, (septembre 2013), «Russia's Africa policy», Occasional Paper, n° 157, South African Institute of International Affairs, Johannesburg.

cause des agressions racistes qui ont défrayé la chronique ces dernières années.

Aujourd'hui, la puissance étatique ne se résume plus aux indicateurs économiques, politico-militaires et à la position dans les organisations internationales. Le pouvoir de séduction et la capacité d'influence culturelle sur les autres sociétés sont également à prendre en considération. C'est pourquoi nombre de pays ont doté leur arsenal diplomatique d'outils « culturels ». On parle alors généralement de diplomatie culturelle. Le spécialiste Milton C. Cummings de la Johns Hopkins University la définit comme « un échange d'idées, d'informations, de valeurs, de systèmes, de traditions, de croyances et d'autres aspects de la culture dans le but de favoriser une compréhension mutuelle ».

Cette diplomatie est considérée comme un « outil intentionnel de politique étrangère pour atteindre certains objectifs », au même titre que les interventions militaires, et « une extension de la diplomatie traditionnelle ». Elle s'appuie sur un large panel d'instruments d'action tels les médias (notamment *Russia Today* et *Sputnik* en Russie), les agences culturelles, etc.[49]. D'après l'*Institute for Cultural Diplomacy*[50], la diplomatie culturelle peut s'exercer à travers l'art, les sports, la littérature, la musique, les sciences, les affaires, etc. Ainsi, les États peuvent agir au travers de domaines très divers.

Conclusion

Après avoir entretenu des relations particulières avec l'Afrique durant les périodes de décolonisation et de guerre froide, Moscou s'est par la suite illustrée dans une attitude de désengagement à l'égard de cette dernière au début des années 1990. Puis, cette relation a donné lieu à une valse curieuse, entre relance et recul, pour connaître un véritable regain vers la fin de la décennie 2010. Depuis 2017, la Russie a sensiblement accéléré son retour en Afrique en s'appuyant sur deux nouveaux piliers : le renforcement de la coopération sécuritaire, l'influence tant médiatique que sur Internet. Incontestablement, Moscou a d'ores et déjà repris pied dans de nombreux pays africains, en marquant sa présence de diverses manières. Une situation qui est de nature à inquiéter les anciennes puissances coloniales au rang

---

[49] Y. Lacoste, (2002), « La Russie, dix ans après », *Hérodote*, n° 104, p. 3.
[50] E. Sevin, (2017), *Public Diplomacy and the Implementation of Foreign Policy in the US*, p. 27.

desquelles la France, et par extension, le monde occidental. L'Afrique, serait-elle de nouveau l'un des théâtres des antagonismes Est/Ouest ?

Cependant, la présence russe en Afrique est à relativiser dès lors qu'on la compare à celle des puissances historiquement influentes et celle d'arrivants plus récents comme la Chine ou la Turquie, qui essaient aussi de placer leurs pions sur l'échiquier africain. Le résultat de la nouvelle stratégie de la Russie est qu'elle est en train de devenir, dans un nombre croissant de pays, l'un des acteurs avec qui il faut compter dans la compétition pour l'accès aux ressources en Afrique subsaharienne. La Russie connaît plus de succès dans certains pays que d'autres. Au sein des pays comme l'Angola et le Botswana, son influence semble stagner, voire régresser. En fait, le plus grand succès de la Russie en Afrique est d'avoir amélioré la perception de son rôle et de son influence. Les pays du continent la considèrent de nouveau comme une actrice de premier plan, qui peut au minimum leur offrir une coopération économique décente, et éventuellement contribuer à leur sécurité intérieure et extérieure, voire représenter une sorte de « troisième voie » diplomatique entre les Occidentaux généralement perçus comme intrusifs sur la question des droits humains et les Chinois dont beaucoup dans la région souhaiteraient desserrer l'étreinte. Vu de Moscou, l'Afrique constitue également un réservoir de voix à l'Assemblée générale de l'Organisation des Nations unies (ONU) pour les sessions où sont discutés des sujets sensibles, comme le Donbass ou la Crimée. Ainsi, de nombreux États africains ont voté contre (Soudan, Zimbabwe) la résolution de mars 2014 dénonçant l'annexion de la péninsule par Moscou, ou se sont abstenus (Algérie, Afrique du Sud, Mali, Rwanda, Sénégal…).

Références bibliographiques

Ageeva V. (2019), « Le soft power russe dans les pays baltes », in Dubien A. (dir.), *Russie 2019. Regards de l'Observatoire franco-russe, L'Inventaire,* Paris, pp. 95-97.

Alexeeva O. et Lasserre F. (2020), « La Russie, la Chine et la route de la soie polaire », *Diplomatie 102,* janvier/février.

Arkhangelskaya A. (2013), « Le retour de Moscou en Afrique subsaharienne ? Entre héritage soviétique, multilatéralisme et activisme politique », *Afrique contemporaine,* vol. 4, n° 248, p. 61-74.

Audinet M. et Gérard C., 2022, « Les "libérateurs" : comment la "galaxie Prigojine" raconte la chevauchée du groupe Wagner au Sahel », *Le Rubicon*, 15 févr. https://lerubicon.org/publication/la-galaxie-prigojine-promoteur-de-wagner-au-sahel/, consulté le 10 février 2023.

Audinet M., Dreyfus E., 2022, « La Russie au Mali. Une présence bicéphale », *Étude*, 97. https://www.irsem.fr/media/etude-irsem-97-audinet-dreyfus-def.pdf, consulté le 10 février 2023.

Aurélie Vittot, (2022), *Le retour de la Russie en Afrique : Une menace pour l'influence française sur le continent ?* IHEDN, Novembre.

Baklanov A., « Rossiâ-Afrika : srednesročnij plan dejstvij » (Russie-Afrique : plan d'action àmoyen terme), Russia in Global Affairs, 10 août 2018, disponible sur : www.globalaffairs.ru, consulté le 2 mars 2023.

Dirk Kohnert. L'impact de la présence russe en Afrique...https://nbn-resolving.org/urn : nbn : de : 0168ssoar-78260-6

https://observers.france24.com/fr/20200316-africa24-info-24jours-com-reseau-desinformation-clickbait-afrique (consulté le 7 févr. 2023).

Jonathan Guiffard, (2022), *Une solution providentielle surestimée : dissiper le mirage de l'offre sécuritaire russe en Afrique et ailleurs.* Institut Montaigne.

Joseph Siegle, (2022), *La Russie et le futur ordre international en Afrique.* Centre d'études stratégiques de l'Afrique.

Kamga O., (2019), « Difficile émergence d'un journalisme objectif en Afrique. Origine du drame et pistes de solution », *Communication*, 36 (1).
https://doi.org/10.4000/communication.9827
DOI : 10.4000/communication.9827, consulté le 10 février 2023.

Laruelle M. et Limonier K., (2021), « Beyond "hybridwarfare": a digital exploration of Russia's entrepreneurs of influence », *Post-Soviet Affairs*, 37 (4), pp. 318-335.
https://doi.org/10.1080/1060586X.2021.1936409
DOI : 10.1080/1060586X.2021.1936409, consulté le 5 mars 2023.

Limonier K., « The Dissemination of Russian-Sourced News in Africa: A Preliminary GeneralMap », *Institut de recherche stratégique de l'École militaire* (IRSEM), 29 janvier 2019.

Loškarev I., « PolitikaRossii v menâûščejsâAfrike : v poiskahstrategii » [La politique russe dans une Afrique en mutation : à la recherche d'une stratégie], Russian International Affairs Council, 9 octobre

2019, disponible sur : www.russiancouncil.ru, consulté le 4 mars 2023.

Marten K., (2019), « Russia's use of semi-state security forces : the case of the Wagner Group », *Post-Soviet Affairs*, 35 (3), pp. 181-204.

Mathieu Olivier, (2022), « Russie- Afrique : les mercenaires de Wagner sont-ils vraiment efficaces ? » In *Jeune Afrique*.

Maya Elboudrari, (2022), « Accord militaire avec la Russie : de Madagascar au Cameroun, Moscou en « phase d'accélération » en Afrique. *Tv5 Monde*.

Mousli, M. (2019), "Algerian-Russian cooperation : True strategic Partnership ?", *Vesnik RUDN. International Relations,* 2019 vol. 19 N°.2 284-292, Mission of the league of Arabe States, Moscow, Russian Federation.

Mueller R. S., (2019), *Report On The Investigation IntoRussianInterference In The 2016 Presidential Election*, Washington, U.S. Departement of Justice, mars.
https://www.justice.gov/archives/sco/file/1373816/download, consulté le 11 févier 2023.

Olivier M., (2021), « Russie-Afrique : l'ombre des mercenaires de Wagner », *Jeune Afrique*, 26 juillet, p. 7.

Ordy BetgaBetga (2021), « Accord de coopération militaire Nigeria-Russie: Réflexion sur les ambitions russes sur le continent africain ». Centre africain d'Etudes internationales Diplomatiques Economiques et Stratégiques, Yaoundé.

Pinel M., (2022), « Les sociétés militaires privées russes en Afrique [2/2] : influence, lutte informationnelle et débouchés économiques », Revue Défense Nationale, /3 (N° 848), pp. 107-111.

Saïd Haddad, (2012), « La fin de l'État des masses ou les incertitudes libyennes », *L'Année du Maghreb*, VIII, pp. 323-339.

«Rossiâ-Afrika : raskryvaâpotencialsotrudničestva » (Russie-Afrique : développer le potentiel de la coopération), *Roscongress Foundation*, 23 octobre 2019, « Rossiâ-Afrika : raskryvaâpotencialsotrudničestva » (Russie-Afrique : développer le potentiel de la coopération), Roscongress Foundation, 23 octobre 2019, disponible sur :www.roscongress.org, consulté le 2 mars 2023.

Schwirtz M. et Borgia G., « How Russia meddles abroad for profit: Cash, trolls and a cult leader », in *The New York Times,* 11 novembre 2019.

Sevin E., (2017), *Public Diplomacy and the Implementation of Foreign Policy in the US, Sweden and Turkey*, Cham (Suisse), Palgrave Macmillan, p. 27.

Sguazzin A., (2022), "Banned in Europe, Kremlin-Backed RT Channel Turns to Africa", *Bloomberg*, 22 octobre. Accès: https://www.bloomberg.com/news/articles/2022-07-22/banned-in-europe-kremlin-backed-rt-channel-turns-to-africa, consulté le 23 octobre 2022.

Shakhovskaya L.S. & V. I. Timonina, (2019), "Russia on the African natural gas market. In: Popkova E. (eds), The Future of the Global Financial System: Downfall or Harmony", *Institute of Scientific Communications (Volgograd, Russia), (ISC)*, 2018. Lecture Notes in Networks and Systems, vol. 57, pp. 705-707.

Siegle J., (6 mai 2022), « Putin's Threats to the International Order Loom over Africa », *Side Effects: Ukraine's Perfect Storm Looming over Africa,* Institut Italien d'Etudes Politiques Internationales.

Slaski Bertrand, (2018), *"quelles réalités et intentions derrière les avancées russes en Afrique du Nord ?",* Revue Défense Nationale, vol.806, N° 1, pp.101-105.

Stronski, P. « Late to the Party : Russia's Return to Africa », Carnegie Endowment for International Peace, 16 octobre 2019, disponible sur : www.carnegieendowment.org, consulté le 2 mars 2023.

Sukhankin S., « The Russia-Africa Summit: Soviet Mistakes and Fresh Challenges », EurasiaDaily Monitor, vol. 16, n° 149, The Jamestown Foundation, 28 octobre 2019, disponible sur: www.jamestown.org, consulté le 5 mars 2023.

Sukhankin, S., (10 janvier 2020), « The "Hybrid" Role of Russian Mercenaries, PMCs and Irregulars in Moscow ', Scramble for Africa», The Jamestown Foundation, disponible sur : www.jamestown.org, consulté le 2 mars 2023.

Sukhankin, S., (12 novembre 2018), « Russia's Hired Guns in Africa », European Council on Foreign Relations, disponible sur : www.ecfr.eu, consulté le 2 mars 2023.

Winek M. D., (2009), « Radio as a Tool of the State: Radio Moscow and the Early Cold War », *Comparative Humanities Review*, 3, p. 99-113. Accès : https://www.rt.com/russia/548889-rt-africa-kenya-office/, consulté le 15 octobre 2022.

Winek M. D., (2009), « Radio as a Tool of the State: Radio Moscow and the Early Cold War », *Comparative Humanities Review*, 3, pp. 99-113.

Chapitre 10 :

Le retour de Moscou en Afrique : éléments de compréhension d'un sursaut offensif

Stepan VASILENKO

Résumé

La Russie cherche à étendre sa présence en Afrique dans un contexte de conflit géopolitique avec l'Occident. L'objectif de ce travail est de comprendre le fondement de ce retour de Moscou qui s'articule autour d'enjeux géopolitique et sécuritaire. Une approche historico-comparative permet d'expliquer que la Russie suit les traces de l'Union soviétique, qui a construit ses relations avec l'Afrique sur une base idéologique. Parallèlement, le discours politique russe et les actions concrètes liées à la poursuite des intérêts internationaux en Afrique sont analysés sur la base de sources de presse, de rapports analytiques et d'une bibliographie pertinente. On verra que les raisons internes tiennent au fait que les autorités russes ont réussi à formuler leur projet de développement : l'idée d'un monde multipolaire où l'Afrique occupe un rôle important. Dans le cadre d'une mise en œuvre pragmatique, le Kremlin propose d'aider les États africains à renforcer divers aspects de leur souveraineté en échange d'avantages géopolitiques et économiques. La Russie positionne ainsi sa présence comme un facteur de stabilisation en opposition aux puissances étrangères « traditionnelles », en utilisant les forces des Sociétés Militaires Privées (SMP), les projets énergétique et alimentaire pour faire avancer ses politiques.

Mots clés : géopolitique, politique sécuritaire, Russie, Afrique, monde multipolaire

Abstract

Russia is seeking to expand its presence in Africa amid geopolitical conflict with the West. The objective of this work is to understand the basis of this return of Moscow, which revolves around geopolitical and security issues. A historical-comparative approach explains that Russia follows in the footsteps of the Soviet Union, which built its relations with Africa on an ideological basis. At the same time, Russian political discourse and concrete actions related to the pursuit of international interests in Africa are analyzed on the basis of press sources, analytical reports and a relevant bibliography. We will see that the internal reasons are due to the fact that the Russian authorities have succeeded in formulating their development project: the idea of a multipolar world in which Africa plays an important role. As part of a pragmatic implementation, the Kremlin offers to help African states strengthen various aspects of their sovereignty in return for geopolitical and economic benefits. Russia is thus positioning its presence as a stabilizing factor in opposition to "traditional" foreign powers, using the forces of Private Military Companies (PMCs), energy and food projects to advance its policies.

Keywords: *geopolitics, security policy, Russia, Africa, multipolar world.*

Introduction

Cet article s'inscrit dans l'étude des enjeux sécuritaires et géopolitiques qui influencent les rapports entre l'Afrique et la Russie. Cette dernière n'est plus l'Union soviétique, qui avait une stratégie de modernisation socio-économique des pays situés dans son orbite d'influence. Moscou n'est plus contrainte par des cadres idéologiques et n'oblige pas les pays africains à choisir entre son système, l'Occident, la Chine ou l'intégration panafricaine. Son retour en Afrique, à partir des années 2000, a suscité l'attention de nombreux passionnés de la scène internationale. C'est que, après avoir connu une période que l'on pourrait qualifier de glorieuse, les relations entre l'URSS et l'Afrique ont amorcé leur déclin à partir des années 1980. C'est effectivement vers la fin de cette décennie que les relations entre l'URSS et l'Afrique prennent un coup, se caractérisant par un recul ou un début de retrait massif des Soviétiques de ce continent. Une situation qui ne s'arrange guère au lendemain de la « chute » de l'Union soviétique. Au cours de la décennie 1990, il apparaît que les difficultés économiques internes de la Russie ont été provoquées par les liens extrêmement coûteux de Moscou, notamment avec l'Afrique[1]. En réalité, de nombreux facteurs justifient le désengagement russe en Afrique jusqu'au crépuscule du XXe siècle[2]. Ce faisant, le «vide» laissé par les Russes a permis aux anciennes puissances coloniales et aux Occidentaux, d'une manière générale, à conforter leur influence ou position en Afrique.

Toutefois, ces dernières années, les dirigeants de la Russie promeuvent l'idée d'un virage vers le « Sud », dans le cadre de la réorientation de sa politique étrangère. Moscou considère de plus en plus l'Afrique comme une région où elle peut projeter sa puissance et trouver des partenaires. La force de la Russie réside dans sa capacité à exporter des services de sécurité, mais aussi à apporter sa contribution par le biais de la coopération énergétique et alimentaire. Moscou envisage d'effectuer une transition vers un nouvel équilibre des forces sur le continent, en utilisant le désir de certains pays de réduire l'influence militaire et politique de l'Occident sur leur territoire. On voit ainsi les milieux diplomatiques et militaires russes intensifier leurs liens avec les pays africains. Au niveau international, cela s'est traduit par des sommets Russie-Afrique de 2019 à Sotchi et de l'été 2023 à Saint-Pétersbourg. De même, en 2022 et 2023, le ministre russe des Affaires étrangères, Sergey Lavrov, a effectué des tournées spéciales dans certains pays africains. Sur le plan militaire, il s'agit notamment d'un projet de base navale au Soudan et de la promotion de la société militaire «Wagner» en République Centrafricaine et dans d'autres pays. Moscou offre aux pays africains le modèle politique d'un monde polycentrique.

Il est donc logique ici de questionner ce nouvel intérêt de Moscou pour l'Afrique en y revisitant au préalable les fondements de sa présence, la trajectoire historique prise par cette relation entre déclin/rapprochement et, enfin, les considérations géopolitiques et sécuritaires qui sous-tendent son redéploiement dans le continent. L'approche historico-comparative, convoquée à cet effet, s'appuie

---

[1] S.M. Birgerson, A.V. Kozhemiakin, R. E. Kanet (1996), "La politique russe en Afrique: désengagement ou coopération"?, *Revues d'études comparatives Est-Ouest*, 3 (septembre), p.154.
[2] A. Arkhangelskaya, "Le retour de Moscou en Afrique subsaharienne ? Entre héritage soviétique, multilatéralisme et activisme politique", *Afrique contemporaine* 2013/4 n°248, pp.61-74.

largement sur l'analyse des sources de presse, de rapports analytiques, entre autres.

1. Les fondements géopolitiques de la présence soviétique en Afrique

Pour mieux appréhender le sujet, il est nécessaire d'examiner la relation entre l'URSS/Russie et l'Afrique. L'URSS voit l'Afrique avant tout comme un terrain où se croisent des enjeux géopolitiques et idéologiques. Mais, elle y est également pour des intérêts économiques. L'Union soviétique cherchait à exporter son modèle économique socialiste (reposant beaucoup moins sur l'exploitation des ressources naturelles) vers les pays africains. Ce regard sur le continent africain, dans une optique de résistance à d'autres puissances, s'est traduit par un soutien (militaire, économique et diplomatique) aux régimes procommunistes au cours de la seconde moitié du XXe siècle.

1.1. Rêves d'une révolution prolétarienne en Afrique

La politique soviétique en Afrique, dans les années 1920, était menée par l'intermédiaire de l'Internationale communiste (le *Komintern*), en regroupant des partisans du nouveau régime *bolchevik*. À cette époque, les dirigeants soviétiques comptaient sérieusement sur la montée des mouvements révolutionnaires partout dans le monde. L'agenda anticolonial était combiné aux questions de la classe ouvrière et de lutte contre l'impérialisme. En même temps, le travail du *Komintern* était dogmatique : certaines idées se sont avérées visionnaires, tandis que d'autres ont révélé un manque de compréhension des spécificités de l'Afrique. Par exemple, les instructions données en 1928 par Moscou aux chefs du Parti communiste sud-africain (fondé au Cap en 1921) mettaient à l'ordre du jour le combat pour la révolution prolétarienne et la construction d'une « république indigène indépendante » (autrement dit, la prise du pouvoir dans les mains de la majorité noire). Comme le note Stephen Ellis :

Cette stratégie a été considérée avec consternation par les communistes sud-africains les plus influents, car elle semblait être politiquement impossible dans les circonstances de la fin des années

1920 et laissait entendre qu'il n'y aurait pas de révolution socialiste en Afrique du Sud dans un avenir prévisible[3].

Dans les années 1930, on atteste l'étouffement des ambitions révolutionnaires et comme conséquence, la fin du *Komintern*. Joseph Staline[4] ne croit plus en une rébellion mondiale et considère les activités du *Komintern* -visant à déstabiliser les régimes capitalistes- comme un obstacle aux efforts diplomatiques de l'URSS, pour construire des alliances en Europe et éviter un front uni contre l'État soviétique[5]. C'est pourquoi une partie importante des cadres du *Komintern* sur le front africain a été soumise à la répression stalinienne. Lorsque l'attention de l'URSS s'est déplacée vers l'Europe, les contacts avec les groupes communistes en Afrique sont devenus plus sporadiques et les informations y provenant, plus sommaires[6]. La Seconde Guerre mondiale et ses conséquences ont détérioré de nombreux liens entre l'URSS et l'Afrique. Cette situation a repoussé l'arrivée de Moscou sur la scène africaine à la seconde moitié des années 1950.

1.2. Les tentatives de séduction des nouveaux États indépendants par l'URSS

L'importance géopolitique du continent africain s'accroît pendant la Guerre froide, offrant de nouvelles possibilités d'étendre l'influence soviétique sur le continent. Khrouchtchev[7] et les dirigeants soviétiques ne pouvaient ignorer les changements survenus dans le monde : le début de l'effondrement du système colonial et le processus de création de nouveaux États. Selon l'interprétation soviétique, cette « rupture » avec l'Occident signifiait qu'il serait plus difficile pour les pays capitalistes de compter sur les ressources des ex-colonies, et que l'Union soviétique pouvait tirer parti de cette fragilité. Les Soviétiques ont rapidement mis à jour leur doctrine de politique étrangère. Ainsi, les mouvements de libération nationale ont une fois de plus été déclarés partie intégrante

---

[3]S. Ellis (1992), "The South African Communist Party and the Collapse of the Soviet Union", *Journal of Communist Studies and Transition Politics*, vol. 2, issue 8, p.147.
[4]L'homme d'État soviétique qui préside l'URSS de 1929 à sa mort en 1953.
[5]S. Wolikow(2010), *L'Internationale communiste (1919-1943). Le Komintern ou le rêve déchu du Parti mondial de la Révolution*, Ivry-sur-Seine-Paris, Éditions de l'Atelier/Éditions ouvrières, pp.103-104.
[6]A. Davidson "Znakomstvo s Afrikoy – pervyechagui" [Connaître l'Afrique - les premiers pas], dans A. Davidson (Eds.), *Afrika v soud'beRossii. Rossiya v soud'beAfriki* [L'Afrique dans le destin de la Russie. La Russie dans le destin de l'Afrique], Moscou, Rosspen, 2019, pp. 82-120.
[7]Le chef d'État soviétique de 1953 à 1964.

du « processus révolutionnaire mondial »[8]. Les nouveaux pays indépendants sont désormais considérés par l'Union soviétique comme une réserve pour l'expansion géopolitique du camp socialiste[9]. En 1958, un département africain a été créé au sein du Ministère des Affaires étrangères, divisant son travail géographiquement entre l'Afrique du Nord et l'Afrique sub-saharienne. Entre 1959 et 1961, des ambassades soviétiques ont été ouvertes en République Démocratique du Congo, au Ghana, en Guinée, au Mali, en Somalie et au Togo. Khrouchtchev, s'est empressé de mettre en place des stratégies politiques et de communication, nécessaires pour convertir l'Afrique à la version du communisme de Moscou:

Ces stratégies comprenaient les sempiternels contacts et communications interpersonnelles, les rapports de terrain, les reportages de communication de masse, la propagande idéologique, la distribution de littérature gratuite, les billets de voyage gratuits entre l'Afrique et la Russie ou l'Europe de l'Est, les soins de santé gratuits, l'éducation gratuite et l'abondance de vin et de vodka. Les étudiants africains sont admis en masse dans les universités russes...[10].

L'immense diversité nationale de l'Afrique suggérait différentes formes d'intervention en fonction des capacités de l'URSS sur le terrain. L'Union soviétique tente ainsi de tirer profit de la situation en Guinée Conakry, soumise à la pression de la France, depuis sa déclaration d'indépendance en 1958. Isolée des autres pays francophones d'Afrique de l'Ouest, la Guinée de Sékou Touré se tourne vers l'URSS (1958-1961), qui applique ses prescriptions pour une économie planifiée et investit près de 100 millions de dollars[11].

Dans le même temps, l'URSS a cherché à étendre son influence géopolitique dans la région, en soutenant les initiatives panafricaines du Président ghanéen Kwame Nkrumah. Dans le domaine pratique, cela s'est traduit par un soutien au projet de l'Union des États africains (Ghana-Guinée-Mali) et par un appui diplomatique consolidé au gouvernement de Patrice Lumumba en République Démocratique du Congo[12].

---

[8]Mazov S. "Navedeniemostov, 1956-1960" [La construction des ponts] dans Davidson A. *Op. cit.*, p. 149.
[9]Ibid.
[10]Eribo F. (2001), *In Search of Greatness: Russia's Communications with Africa and the World*, Westport, BlexPublishing, p.70.
[11]Natufe I. (2011), *Soviet policy in Africa: from Lenin to Brezhnev*, Bloomington, iUniverse, pp.262-263.
[12]Ibid., pp. 259-282.

Cependant, le bilan de cette phase du retour en Afrique est plutôt négatif. L'URSS a fait la douloureuse expérience de la défaite géopolitique au Congo (1960-1964), de l'expulsion de l'ambassadeur soviétique de Guinée (1961) et du renversement du régime de Nkrumah (1966). D'une part, l'URSS s'est trop appuyée sur ses impératifs idéologiques pour coopérer avec les dirigeants africains. L'État soviétique fournissait une assistance à ceux qui déclaraient s'engager dans la construction du socialisme sans tenir compte des véritables calculs politiques. Comme l'indique Richard Remneck : « Les dirigeants autoritaires ont adopté le modèle soviétique non seulement parce qu'il s'agissait d'un raccourci vers la modernité, mais aussi parce que ses caractéristiques autoritaires légitimaient leurs efforts pour consolider le pouvoir »[13].

D'autre part, l'URSS a connu une pénurie de personnel : les ambassades étaient nettement en sous-effectifs et formées selon le principe que le personnel moins qualifié et professionnel était envoyé dans des pays éloignés et plus pauvres. Tout cela explique les erreurs dans les analyses de la politique locale et les échecs de la présence soviétique en Afrique. L'URSS a surestimé sa force face à des puissances telles que la Grande-Bretagne, la France et les États-Unis, qui étaient depuis longtemps impliquées dans les affaires africaines[14].

1.3. Considérations militaire et stratégique dans la politique africaine de l'URSS

Au cours des années suivantes, à l'ère du dirigeant soviétique Léonid Brejnev (1964-1982), l'URSS acquiert de l'expérience et tente d'adopter une approche plus prudente et pragmatique, reposant davantage sur les forces militaires et politiques. Tout en poursuivant la diffusion de son idéologie et en soutenant les groupes révolutionnaires, elle est consciente de ses limites. Dans certains cas, l'URSS essaie d'impliquer ses alliés du bloc socialiste, comme Cuba ou l'Allemagne de l'Est, dans le terrain africain[15]. Un exemple concret est l'Angola, où l'URSS n'a

---

[13]Remnek R. "Translating "New Soviet Thinking" into Practice: The Case of Ethiopia" in Breslauer G.W. (1992), *Soviet policy in Africa: From the old to the new thinking*, Berkeley: University of California, p.155.
[14]Mazov S. *La construction des ponts*...p. 159.
[15]Voir Léger, Anthony. « De Carlota à Cuito Cuanavale : l'intervention cubaine en Angola », Revue Défense Nationale, vol. 817, no. 2, 2019, pp.107-118, mais aussi N. Platochkine, "Voyennoesotrudnichestvo GDR s razvivayuschimisyastranamiBlizhnegoVostoka i Afriki" (Coopération militaire de la RDA avec les pays en développement du Moyen-Orient et d'Afrique), Voenno-istoritcheskiizhurnal, 2015, N° 10. pp.35-38.

fourni qu'une aide limitée au Mouvement Populaire de Libération de l'Angola (MPLA) pendant la guerre d'indépendance (1961-1975)[16]. Mais, une fois ce premier conflit terminé et la perspective de voir la faction pro-marxiste d'Agostinho Neto arrivés au pouvoir dans le pays, (en échange d'un accord pour la construction d'une base navale), l'aide militaire a augmenté de manière significative[17]. Non seulement l'Angola va devenir le théâtre d'une longue lutte entre l'URSS et les États-Unis, mais elle sera plongée dans une longue guerre civile (1975-2002)[18].

En soutenant certains régimes en Afrique, l'URSS a cherché à renforcer sa position géostratégique. C'est notamment le cas de l'Égypte qui a habilement exploité le clivage américano-soviétique. Une ligne idéologique pragmatique a prévalu à l'égard de l'Égypte. L'URSS a souligné la nécessité pour les communistes arabes de coopérer avec les dirigeants nationalistes tels que Gamal Abdel Nasser et Anouar el-Sadat par la suite[19]. L'État soviétique tenait à préserver à ses navires, le droit d'accoster dans plusieurs ports égyptiens. À partir de l'Égypte, les Russes projetaient également leur influence en Libye. L'URSS avait besoin de l'Égypte, non seulement en tant que force influente dans la région arabe, mais aussi comme l'une des clés de l'océan Indien et de la poursuite des progrès en Afrique orientale. Ainsi, l'URSS a passé outre le double jeu de Sadate, qui a mené de longues négociations avec les Américains[20].

La présence en Égypte a permis de jouer un rôle plus actif en Éthiopie et en Somalie. Les fournitures d'armes soviétiques à ces pays ont permis à l'URSS d'établir des liens politiques forts avec leurs gouvernements et de les mettre progressivement sur les « rails du socialisme ». Par exemple, le régime de Siad Barre en Somalie a accepté de construire une base navale à Berbera, où les forces navales

---

[16] Les trois mouvements indépendantistes angolais sont le MPLA (parti politique d'influence marxiste-léniniste),
l'UNITA (Union nationale pour l'indépendance totale de l'Angola) et le FNLA (Front national de libération de l'Angola).
[17] James M. (2011), *A Political History of the Civil War in Angola 1974-1990*, New Jersey, Transaction Publishers, p. 54.
[18] Les fortes tensions entre les trois mouvements et le soutien des pays tiers à chacun d'entre eux ont conduit à un conflit prolongé qui s'est achevé par la mort du leader de l'UNITA Jonas Savimbi en 2002 et l'unification du pays sous l'égide du MPLA.
[19] Primakov Y. (2009), *Russia and the Arabs: Behind the Scenes in the Middle East from the Cold War to the Present*, New York, Basic Books, p. 59.
[20] Ibid., pp. 130-134.

soviétiques ont assuré la protection de l'important contingent de navires civils.

Tout au long des années 1960 et 1970, l'URSS a joué un rôle de premier plan dans la résolution du conflit territorial entre l'Éthiopie et la Somalie. L'arrivée au pouvoir du Derg en Éthiopie[21] a donné à l'URSS l'occasion de tenter une confédération entre Éthiopie, la Somalie, Djibouti, le Yémen du Nord et du Sud. Mais, la guerre de l'Ogaden (1977-1978), qui a été précédée d'une coopération militaire et économique entre l'URSS et la Somalie de Siad Barre, a mis fin à ce projet et a conduit également à une réévaluation des relations avec les pays africains. Sous Mikhaïl Gorbatchev[22], les dirigeants soviétiques estimaient que la politique précédente avait trop mis l'accent sur l'utilité potentielle d'un instrument militaire, au lieu de s'investir dans des solutions politiques destinées à renforcer l'influence sur les gouvernements africains. Les leaders soviétiques sont de plus en plus convaincus que l'engagement des États africains en faveur du socialisme ne doit pas se faire au détriment du budget soviétique et des relations avec les autres puissances de la région, y compris les nouveaux acteurs tels que la Chine et les pays arabes[23].

2. La transition de la Russie vers un monde multipolaire

La Russie postsoviétique se rapproche de l'Occident et de son idéologie libérale[24] ; ce qui explique en partie le net recul de l'Afrique dans les années 1990. Pourtant, les relations russo-africaines s'intensifient dans les années 2010. De la part de la Russie, ce rapprochement progressif reflète l'évolution du régime de Vladimir Poutine et de ses opinions. C'est le moment où l'idéologie conservatrice et l'idée d'un monde multipolaire se cristallisent en Russie et se pratiquent dans sa politique étrangère. La Russie voit le potentiel de

---

[21] Le Gouvernement militaire provisoire de l'Éthiopie socialiste.
[22] Le dirigeant de l'URSS entre 1985 et 1991.
[23] R. Kanet and D. Moulioukova (2022), "A comparison of Soviet and Russian foreign policy: ontological security and policy toward Africa" in Kanet R. and Moulioukova D. (Eds.),*Russia and the World in the Putin Era: From Theory to Reality in Russian Global Strategy*, Abingdon, Routledge, pp. 247-248.
[24] Le moteur de ce changement a été le président Boris Eltsine (1991-2000), qui a promis des réformes démocratiques (poursuivant de facto la politique de la perestroïka) et une transition vers une « société de consommation » capitaliste. Cette transition n'était alors pas envisageable sans l'adaptation d'une nouvelle idéologie et l'intégration dans l'orbite des pays capitalistes du premier monde.

l'Afrique à devenir un acteur important sur la scène internationale et promeut son projet auprès des élites politiques africaines.

2.1. Une période de déclin dans les relations russo-africaines

Même si la rupture avec les politiques antérieures soviétiques commence à se dessiner dans les années 1980, la dissolution de l'URSS a changé le vecteur des relations entre la Russie et l'Afrique. À un certain moment, l'État russe n'était plus en mesure de maintenir ses engagements économiques et de projeter sa puissance géopolitique dans le continent[25]. Néanmoins, le retrait russe de l'Afrique s'expliquerait aussi par des raisons de politique étrangère. Comme l'affirment Arkhangelskaya et Shubin :

(...) l'effondrement économique de la Russie dans les années 1990 n'explique pas entièrement le manque d'attention porté à l'Afrique. Un autre facteur était psychologique. Les médias et les politiciens pro-occidentaux en Russie ont utilisé l'Afrique comme bouc émissaire pour les problèmes du pays, affirmant que les Africains étaient un lourd fardeau pour l'économie russe. En réalité, la coopération économique entre l'URSS et les pays africains était, dans l'ensemble, mutuellement avantageuse[26].

En effet, les nouveaux pouvoirs russes perçoivent la situation comme « le triomphe de la démocratie libérale et la fin de l'idéologie comme force motrice de l'Histoire »[27] et perdent les objectifs politiques de leur présence en Afrique. Pour la seule année 1992, cela s'est traduit par la fermeture de 9 ambassades, 3 consulats et 20 missions commerciales. Cette perte de son indépendance idéologique est bien illustrée dans les mémoires du directeur du service des renseignements extérieurs de la Fédération de Russie (1991-1996), E. Primakov. Il rappelle la rencontre du ministre des Affaires étrangères russe, Andreï Kozyrev (1990-1996) avec l'ancien Président américain, Richard Nixon (1969-1974). À cette occasion, ce dernier demanda à son interlocuteur quels étaient les intérêts de la nouvelle Russie : « L'un des problèmes de l'Union soviétique était que nous étions trop attachés aux intérêts nationaux », répondit le ministre russe. « Et maintenant, nous pensons davantage aux valeurs universelles. Mais, si vous avez des idées et pouvez nous dire

---

[25] Par exemple, ce n'est qu'en 2019 que la Russie est revenue au projet d'usine d'acier d'Ajaokuta au Nigéria, presque achevé par l'URSS.
[26] A. Arkhangelskaya & V. Shubin (2013), "Russia's Africa Policy", *South African Institute of International Affairs*, Occasional Paper n°157, p.7.
[27] Fukuyama F. (1992), *La Fin de l'histoire et le Dernier Homme*, Paris, Flammarion.

comment définir nos intérêts nationaux, je vous en serais très reconnaissant »[28].

La Russie a réduit son influence politico-diplomatique si bien qu'à « l'exception de Frederik Willem de Klerk en 1992, les autorités russes n'accueillent aucun chef d'État de la région au cours du premier mandat de Boris Eltsine »[29]. Cependant, l'inertie politique n'empêche pas le prolongement des relations économiques avec les pays africains. Le principal moteur de cette coopération est constitué des entreprises privées qui ont reconstruit des chaînes de ressources et de production, par exemple l'exploitation de la bauxite en Guinée. La particularité ultérieure de la présence russe a été la coopération étendue en Afrique au sein des institutions des BRICS (Brésil, Russie, Inde, Chine et Afrique du Sud)[30]. Cette tendance, qui n'est pas aléatoire, reflète les changements idéologiques survenus en Russie dans la seconde moitié des années 2000.

2.2. Le projet d'un monde multipolaire de Vladimir Poutine

Vladimir Poutine a commencé son premier mandat (2000-2004) en tant qu'homme politique épousant les idées de liberté et de libéralisme, construisant la politique étrangère de la Russie autour de l'intégration avec l'Occident[31]. En septembre 2001, il prononce un discours devant le parlement allemand, où il parle explicitement d'une alliance souhaitée avec l'Europe :

Je pense simplement que l'Europe établira de manière ferme et permanente sa réputation de centre puissant et véritablement indépendant de la politique mondiale si elle peut combiner ses propres capacités avec celles de la Russie - ressources humaines, territoriales et naturelles, avec le potentiel économique, culturel et de défense de la Russie[32].

Cependant, une réévaluation de l'ordre mondial s'ensuit assez rapidement. Premièrement, les dirigeants russes se sont montrés

---

[28] Primakov Y. (1999), *Gody v bolchoypolitike* [Des années dans la grande politique], Moscou, Collection "Top secret", p.210.
[29] Jouanny J. R. (2015), "Le retour russe en Afrique subsaharienne : enjeux, vecteurs et perspectives", *L'Afrique des idées*, Note d'analyse N°9, p.7.
[30] Elzein D. (2014), "L'Afrique face aux nouvelles ambitions de la Russie", *Géoéconomie*, 71, p. 8.
[31] Bordachev T. (2021), *Europe, Russia and the Liberal World Order: International Relations after the Cold War*, Abingdon, Routledge, p.106.
[32] "Discours au Bundestag allemand", le 25 septembre 2001
(http://kremlin.ru/events/president/transcripts/21340).

extrêmement négatifs à l'égard de l'expansion de l'Organisation du Traité de l'Atlantique Nord (l'OTAN) vers l'Est, en dépit des accords verbaux conclus avant l'effondrement de l'Union soviétique[33]. Deuxièmement, l'on peut relever le manque de confiance des États-Unis dans les traités de contrôle des armements existants[34]. Enfin, la Russie a explicitement blâmé l'Occident pour le changement de régime (appréhendé comme des coups d'État) dans l'espace postsoviétique dans les années 2000 (Géorgie, Ukraine, etc.) pour des raisons géopolitiques[35].

Ces « révolutions de couleur » ont donné l'impulsion au changement idéologique en Russie, obligeant le Kremlin à rechercher son propre paradigme intellectuel pour les publics internes et externes, justifiant ainsi les mesures qui mènent à la confrontation limitée avec l'Occident[36]. C'est ainsi que le concept de « démocratie souveraine » est formulé au sein de l'administration présidentielle:

Son idée principale est que la démocratie est une perception et qu'elle reflète différemment les besoins d'États distincts à des moments différents. Plus importants encore, ces besoins sont ancrés dans la conscience ontologique de chaque pays à travers les héritages historiques et les conditions géopolitiques, éloignant ainsi la monopolisation de la démocratie par l'Occident[37].

La « démocratie souveraine » implique que chaque pays a sa propre compréhension de la démocratie et n'a pas besoin de « leçons de démocratisation » de l'extérieur, c'est-à-dire de l'Occident. Ce concept a ensuite évolué également vers l'idée de non-ingérence dans les affaires d'autres États, sous le couvert d'une aide à la construction de la démocratie. Dans les années 2010, nous voyons le développement de ces pensées dans le cadre de l'idéologie conservatrice et de l'idée d'un

---

[33] Beaud J. (2022), *Poutine, maître du jeu?*, Paris, Max Milo, pp. 17-32. Selon diverses sources, l'accord du dirigeant soviétique Mikhaïl Gorbatchev de ne pas interférer avec l'unification allemande en 1990 a été obtenu verbalement du leader allemand Helmut Kohl en échange de la non-extension de l'OTAN à l'Allemagne. Les dirigeants russes ont estimé que la promesse informelle restait valable malgré l'effondrement de l'URSS. Toutefois, l'absence d'engagement juridique est ensuite devenue la base de l'adhésion sans entrave de l'Allemagne à l'OTAN.
[34] Black J.L. (2022), *Russia after 2020: Looking Ahead after Two Decades of Putin*, Abingdon, Routledge, p.179.
[35] Pour une analyse plus nuancée des "révolutions de couleur" voir Pétric B. (2008). "À propos des révolutions de couleur et du soft power américain", *Hérodote*, 129, pp.7-20.
[36] Raviot, J. (2008). "Moscou et la question démocratique : mythes et réalités de la "nouvelle guerre froide"", *Hérodote*, 129, p.201.
[37] Kanet R. and Moulioukova D. "Russia's self-image as a great power" in Kanet R. and Moulioukova D. *Russia and the World in the Putin Era...* p.25.

monde multipolaire.[38]. Géopolitiquement, l'annexion/la réintégration de la Crimée par la Russie en 2014 et son implication dans le conflit dans l'Est de l'Ukraine, en tant que riposte aux événements de Maïdan en Ukraine, ont constitué un moment déterminant de la confrontation avec l'Occident[39]. Vladimir Poutine a ouvertement proclamé la fin du monde unipolaire et repositionné la Russie comme un acteur majeur des relations internationales:

Le moment d'unipolarité a démontré de manière convaincante que l'accumulation de la domination d'un centre de pouvoir ne conduit pas à une plus grande contrôlabilité des processus mondiaux. Au contraire, cette construction insoutenable s'est avérée incapable de répondre efficacement aux menaces réelles telles que les conflits régionaux, le terrorisme, le trafic de drogue, le fanatisme religieux, le chauvinisme et le néonazisme (...) Et peu importe qui prend la place du « centre du mal » dans la propagande américaine, la place de l'URSS comme principal adversaire : c'est l'Iran comme pays en quête de technologie nucléaire, la Chine comme première économie du monde, ou la Russie comme superpuissance nucléaire[40].

Ce changement s'inscrit pleinement dans la logique de la politique étrangère russe : le désir de renforcer la position d'un centre de pouvoir indépendant dans un monde multipolaire et de promouvoir un ordre mondial polycentrique. La Russie tente désormais d'étendre cette ligne dans ses relations avec les pays non occidentaux, en y associant le pragmatisme économique. Le partenariat avec l'Afrique est donc considéré comme l'un des éléments constitutifs de ce nouveau paradigme international.

2.3. Diplomatie et rapprochement entre la Russie et l'Afrique

Le sommet Russie-Afrique de 2019 à Sotchi, qui a réuni des représentants des 54 pays du continent, dont 43 chefs d'État, a montré un intérêt réciproque au projet d'un ordre mondial polycentrique. Le sommet a été remarquable parce qu'il s'agissait du premier événement de ce type dans l'histoire récente de la Russie, qui a accumulé l'expérience de réunions similaires organisées par les États-Unis, la Chine, l'Inde et d'autres pays. En outre, Moscou a souligné le rôle important de l'Afrique dans la politique étrangère russe, car, le Kremlin

---

[38] Aubin L. (2022), *Géopolitique de la Russie*, Paris, La Découverte, pp.111-159.
[39] Bordachev T. *Europe, Russia and the Liberal World Order...*, pp.172-173.
[40] "Réunion du club de discussion international de Valdaï", le 24 octobre 2014. (http://kremlin.ru/events/president/news/46860).

n'a jamais organisé aucun sommet similaire avec l'Asie ou l'Amérique latine.

Sur le plan politique, le sommet a été important par sa « Déclaration finale », qui a démontré que la Russie et l'Afrique avaient convenu d'objectifs communs et d'une coopération stratégique[41]. Tout d'abord, le texte fait un lien entre la politique de l'URSS et la Russie contemporaine en impliquant les idées de la décolonisation et de la construction des États indépendants. En effet, l'URSS était si populaire en Afrique parce que Moscou faisait office de contrepoids géopolitique à des puissances coloniales et soutenait les pays en développement. Dans le même sens, « la tâche de la Russie semble être d'aider à former les centres de pouvoir en Afrique même (Égypte, Éthiopie, Afrique du Sud et Nigeria), qui trouveront eux-mêmes le juste équilibre entre l'Occident et le non-Occident »[42].

Une continuation logique de ces lignes est l'impératif de souveraineté. La Russie et l'Afrique prônent toutes deux la non-ingérence dans les affaires intérieures des autres pays et la priorité de la souveraineté nationale. Le mot « souveraineté » est mentionné quatre fois dans la déclaration du sommet, et plus fréquemment dans les discussions. Par ce terme, la Russie entend aider à construire des systèmes de gouvernance souverains qui se concentrent sur les intérêts des populations et des élites locales, plutôt que de maintenir des liens avec les anciennes métropoles[43]. Le chercheur Andreï Maslov résume bien l'idée:

La souveraineté des anciennes métropoles est une chose pour laquelle l'Afrique continue de se battre et pour laquelle elle est prête à payer. La souveraineté comme le droit et la capacité d'écrire et d'adopter des lois et des règlements et de parler aux investisseurs internationaux et aux entreprises multinationales sur un pied d'égalité et, si nécessaire, en position de force. Dans l'esprit des dirigeants africains, la souveraineté est la possibilité d'appliquer des « solutions africaines aux problèmes africains », y compris de ne pas accepter et de ne pas

---

[41] https://summitafrica.ru/fr/about-summit/declaration.
[42] Lochkarev I. (2019, 28 octobre), "Exportations de sécurité : comment la Russie peut retourner en Afrique sans commettre d'erreurs"(en russe), *RBC*, https://www.rbc.ru/, consulté le 12 décembre 2022.
[43] Gershkovich E. (2019, 26 October), "At Russia's Inaugural Africa Summit, Moscow Sells Sovereignty", *The Moscow Times*, https://www.themoscowtimes.com/, consulté le 08 décembre 2022.

appliquer les normes et les valeurs occidentales chez soi. Ici, la Russie est prête à soutenir l'Afrique[44].

L'occasion de rappeler ces principes de relations internationales a été l'action militaire commencée par la Russie en Ukraine en février 2022. Par exemple, les visites diplomatiques du Président français Emmanuel Macron et du Ministre russe des Affaires étrangères Sergueï Lavrov en Afrique en juillet 2022 indiquent une tendance à la « souverainisation ». Les pays africains ont fait preuve de neutralité, car ils ne veulent pas être entraînés dans les rivalités entre grandes puissances, et encore moins s'engager dans une lutte les uns contre les autres[45].

Dans son article de presse, Lavrov a rappelé l'engagement de la Russie à mettre en œuvre les objectifs communs pris lors du premier sommet «Russie - Afrique» fin octobre 2019 à Sotchi. Il a également souligné le respect profond pour « la souveraineté des États de l'Afrique, leur droit inaliénable de déterminer leurs propres voies de développement »[46]. Il s'agissait clairement d'une volonté d'interpréter l'action militaire comme faisant partie de la souveraineté de la Russie et de trouver au moins une neutralité africaine sur cette question.

Le Président français a quant à lui profité de ses entretiens avec son homologue camerounais, Paul Biya, pour condamner la Russie en tant qu'agresseur et mettre les pays africains du côté de l'Union européenne. Enfin, le but de la tournée de Macron n'était pas seulement de « renouveler ses partenariats militaires sur le continent »[47], mais aussi de réduire l'influence du Kremlin. Mais, quelles sont les composantes de cette influence ? Peut-on dire que la Russie est de « retour » en Afrique ?

---

[44] Maslov A. (2019, 29 octobre), "Le projet national "Afrique". Ce que le sommet africain de Sotchi a montré" (en russe), *Carnegie Endowment for International Peace*, https://carnegie.ru/commentary/80187, consulté le 13 décembre 2022.
[45] Barry A.S. (2022, 16 mars), "Guerre en Ukraine : ni Occident, ni Russie, l'Afrique doit développer sa propre stratégie", *Jeune Afrique*, https://www.jeuneafrique.com/, consulté le 09 décembre 2022.
[46] Lavrov S. (2022, 7 juillet), "Russie et Afrique : un partenariat axé sur l'avenir", https://www.mid.ru/ru/foreign_policy/news/1823250/?lang=fr, consulté le 10 décembre 2022.
[47] *Le Figaro* (2022, 26 juillet), "Guerre en Ukraine : Macron dénonce "l'hypocrisie" entendue "trop souvent" sur le continent africain", https://www.lefigaro.fr/

3. La politique sécuritaire de la Russie en Afrique

Le déploiement de la Russie en Afrique ne doit pas être surestimé. En raison de son poids économique relativement faible en Afrique[48], la Russie n'a ni la volonté ni la capacité de mettre en place un système de domination dans la région. En revanche, s'appuyant sur l'expérience de la stabilisation militaire et politique du régime syrien depuis 2015, Moscou cherche à offrir ses services aux pays africains. La Russie construit ainsi son enracinement en Afrique, en opposition à une « politique de déstabilisation » attribuée souvent à la présence des forces armées occidentales. Pourtant, la « formule sécuritaire » ne se limite pas à une dimension militaire. À un niveau plus global, la Russie se positionne comme une puissance capable de fournir à un certain nombre d'États africains l'accès à ses ressources alimentaires et à son savoir-faire en matière d'énergie.

3.1. Le retour géopolitique de Moscou au Moyen-Orient et en Afrique du Nord

La Russie et les pays africains ont des intérêts stratégiques dans la politique internationale. Mais, il serait hâtif de parler d'une expansion élargie sur le continent. Les événements du Printemps arabe font écho dans de nombreux pays d'Afrique. Ils ont mis en évidence le manque de mécanismes qui pourraient contribuer efficacement à la stabilisation de la situation interne dans les pays concernés. Les guerres civiles en Syrie et en Libye ont soulevé la question du rôle actif des forces extra-régionales dans la poursuite de ces conflits internes sous la bannière d'objectifs humanitaires.[49]. Les autorités russes se sont montrées réticentes à soutenir les manifestations du printemps arabe, dans lesquelles elles ont vu une ingérence occidentale[50].

Ayant lancé son opération en Syrie en 2015, la Russie a utilisé un arsenal diversifié de moyens. La stratégie d'intervention militaire a été complétée par une alliance flexible avec l'Iran, des négociations avec l'équipe de Donald Trump sur une coalition contre l'État islamique (Daech) et des tentatives d'initier un processus de paix avec la partie

---

[48] Kalika A. "Le "grand retour" de la Russie en Afrique ?", *Russie.Nei.Visions*, n° 114, Ifri, avril 2019, pp.7-9.
[49] Rabi U. (2021), *The Return of the Past: State, Identity, and Society in the Post–Arab Spring Middle East*, London, Lexington Books, pp.37-63.
[50] Quero J. and Soler E. "Regional order and regional powers in the Middle East and North Africa" in Szmolka I. (Eds.). (2017), *Political Change in the Middle East and North Africa After the Arab Spring*, Edinburgh, Edinburgh University Press, p.276.

"modérée" de l'opposition, sous la médiation de la Turquie à Astana[51]. Dans cette campagne, la Russie a atteint plusieurs objectifs. D'une part, elle s'est réengagée dans la géopolitique mondiale: en arrêtant le changement d'ordre régional au Moyen-Orient, Moscou est ainsi revenu à la table des négociations avec l'Occident et le monde arabe. D'autre part, la Russie avait pour but d'interrompre le cycle de changement de régime et de maintenir l'intégrité de l'État syrien, contrairement à ce qui s'est passé en Libye après Mouammar Kadhafi[52].

Les développements en Libye ont donné lieu à des problèmes de sécurité régionale : « Le pays est resté aux mains de diverses milices et de gouvernements trop fragiles pour rétablir l'ordre, avec les conséquences que l'on sait sur la sécurité, les migrations et l'énergie, la présence croissante de l'État islamique et la déstabilisation d'autres États de la région, comme le Mali »[53]. En effet, le démantèlement de l'État libyen a entraîné un trafic d'armes dans le Sud, à destination de groupes opérant dans le Sahel et le bassin du lac Tchad[54]. Étant impliquée en Libye, la Russie utilise la ressource militaire et diplomatique pour soutenir les forces de Khalifa Haftar dans ses ambitions présidentielles, en jouant la carte « du retour à la stabilité et à un État fort ». Dans le même temps, Moscou étend son influence sans entrer en conflit avec d'autres puissances, ni prétendre être le maître de la région. Le Kremlin cherche à renforcer sa position avec la perspective de participer à des projets énergétiques et de réarmer l'armée nationale libyenne[55].

Ainsi, à travers son implication en Syrie et en Libye, la Russie fait son retour plus largement en Afrique, propose son apport dans la limitation des risques et des coûts politico-militaires. L'interaction entre le Kremlin et les régimes africains est pragmatique et tient compte des intérêts réciproques, car, la Russie ne revient pas pour imposer son propre modèle politico-social, mais elle met l'accent sur les instruments

---

[51] Geukjian O. (2022), *The Russian Military Intervention in Syria*, London, McGill-Queen's University Press, pp.242-244.
[52] Lavrov A. "Russia in Syria: A Military Analysis", in Bechev D. et al. (Eds.). (2021), *Russia rising: Putin's foreign policy in the Middle East and North Africa*, London, I. B. Tauris, pp.31-32.
[53] Tovar J. "The foreign policy of the United States following the Arab Spring" in Szmolka I. (Eds.).(2017), *Op.cit.*, p. 334.
[54] Koné H. (2022, 28 juillet), "Le trafic d'armes entre la Libye et le Niger reprend de plus belle", *Institut d'études de sécurité*, https://issafrica.org/fr
[55] Akl Z. "Russia and Post-Arab Spring Political Elites in Egypt, Lybia, and Syria " in Talbot V., Lovotti C. (Eds.). (2019), "The Role of Russia in the Middle East and North Africa Region. Strategy or Opportunism?", *European Institute of the Mediterranean*, pp. 66-65.

et les pouvoirs d'un État fort. Cela a permis à la Russie d'élargir la liste des pays qui se sont montrés intéressés par les services de sécurité et qui ont fait appel à Moscou au détriment de l'influence exercée par les ex-métropoles. La Russie étend son influence en Afrique là où elle peut contribuer à empêcher la désintégration des territoires plongés dans des conflits armés. Les cas les plus révélateurs sont ceux de la République centrafricaine et, plus récemment, du Mali, où la Russie agit par le biais d'une force militaire privée empiétant sur les intérêts français.[56].

3.2. Les enjeux de la stabilisation politique et militaire en Afrique

La sécurité peut être considérée comme un marché dans lequel les États ont besoin d'acteurs extérieurs pour contrer le terrorisme, la criminalité transnationale, les tensions religieuses, ethniques ou territoriales. Pour diverses raisons ancrées dans l'histoire ou dans les institutions politiques, certains États africains sont confrontés à des conflits internes et à des difficultés pour obtenir la souveraineté sur l'ensemble de leur territoire national depuis plusieurs années[57]. En revanche, il y a ceux qui offrent le savoir-faire en matière de sécurité, c'est-à-dire les pays qui se positionnent comme une force capable de réduire significativement ces tensions, à la fois par des efforts sécuritaires et diplomatiques.

Pendant longtemps, ce sont les anciennes métropoles qui assumaient le rôle de prestataires de sécurité dans les régions où elles exerçaient leur influence. Cependant, leur présence est controversée et, de plus en plus, critiquée dans une perspective néo-colonialiste. Il apparaît très souvent que leur assistance n'a rien à voir avec l'aide au développement, mais fait partie d'une stratégie visant à contrôler des zones riches en ressources ou des territoires d'intérêt géopolitique. Les puissances mondiales profitent ainsi du chaos et de la fragmentation des espaces, car, cela leur permet d'imposer leur coopération politico-militaire, de projeter leur pouvoir et d'accroître la dépendance des élites locales[58].

Cependant, la stratégie de contrôle des anciennes colonies a conduit au résultat inverse, à savoir la recherche d'un pouvoir alternatif. La

---

[56]Pinel M. (2022). "Les sociétés militaires privées russes en Afrique 1/2 : vers un nouveau modèle d'intervention ?" *Revue Défense Nationale*, 847, pp.99-104.

[57] Voir entretien avec Gilles Yabi (2022). "Face à l'instabilité politique en Afrique de l'Ouest, un besoin d'États efficaces et de démocraties substantielles". *Revue internationale et stratégique*, 126, pp.119-125.

[58]Belsoeur C. et Tagnan R.A. (2017, 17 août) "Au Sahel, la colère sourde des populations contre les troupes françaises", *Slate*, https://www.slate.fr/story/149784/burkina-sahel-terrorisme-soldats-francais.

domination exercée devient ainsi une faiblesse qui permet à la Russie de s'immiscer, de trouver des alliés dans les milieux militaires et politiques et de leur vendre le projet de consolidation territoriale, de renforcement de la souveraineté. En assurant une meilleure sécurité dans le pays, les autorités locales peuvent espérer attirer également des partenaires économiques qui, auparavant, hésitaient à entrer dans la région par crainte de la concurrence avec l'Occident.

La situation en République centrafricaine, où la Russie est en concurrence avec la France pour offrir les services de sécurité militaire, est révélatrice à cet égard. Sans liens étroits avec le régime de Bokassa à l'époque soviétique, les conseillers militaires russes aident désormais le gouvernement officiel du Président Touadera à remettre de l'ordre dans ses propres forces armées. Comme l'indiquent des experts russes :

Le fait que les autorités officielles de la RCA se soient tournées vers la Russie pour obtenir de l'aide montre avant tout leur frustration à l'égard de l'ancienne métropole française et de sa capacité à faciliter un règlement, ainsi qu'à l'égard du travail du contingent de l'ONU. Les sommes dépensées pour ce contingent dépassent le PIB de la RCA, mais la mission est de plus en plus embourbée dans des liens financiers informels avec des groupes armés et démontre un intérêt à maintenir le statu quo des contrôles et équilibres opaques avec un gouvernement faible[59].

L'avancée de la Russie en RCA, ainsi qu'au Mali et au Burkina Faso, est attribuée aux activités des Sociétés Militaires Privées (SMP), souvent unis sous l'étiquette du « groupe Wagner ». Malcolm Pinel explique que les coopérations avec les SMP russes sont économiquement plus avantageuses qu'avec les puissances traditionnelles et s'accompagnent d'une composante sécuritaire « allant de la fourniture d'armes à la formation des troupes, voire à la surveillance et au soutien direct des opérations de combat »[60]. Le vide juridique qui entoure les SMP en Russie permet de nier tout lien avec les autorités russes, mais le fait que ce « groupe agit pour le compte de l'État russe » et que « ses membres effectuent leur formation sur une

---

[59] Zaycev V., Maslov A., Timofeeva Y. (2018, 10 août), "Que fait la Russie en Afrique centrale" (en russe), *Carnegie Endowment for International Peace*, https://carnegiemoscow.org/commentary/77022.

[60] Pinel M. (2022). "Les sociétés militaires privées russes en Afrique (2/2) : influence, lutte informationnelle et débouchés économiques", *Revue Défense Nationale*, 848, p. 108

emprise du Ministère russe de la Défense » est un secret de Polichinelle[61].

L'avantage de faire appel aux SMP est que les conseillers militaires russes sont disposés à assurer la sécurité en tant que service payant et non en échange d'une souveraineté politique ou économique. Cela signifie qu'il peut être demandé aux SMP de mettre fin à leurs activités en cessant de payer, tandis que les opérations politico-militaires des puissances historiquement présentes peuvent durer des années, comme, par exemple, la continuité des opérations « Serval » et « Barkhane » dans toute la région du Sahel. Là encore, cette activité moins imposante des militaires russes se transforme en avantage lorsque la Russie étend sa présence hybride partout en Afrique.

En même temps, il ne faut pas créer une image trop romantique des SMP russes. Par exemple, Arnaud Kalika évoque une opinion selon laquelle le Président de la RCA est contrôlé par des conseillers russes et qu'ils sont engagés dans des activités commerciales illégales au profit des autorités russes[62]. De même, la présence des SMP pourrait aller au-delà de leurs objectifs publics. Il s'agit notamment des informations sur la saisie des ressources par le groupe Wagner, qui a obtenu des concessions d'extraction d'or près de Ndassima en RCA[63].

Il est aussi nécessaire de souligner les limites de la coopération politico-militaire avec des conseillers militaires russes en RCA. L'importance des représentants russes en RCA ne doit pas être exagérée, car, ils « ne disposent pas d'un potentiel de pouvoir indépendant et coordonnent leurs actions ''sur le terrain'' avec les organisations internationales, et sont contraints de négocier avec les chefs individuels des groupes armés locaux afin d'assurer leur propre sécurité »[64]. Dans le même sens, Sergey Sukhankin étend son analyse à une échelle plus large, doutant de la capacité de la Russie à avoir un impact significatif sur la situation politico-militaire au Sahel ou au Mozambique. Selon lui, les calculs de certaines élites africaines sur la puissance de la Russie sont erronés. Ainsi, les Russes sont incapables de résoudre les problèmes complexes qui sous-tendent les questions de sécurité tout en étant en concurrence avec les pays occidentaux[65].

---

[61] Bertrand, M. (2020). "Wagner, société militaire privée (SMP) et nouvel outil de la stratégie géopolitique moderne russe". *Sécurité globale*, 24, pp.56, 65.
[62] Kalika A. Op. cit., pp.19-22.
[63] S. Sukhankin, "Russian Private Military Contractors in Sub-Saharan Africa: Strengths, Limitations and Implications", Russie.Nei.Vision, No.120, Ifri, September 2020, pp.9-10.
[64] Zaycev V., Maslov A., Timofeeva Y. op. cit.
[65] S. Sukhankin, Op. cit., pp.25-27.

3.3. Une approche énergétique et alimentaire à la souveraineté en Afrique

L'Afrique augmente progressivement son importance économique et géopolitique. Toutefois, le conflit armé en Ukraine (déclenché le 24 février 2022) a montré la vulnérabilité de nombreux pays africains, à l'instabilité géopolitique et à la perturbation des chaînes commerciales. Selon la doctrine politique du Kremlin, la Russie pourrait renforcer ses liens économique et politique, sans entrer en conflit direct avec les autres puissances installées en Afrique, si cette dernière devenait plus souveraine[66]. Ainsi, outre les forces militaires hybrides, l'aspect sécurité, tel que conçu par la Russie, comprend des propositions dans les secteurs énergétique et alimentaire.

En ce qui concerne le volet énergétique, la Banque mondiale note que l'incertitude sur les marchés mondiaux du pétrole et du gaz a entraîné une hausse des prix de l'énergie. Cela concerne directement l'Afrique comme le continent le moins électrifié « où 568 millions d'habitants n'ont pas accès à l'électricité (…). L'Afrique subsaharienne représentait 71 % de la population mondiale sans électricité en 2018, et 77 % en 2020 »[67]. La force motrice derrière la promotion de la Russie est la corporation d'État « Rosatom » qui construit la centrale nucléaire d'El Dabaa en Égypte (son premier projet de ce type en Afrique), dans l'espoir de conquérir d'autres marchés sur le continent. Comme le souligne Arnaud Kalika, la Russie a d'autres projets en réserve, notamment les centrales nucléaires civiles qui pourraient « placer la Russie dans une position intéressante dans la mesure où le produit proposé pourrait faire émerger un nouveau marché, au-delà des centrales traditionnelles »[68]. Ces projets peuvent contribuer de manière significative à la résolution du problème énergétique de l'Afrique, à savoir l'écart entre la production et la consommation d'énergie[69].

---

[66] Voir l'interview avec Irina Abramova, la Directrice de l'Institut d'études africaines de l'Académie des sciences de Russie (19 juillet 2022), "L'autre grand jeu de Poutine : pourquoi le Kremlin "s'est promené" en Afrique" (en russe), *MK*,
https://www.mk.ru/politics/2022/07/19/drugaya-bolshaya-igra-putina-zachem-kreml-poshel-gulyat-v-afriku.html?ysclid=ldyape4475208923949.
[67] "Compte rendu (2022, 01 juin) : ralentissement des progrès vers l'accès universel à l'énergie sous l'effet de la pandémie de COVID-19". *Global Tracking Framework* (GTF) sous la direction de la Banque mondiale.
[68] Kalika A. op. cit., p. 23.
[69] Cantoni, R. et Musso, M. (2017). "L'énergie en Afrique : les faits et les chiffres. Introduction". *Afrique contemporaine*, 261-262, pp.9-10.

L'action militaire en mer Noire et les sanctions occidentales contre la Russie ont affecté les exportations des produits alimentaires en Afrique. Alors que les économies africaines ressentent les effets négatifs de « la volatilité excessive des prix des produits de base », les personnes les plus pauvres souffrent d'insécurité alimentaire en raison de la hausse des prix du blé, du maïs et des engrais[70]. Ce volet alimentaire a déjà pris une dimension politique et humanitaire, en s'intégrant dans les arrangements diplomatiques et les réunions de hauts fonctionnaires. La visite du Président sénégalais Macky Sall à Sotchi, pour rencontrer Vladimir Poutine, a souligné l'importance des céréales et des engrais russes pour le développement du continent africain[71].

En même temps, la dépendance économique de l'Afrique vis-à-vis de la Russie ne se confirme pas : « La question la plus difficile pour Moscou est de démontrer ses avantages comparatifs en tant que partenaire dans la mise en œuvre des programmes de modernisation économique et sociale de l'Afrique »[72]. En fait, la Russie n'exporte pas son modèle de développement et n'a pas l'ambition de se substituer aux partenaires économiques traditionnels, n'occupant que certains créneaux comme les exportations d'armes, les denrées alimentaires et les engrais. Le chiffre d'affaires commercial entre la Russie et l'Afrique est modeste par rapport à d'autres puissances économiques. En 2021, la Russie a expédié pour 14,7 milliards de dollars de marchandises vers l'Afrique (3 % des exportations totales de la Russie) et a importé pour 3 milliards de dollars de marchandises (1 % des importations de la Russie)[73]. En outre, ces dernières années (2016-2020), la Russie n'a pas fait partie des 10 premiers contributeurs aux investissements directs en Afrique ; les États-Unis, la France et la Chine se partageant les 3 premières places[74].

La position périphérique de la Russie au cours des deux dernières décennies a donc contribué à atténuer les attitudes négatives à son égard

---

[70] Rapport sur le développement économique en Afrique (2022). "Repenser les fondements de la diversification des exportations en Afrique : le rôle de catalyseur des services financiers et des services aux entreprises", *Nations Unies*, pp.12-13.
[71] *RFI*, (2022, 09 juin) "Accès aux biens alimentaires: « Je ne doute pas de la parole de Poutine », dit Macky Sall", https://www.rfi.fr/fr.
[72] "*China-Russia Bilateral Cooperation in Africa*" (2021), *op. cit.*, p. 47.
[73] En 2021 les principaux partenaires commerciaux étaient l'Égypte, l'Algérie, le Sénégal et le Maroc, voir *RBC*, (2022, 29 juillet), "Ce qu'il faut attendre des relations économiques Russie-Afrique" (en russe). https://trends.rbc.ru/trends/innovation/62ddc8cb9a7947ad9188db4b.
[74] EY Attractiveness Report. Africa. November 2021, pp.19-20, https://assets.ey.com/content/dam/ey-sites/ey-com/en_za/topics/attractiveness/reports/ey-aar-reset-for-growth-final.pdf

dans les endroits où elle était moins implantée. Ceci est particulièrement évident par rapport à d'autres puissances comme le fait remarquer Arnault Ménatory :

Il faut dire que la Russie n'adopte pas la stratégie du rouleau compresseur chinois et elle n'en a pas les moyens. Elle n'adopte pas non plus le ton paternaliste et moralisateur des anciens colonisateurs occidentaux. Contrairement à la France, par exemple, elle n'affiche pas la démocratie en Afrique comme un objectif prioritaire. Pas plus qu'elle ne prétend développer un continent tout entier en dilapidant des aides sans contrôler leur emploi. Les Russes ne sont pas non plus vus comme des pilleurs de matières premières : ils les possèdent toutes sur leur propre territoire[75].

Enfin, se pourrait-il que cet éloignement des enjeux soit la clé non seulement d'une bonne relation avec les pays africains, mais aussi d'une contribution au nouvel ordre sécuritaire en Afrique ?

Conclusion

La Russie déploie des efforts militaires et diplomatiques pour revenir en Afrique. Par rapport à l'époque soviétique, Moscou ne prétend plus au *leadership* mondial et agit de manière plus pragmatique, car, elle ne dispose pas de ressources comparables à d'autres puissances ou pays émergents au rang desquels la Chine. Sur la scène internationale, le Kremlin promeut son projet d'un monde multipolaire où la Russie se positionne comme une puissance pouvant résoudre en partie les problèmes de sécurité et de souveraineté en Afrique. Ces idées trouvent un écho favorable dans les pays africains où la présence des acteurs occidentaux n'a pas amélioré la stabilité et la sécurité de l'État. Cependant, cette transition vers un nouvel ordre sécuritaire n'entraîne pas pour l'instant un changement rapide de l'équilibre des forces sur le continent africain. Pour Moscou, le jeu de la sécurité consiste à augmenter progressivement son implication dans les affaires africaines, sans s'engager dans un conflit ouvert avec d'autres puissances. Cette politique prudente entrave l'avancée de la Russie en Afrique, mais permet en même temps de se distancer de l'image d'une force dominante. À mesure que le pouvoir géopolitique et économique des pays africains s'accroît, le rôle de Moscou dans le renforcement de la

---

[75]Ménatory A. (2020, 14 avril), "Le "retour" de la Russie en Afrique", *Le Portail de l'IE*, https://portail-ie.fr/analysis/2362/le-retour-de-la-russie-en-afrique.

sécurité militaire, énergétique et alimentaire en Afrique augmentera également.

Références bibliographiques

Abramova I. (19 juillet 2022), "L'autre grand jeu de Poutine : pourquoi le Kremlin "s'est promené" en Afrique" (en russe), *MK*, https://www.mk.ru/politics/2022/07/19/drugaya-bolshaya-igra-putina-zachem-kreml-poshel-gulyat-v-afriku.html?ysclid=ldyape4475208923949, (consulté le 24.06.2023).

Akl Z. "Russia and Post-Arab Spring Political Elites in Egypt, Lybia, and Syria", pp. 54-70.

Albright D. "The USSR's Policy Toward Africa: Lessons Learned", pp. 48-85.

Arkhangelskaya A. (2013), "Le retour de Moscou en Afrique subsaharienne ? Entre héritage soviétique, multilatéralisme et activisme politique", *Afrique contemporaine*, 4, n°248, pp.61-74.

Arkhangelskaya A. and Shubin V. (2013), "Russia's Africa Policy", *South African Institute of International Affairs*, Occasional Paper n°157, pp.4-25.

Aubin L. (2022), *Géopolitique de la Russie*, Paris, La Découverte.

Barry A.S. (2022, 16 mars), "Guerre en Ukraine : ni Occident, ni Russie, l'Afrique doit développer sa propre stratégie", *Jeune Afrique*, https://www.jeuneafrique.com/ (consulté le 24.06.2023).

Beaud J. (2022), *Poutine, maître du jeu?*, Paris, Max Milo.

Bechev D. et al. (Eds.). (2021), Russia rising: Putin's foreign policy in the Middle East and North Africa, London, I. B. Tauris.

Belsoeur C. et Tagnan R.A. (2017, 17 août) "Au Sahel, la colère sourde des populations contre les troupes françaises", *Slate*, https://www.slate.fr/story/149784/burkina-sahel-terrorisme-soldats-francais, (consulté le 24.06.2023).

Bertrand, M. (2020), "WAGNER, société militaire privée (SMP) et nouvel outil de la stratégie géopolitique moderne russe", *Sécurité globale*, 24, pp. 49. 43-66.

Birgerson S.M., Kozhemiakin A.V., Kanet R. E. (1996), "La politique russe en Afrique: désengagement ou coopération"?, *Revues d'études comparatives Est-Ouest*, 3 (septembre), pp. 145-168.

Black J.L. (2022), *Russia after 2020: Looking Ahead after Two Decades of Putin*, Abingdon, Routledge.

Bordachev T. (2021), *Europe, Russia and the Liberal World Order: International Relations after the Cold War*, Abingdon, Routledge.

Breslauer G.W. (1992), *Soviet policy in Africa: From the old to the new thinking*, Berkley, University of California.

Cantoni, R. et Musso, M. (2017), "L'énergie en Afrique : les faits et les chiffres. Introduction", *Afrique contemporaine*, 261-262, pp. 9-23.

"China – Russia Bilateral Cooperation in Africa" (2021). Report №66/2021, Moscow, Russian International Affairs Council (RIAC), Institute of International and Strategic Studies of Peking University, pp. 1-66.

Davidson A. (Eds.). (2019), *Afrika v soud'beRossii.Rossiya v soud'beAfriki* [L'Afrique dans le destin de la Russie. La Russie dans le destin de l'Afrique], Moscou, Rosspen, pp. 25-120.

Davidson A. "Znakomstvo s Afrikoy – pervyechagui" [Connaître l'Afrique - les premiers pas], pp. 25-120.

Mazov S. "Navedeniemostov, 1956-1960" [La construction des ponts], pp. 148-161.

Ellis S. (1992), "The South African Communist Party and the Collapse of the Soviet Union", *Journal of Communist Studies and Transition Politics*, vol. 2, issue 8, pp.145-159.

Elzein D. (2014), "L'Afrique face aux nouvelles ambitions de la Russie", *Géoéconomie*, 71, pp. 77-88.

Eribo F. (2001), *In Search of Greatness: Russia's Communications with Africa and the World*, Westport, Blex Publishing.

Gershkovich E. (2019, 26 October), "At Russia's Inaugural Africa Summit, Moscow Sells Sovereignty", *The Moscow Times*, https://www.themoscowtimes.com/, (consulté le 24.06.2023).

Global Tracking Framework (GTF) sous la direction de la Banque mondiale (2022, 01juin)."Compte rendu: ralentissement des progrès vers l'accès universel à l'énergie sous l'effet de la pandémie de COVID-19".

James M. (2011), *A Political History of the Civil War in Angola 1974-1990*, New Jersey, Transaction Publishers.

Jouanny J. R. (2015), "Le retour russe en Afrique subsaharienne : enjeux, vecteurs et perspectives", *L'Afrique des idées*, Note d'analyse N°9.

Kalika A. "Le "grand retour" de la Russie en Afrique ?", *Russie.Nei.Visions*, n° 114, Ifri, avril 2019.

Kanet R. and Moulioukova D. (Eds.). (2022), *Russia and the World in the Putin Era: From Theory to Reality in Russian Global Strategy*, Abingdon, Routledge,

Kanet R. and Moulva D. "A comparison of Soviet and Russian foreign policy: ontological security and policy toward Africa", pp. 239-260.

Kanet R. and Moulioukova D. "Ruioukossia's self-image as a great power", pp. 11-34.

Koné H. (2022, 28 juillet), "Le trafic d'armes entre la Libye et le Niger reprend de plus belle", *Institut d'études de sécurité*, https://issafrica.org/fr, (consulté le 24.06.2023).

Lavrov A. "Russia in Syria: a Military Analysis", pp. 31-39.

Lavrov S. (2022, 7 juillet), "Russie et Afrique : un partenariat axé sur l'avenir", https://www.mid.ru/ru/foreign_policy/news/1823250/?lang=fr, (consulté le 24.06.2023).

Le Figaro (2022, 26 juillet), "Guerre en Ukraine : Macron dénonce "l'hypocrisie" entendue "trop souvent" sur le continent africain", https://www.lefigaro.fr/, (consulté le 24.06.2023).

Lochkarev I. (2019, 28 octobre), "Exportations de sécurité : comment la Russie peut retourner en Afrique sans commettre d'erreurs "(en russe), *RBC*, https://www.rbc.ru/, (consulté le 24.06.2023).

Maslov A. (2019, 29 octobre), "Le projet national "Afrique". Ce que le sommet africain de Sotchi a montré" (en russe), *Peace*, https://carnegie.ru/commentary/80187, (consulté le 24.06.2023).

Maslov A. et Sliusartchuk P. (2020, 11 décembre), "Des bottes dans les océans. Pourquoi la Russie a besoin d'une base militaire au Soudan" (en russe), *Carnegie*, https://carnegie.ru/commentary/83430, (consulté le 24.06.2023).

Ménatory A. (2020, 14 avril), "Le "retour" de la Russie en Afrique", *Le Portail de l'IE*, https://portail-ie.fr/analysis/2362/le-retour-de-la-russie-en-afrique, (consulté le 24.06.2023).

Natufe I. (2011), *Soviet policy in Africa: from Lenin to Brezhnev*, Bloomington, iUniverse.

Pétric B. (2008). "À propos des révolutions de couleur et du soft power américain", *Hérodote*, 129, 7-20.

Pinel M. (2022). "Les sociétés militaires privées russes en Afrique 1/2 : vers un nouveau modèle d'intervention ?" *Revue Défense Nationale*, 847, 99-104.

Pinel M. (2022). "Les sociétés militaires privées russes en Afrique (2/2) : influence, lutte informationnelle et débouchés économiques", *Revue Défense Nationale*, 848, 107-111.

Primakov Y. (1999) *Gody v bolchoypolitike* [Des années dans la grande politique], Moscou, Collection "Top secret".

Primakov Y. (2009), *Russia and the Arabs: Behind the Scenes in the Middle East from the Cold War to the Present*, New York, Basic Books.

Quero J. and Soler E. "Regional order and regional powers in the Middle East and North Africa", pp. 257-281.

Raviot, J. (2008). "Moscou et la question démocratique : mythes et réalités de la "nouvelle guerre froide". *Hérodote*, 129, pp. 193-209.

Rabi U. (2021), *The Return of the Past: State, Identity, and Society in the Post–Arab Spring Middle East*, London, Lexington Books.

Rapport sur le développement économique en Afrique (2022). "Repenser les fondements de la diversification des exportations en Afrique : le rôle de catalyseur des services financiers et des services aux entreprises", Genève, *Nations Unies*.

Remnek R. ""Translating New Soviet Thinking" into Practice: The Case of Ethiopia", pp. 154-166.

RFI, (2022, 09 juin) "Accès aux biens alimentaires: «Je ne doute pas de la parole de Poutine», dit MackySall", https://www.rfi.fr/fr

Sukhankin S. "Russian Private Military Contractors in Sub-Saharan Africa: Strengths, Limitations and Implications", Russie.Nei.Vision, No.120, Ifri, September 2020.

Stronski P. "Late to the Party: Russia's Return to Africa", The Return Of Global Russia, *Carneghie Endowment For International Peace*, octobre 2019.

Szmolka I. (Eds.). (2017), *Political Change in the Middle East and North Africa After the Arab Spring*, Edinburgh, Edinburgh University Press.

Tovar J. "The foreign policy of the United States following the Arab Spring", pp. 326-349.

Talbot V., Lovotti C. (Eds.).(2019), "The Role of Russia in the Middle East and North Africa Region. Strategy or Opportunism?", *European Institute of the Mediterranean*.

Wolikow S. (2010), *L'Internationale communiste (1919-1943). Le Komintern ou le rêve déchu du Parti mondial de la Révolution*, Ivry-sur-Seine-Paris, Éditions de l'Atelier/Éditions ouvrières.

Yabi G. - entretien (2022). "Face à l'instabilité politique en Afrique de l'Ouest, un besoin d'États efficaces et de démocraties substantielles". *Revue internationale et stratégique*, 126, 119-125.

Zaycev V., Maslov A., Timofeeva Y. (2018, 10 août), "Que fait la Russie en Afrique centrale" (en russe), https://carnegiemoscow.org/commentary/77022, (consulté le 24.06.2023).

Chapitre 11 :

Émergence des territoires conflictogènes en Afrique et redéploiement de Moscou : Enjeux des accords géostratégiques et géopolitiques russes en Centrafrique, au Mali et au Cameroun

Martial AZAOU ATEMKENG
& Jolin TAFELEFACK

Résumé

L'Afrique subsaharienne en général et les anciennes colonies d'Afrique française en particulier sont en proie aux multiples crises depuis les indépendances. L'émergence des crises, surtout celles liées aux conflits armés, s'observe avec acuité cette dernière décennie au Mali, en République Centrafricaine et au Cameroun. L'une des solutions à ce problème dans ces territoires semble venir de « l'irruption » diplomatique russe à travers la signature des accords militaires. L'objectif de la présente réflexion vise à analyser l'enjeu des accords géostratégiques et géopolitiques russes dans ces trois territoires conflictogènes en Afrique. L'approche multilatérale en diplomatie sera exploitée comme grille de lecture. La méthodologie utilisée a consisté en la collecte et l'analyse des données à partir de l'exploration documentaire sur l'actualité. L'étude débouche sur deux résultats principaux. Le premier présente les conditions favorables à l'émergence des territoires conflictogènes en Afrique. Celles-ci se traduisent non seulement par les tensions liées aux crises sociopolitiques et économiques dans ces pays d'Afrique ; mais aussi le délitement des relations entre ces gouvernements et leurs anciennes puissances. Le second par contre, explore l'enjeu et l'implication des accords géostratégiques et géopolitiques russes dans les territoires conflictogènes d'Afrique, notamment au Mali, en République Centrafricaine et au Cameroun.

Mots-clés : Territoires conflictogènes, géostratégiques, géopolitiques, émergence, Afrique

Abstract

Sub-Saharan Africa in general and the former colonies of French Africa in particular have been plagued by multiple crises since independence. The emergence of crises, especially those linked to armed conflicts, has been acutely observed over the past decade in Mali, the Central African Republic and Cameroon. One of the solutions to this problem in these territories seems to come from the Russian diplomatic "irruption" through the signing of military agreements. The objective of this reflection aims to analyze the stakes of Russian geostrategic and geopolitical agreements in these three conflict-prone territories in Africa. The multilateral approach in diplomacy will be used as a reading grid. The methodology used consisted in the collection and analysis of data from documentary exploration on current events. The study leads to two main results. The first presents the conditions favorable to the emergence of conflict-prone territories in Africa. These translate not only into the tensions linked to the socio-political and economic crises in these African countries; but also the disintegration of relations between these governments and their former powers. The second, on the other hand, explores the issue and the implication of Russian geostrategic and geopolitical agreements in conflict-prone territories in Africa, taking the example of the cases of Mali, the Central African Republic and Cameroon.

Keywords: *Conflict-provoking territories, geostrategic, geopolitical, emergence, Africa.*

Introduction

Au début des années 90, l'intérêt pour le continent ainsi que l'attractivité dont il jouissait semblaient quelque peu en recul[1]. *A contrario*, le début du XXIe siècle a marqué un regain d'intérêt de la part de certaines puissances pour l'Afrique, signe d'une perception nouvelle du continent. Alors que de nombreux acteurs de la scène

---

[1] Arkhangelskaya A., « Entre héritage soviétique, multilatéralisme et activisme politique », Afrique contemporaine 2013/4, (N° 248), pp. 61-74.

internationale faisaient passer l'Afrique au second plan, un ensemble de changements à l'échelle mondiale a réorienté leur vision du continent[2]. La mondialisation poussée, entrainant une forte connexion, l'intérêt croissant pour les ressources naturelles et l'apparition de nouveaux défis sécuritaires traversant les frontières traditionnelles, sont autant d'éléments ayant redirigé l'intérêt des acteurs extérieurs vers le continent africain. Depuis la décennie 2010, l'Afrique a connu la présence accrue d'acteurs extérieurs au rang desquels la Russie, la Chine, le Brésil, l'Inde[3] qui, jusque-là, ne semblaient pas accorder un intérêt particulier à l'Afrique. Si les puissances traditionnelles sont surtout occidentales, à l'instar des États-Unis, du Royaume-Uni, de la France, aujourd'hui d'autres pays tentent donc de se positionner également dans le continent. De tous, la Russie se manifeste sur le continent africain par un ancrage croissant.

Cette influence extérieure exercée à la fois par les puissances traditionnelles et les grands pays émergents impacte le jeu des alliances intra-africaines auxquelles se livrent certains pays du continent, dont la volonté est de déployer une stratégie qui leur est propre. Il apparaît évident que les relations entre l'Afrique et les anciennes puissances se sont tendues à cause de nombreux facteurs dont l'insécurité grandissante. Une situation parmi tant d'autres, qui a suscité le regain d'intérêt et le retour russe en Afrique. En fait, le continent africain a une longue histoire avec les interventions étrangères dans le domaine sécuritaire[4]. La politique russe, à travers la signature des partenariats stratégiques et des accords de défense s'érige comme un instrument de compétition avec les autres puissances occidentales.

Il n'est donc pas vain ici, de questionner les enjeux des accords géostratégiques et géopolitiques russes dans les territoires conflictogènes en Afrique. L'objectif de la présente réflexion vise à analyser l'enjeu des accords géostratégiques et géopolitiques russes dans les zones belligènes en Afrique, notamment au Mali, en République Centrafricaine et au Cameroun. La méthodologie utilisée a consisté en la collecte et l'analyse des données à partir de l'exploration documentaire sur l'actualité et les revues scientifiques. Cette étude débouche sur deux résultats principaux. Le premier, présente les conditions favorables à l'émergence des conflits en Afrique. Le second,

---

[2]Ibid.
[3]Ibid.
[4]Marchal R., Banegas R, « Interventions et interventionnisme en Afrique », Politiques Africaine 2005/2 (N°98), pp.5-9.

quant à lui, explore l'enjeu et l'implication des accords géostratégiques et géopolitiques russes.

1. Les nouvelles menaces sécuritaires en Afrique : un terreau fertile au retour de Moscou

Au sortir du système colonial, la paix et la stabilité constituaient deux principaux enjeux auxquels les pays africains devaient faire face en raison de leur histoire politique et institutionnelle. La colonisation a complètement remodelé ce continent. Elle a créé de nouveaux États, redéfini les enjeux de pouvoir, réorienté les formes économiques, cristallisé de nouveaux intérêts... Le risque, dans ces conditions, était de voir le continent sombrer dans d'interminables guerres de frontière après la fin de la régulation coloniale.

Au regard des conflits internes meurtriers, l'Afrique apparaît effectivement comme « la région du monde la plus affectée par les luttes armées ou les crises politiques porteuses de germes de guerre[5] ». Un nombre impressionnant de pays africains ont été touchés par les conflits entre les premières indépendances et le début des années 1990. Il s'agit de revenir sur cette période pour comprendre les déterminants des conflits africains. Dans cette perspective, nous passons en revue la période post-indépendantiste. Nous tentons dans un second temps de présenter les répercussions de la confrontation Ouest-Est sur le continent africain.

1.1. La période post-indépendantiste : une recomposition territoriale aux conséquences belliqueuses

Les guerres d'indépendance ont constitué une première catégorie de conflits. Au lendemain de la Seconde Guerre mondiale, en même temps qu'émerge la littérature engagée, les Africains commencent à envisager la lutte armée comme voie d'accès à l'indépendance. Dans les pays colonisés par les grandes puissances européennes, comme la France et la Grande-Bretagne, les guerres d'indépendance ont été récurrentes dans les anciennes colonies allemandes comme le Cameroun et dans les colonies de peuplement.

---

[5]Ayissi A., (1994), « Le défi de la sécurité régionale en Afrique après la guerre froide, vers la diplomatie préventive et la sécurité collective », Travaux de recherche de l'UNIDIR, New York et Genève, N°27, cité dans Bach D., Sindjoun, (1997), « Ordre et désordre en Afrique », *Polis, Revue camerounaise de science politique*, Vol.4, N°2, pp.3-18.

Le lien entre les conflits en Afrique et l'histoire du contact avec l'Occident est évident puisque les dynamiques de décolonisation et la période postcoloniale[6] ont fourni un terrain particulièrement fertile au développement de plusieurs types de conflits. Certaines guerres interétatiques sont aussi le fruit direct du legs colonial. Ce type de conflits était le plus redouté dans les années 1960, quand la plupart des pays africains ont accédé à l'indépendance. Cette crainte justifie les efforts visant à les éviter à travers le principe de l'intangibilité des frontières issues de la colonisation. *À postériori*, on remarque qu'ils ont été moins nombreux que les guerres civiles et qu'ils ont presque disparu depuis 1990. Les cas les plus connus ont opposé le Mali et le Burkina Faso à deux reprises. Ces conflits sont des séquelles du processus colonial en ce sens qu'ils résultent du tracé arbitraire de frontières peu reconnues et se structurent généralement autour de revendications territoriales.

1.2. Une analyse des répercussions de la confrontation Ouest-Est : la compréhension de « l'extension territoriale » russe en Afrique

Dans la pensée géostratégique des années 1960, chaque conflit était ramené à la rivalité bipolaire de la confrontation Ouest-Est, puisque « l'intervention des grandes puissances déterminait le niveau d'intensité du conflit et son importance. Le raisonnement stratégique se fondait sur la division du monde en deux zones : celle de l'affrontement direct, improbable, et celle des stratégies indirectes de contournement »[7]. Compte tenu du contexte de guerre froide, les analyses mettaient l'accent sur les forces extérieures pour expliquer les conflits plutôt que sur les conditions domestiques. Les conflits étaient alors présentés comme une « machination » des protagonistes de la guerre froide. L'Occident était accusé d'exporter les crises dans les zones périphériques[8], explication bien en phase avec les approches dépendantistes. Il est clair que, pendant la guerre froide, certains conflits ont été alimentés par la rivalité Est-Ouest. Comme le montre le DFID (*Department for International Developpment*), à cette époque, les

---

[6]Stamm A. (1998), *L'Afrique de la colonisation à l'indépendance*, Paris, Presses universitaires de France.
[7]Bigo D. (2019), « De l'espoir à la crainte ? Les lectures de la conflictualité », *Fondation pour la recherche stratégique*, note n°21/19 www.conflits.org/document1151.html.
[8] Ali T., Matthews R., (1999), « Conclusion : Conflict Resolution and Building Peace », dans Ali T., Matthews R., (dir), Civil Wars in Africa, Roots and Resolution, Montréal/Kingston, *McGill-Queen's University Press*, p. 288-312.

questions de principe, comme la bonne gouvernance, l'État de droit et la transparence dans la gestion, étaient reléguées au second plan, loin derrière les intérêts politiques et les gains commerciaux[9]. Ainsi, la Corne de l'Afrique et l'Afrique australe, reconnues comme des centres d'intérêts stratégiques d'importance, ont été investies par les superpuissances qui y ont alimenté les conflits qui s'y déroulaient. L'Angola et le Mozambique sont deux exemples frappants de la guerre par procuration qui a opposé les deux grandes puissances rivales américaine et soviétique pendant la guerre froide, les États-Unis soutenant les mouvements rebelles alors que l'URSS soutenait les gouvernements marxistes en place. Aujourd'hui, la rivalité entre superpuissances s'exprime encore sur le continent africain, au Mali, et en RCA.

Cet interventionnisme des puissances occidentales s'est soldé par un accroissement de la taille des armées nationales et une hausse de dépenses militaires et d'armement. Là où il y eut conflit pendant la guerre froide, des régimes autoritaires entretenant de larges armées ont généralement émergé. Il y eut peu de démobilisation après la guerre froide malgré une baisse de transferts d'armes[10]. Or, avec la fin de la guerre froide et le tarissement des ressources militaires occidentales, les charges récurrentes sont devenues trop lourdes, ce qui a encouragé, comme en ex-URSS, le factionnalisme et l'affairisme dans les armées. En retour, cette situation a favorisé un marché illégal et alimenté de nouveaux conflits comme en RCA et au Mali.

L'implication des superpuissances n'a pas cessé avec la chute de l'empire soviétique. Aujourd'hui, on constate un nouvel interventionnisme des grandes puissances autour d'enjeux stratégiques ou économiques qui s'inscrivent dans une logique non pas de bloc, mais d'intérêt national. L'Afrique reste ainsi le lieu de rivalités entre les grandes puissances, notamment la France, les États-Unis et la Russie, qui agissent soit directement, soit par firmes et pays tiers interposés[11].

---

[9] UK. Department for International Development (2001), *The Causes of Conflict in Sub-Saharan Africa*, DFID, p. 7.
[10] Ibid.
[11] Voir par exemple Global Witness (2003), *Les affaires sous la guerre : armes, pétrole et argent sale en Angola*, Marseille, Agone.

2. Enjeux et implications des accords géostratégiques et géopolitiques russes dans les territoires conflictogènes en Afrique

Depuis la décolonisation, l'Union des Républiques Soviétiques et Socialistes (URSS) a tissé des liens étroits avec de nombreux États africains, les soutenant dans leur lutte d'indépendance. Après la disparition de l'URSS et le chaos des années 1990, les transformations politiques et économiques internes ont poussé la Russie à quitter l'Afrique. Dans neuf pays, des ambassades russes ont été fermées. Ce n'est qu'à partir du milieu des années 2000 que la Russie a commencé un timide retour sur le continent. Cependant, depuis 2017, on observe de nouvelles modalités d'engagement : un renforcement de la coopération sécuritaire, notamment par l'engagement d'entreprises militaires privées. Le volet géostratégique et géopolitique de la coopération entre la Russie et les pays d'Afrique subsaharienne a été renforcé par deux éléments principaux

2.1. Les normes de gouvernance et le renforcement de la politique sécuritaire et militaire

Le volet sécuritaire de la politique russe en Afrique est, depuis 2004, prioritaire voire prépondérant. Ainsi, au cours des cinq dernières années, la Russie a signé des accords avec une vingtaine de pays, les plus récents concernant le Mali (Juin 2019), le Congo (mai 2019) et Madagascar (octobre 2018). Ils prévoient généralement la formation d'officiers à Moscou, la livraison de matériels militaires neufs et/ou la maintenance d'équipements déjà en dotation, des exercices communs, la lutte contre le terrorisme et la piraterie maritime ; ces composantes variant en fonction de la situation des différents pays. En revanche, l'ouverture de bases militaires permanentes en Afrique ne semble pas être à 'ordre du jour pour des raisons tant financières que d'utilité opérationnelle[12]. D'après l'Institut international de la recherche sur la paix de Stockholm (*SIPRI*), la Russie a livré, entre l'année 2000 et 2015, pour 15 milliards de dollars d'armes à l'Afrique[13]. Des chiffres

---

[12]Entretien de La vergne M., (2022), directeur émérite de recherche au CNRS sur *TV5Monde* : « L'influence soviétique en Afrique ne date pas d'hier. Comment s'est-elle formée initialement ? », Consultable à l'adresse information.tv5monde.com

[13]Korendiassov E., (2017), *La Russie à l'offensive sur les marchés des armements et des équipements militaires d'Afrique*, RSMD. Consultable à l'adresse suivante : https://russiacouncil.ru/analytics-and-comments/analytics/rossiya-nastupaet-na-rynki-vooruzheniy-i-voennoy-tekhniki-v-afrike/.

qui ne prennent pas en compte les derniers contrats égyptiens ni ceux qui ont été conclus récemment avec la Guinée équatoriale par exemple.

Au cours des dernières décennies, la Russie a opéré son retour sur le continent africain. Ce retour en Afrique se matérialise par sa diplomatie bilatérale et d'une approche multilatérale entre la Russie et les États africains. Le président Vladimir Poutine avait effectué, en 2006, une première tournée à travers le continent qui l'avait mené en Afrique du Sud, en Algérie et au Maroc. Discret, dans un premier temps, l'engagement de Moscou en Afrique coïncide avec le sentiment d'accuser un recul dans sa région traditionnelle à partir de 2014 et son annexion de la Crimée. Moscou exerce une grande influence sur certains de ses partenaires africains à travers principalement ses engagements dans les domaines sécuritaire et économique. L'absence de précédents coloniaux entre le continent et la Russie joue indéniablement en faveur de Moscou. Alors que les relations entre l'Afrique et ses anciennes puissances coloniales s'avèrent aujourd'hui de plus en plus tendues, la stratégie russe s'appuie sur cette spécificité pour gagner du terrain. Si c'est principalement ce facteur qui différencie les Russes des pays occidentaux, Moscou dispose davantage de moyens de projection. Contrairement aux Occidentaux, très présents sur le continent, mais souvent critiqués par la conditionnalité de leurs partenariats et aides, Moscou conclut des accords et partenariats tout en demeurant fidèle au principe de non-ingérence dans les affaires internes de ses partenaires. Cette non-ingérence permet à la Russie de s'assurer une coopération plus fructueuse de la part de ses partenaires africains. Moscou intègre le continent africain en se basant sur une stratégie impliquant ses entreprises publiques et privées. Comme de nombreux pays attirés par le potentiel minier du continent, la Russie cible en priorité les pays du continent dont la richesse en ressources naturelles est avérée, et qui disposaient déjà de liens forts avec l'ex-URSS. Ce sont justement ces derniers qui bénéficient des partenariats sécuritaires russes en offrant plus de chance à la Russie de s'intéresser à leurs secteurs miniers. Le renforcement de la présence russe et de l'établissement de ses liens repose également sur cet aspect. La compagnie de sécurité privée Wagner porte l'ambition russe sur le continent, bien qu'officiellement le Kremlin s'en défend. Son expansion retrace sensiblement la dynamique d'influence russe de ces dernières années. Sa présence s'est relevée en Afrique de l'Ouest et en

Afrique Centrale. C'est avec une stratégie rampante que la compagnie de sécurité s'implante dans l'ensemble des régions africaines de façon graduelle ouvrant ainsi la voie à Moscou pour l'expansion de ses intérêts géopolitiques.

Sur le plan sécuritaire et militaire, la Russie dispose d'un éventail d'éléments lui permettant de s'ancrer dans le continent. Elle a pu conclure quelques vingt accords militaires avec des gouvernements africains. À l'échelle mondiale, la Russie est le premier fournisseur d'armes aux États (classement qui s'applique au continent africain). Entre 2012 et 2017, la vente d'armes russes aux pays africains a presque doublé, selon les données de *SIPRI*. D'ailleurs, les ventes d'armes russes représentaient la part la plus significative, devançant la Chine, les États-Unis et le Royaume-Uni. À cette même période, 39 % des armes importées sur le continent provenaient de la Russie. Outre la vente d'armements, le pays fournit un accompagnement technique et militaire aux forces armées africaines. Plus encore, à travers *Wagner*, le pays engage ses éléments paramilitaires un peu partout en Afrique. Cette force d'intervention est devenue dominante dans la stratégie d'influence de Moscou. L'arrivée des milices militaires de *Wagner* au Mali, accompagnée d'une certaine popularité des Russes auprès de la population malienne, a été remarquée. Au même moment, les relations entre la France et le Mali ont connu des tensions sans précédent. La France, qui était jusqu'alors le principal partenaire sécuritaire de Bamako, a été priée de quitter le pays par la junte militaire toujours au pouvoir depuis le coup d'État en mai 2021. Alors que la compagnie de sécurité russe s'est frayé un chemin dans ce territoire très prisé des militaires français, la France a finalement décidé de retirer ses troupes après plusieurs années de présence[14]. Les Maliens placent un grand espoir dans l'apport militaire russe pour stabiliser la situation politique et sécuritaire de leur pays. Historiquement, la France a assuré une grande partie de la sécurité et œuvré pour la lutte contre la formation de groupes extrémistes sur le continent. Même lors de la guerre froide, face à un empire soviétique s'invitant davantage dans le paysage sécuritaire africain, la France défendait avec ferveur ses partenaires. C'est principalement auprès des mouvements de libération nationale que la Russie tentait d'intervenir. L'échec des Français aujourd'hui au Mali ou encore en République Centrafricaine dénote un regain de puissance

---

[14]Tracking the Arrival of Russia's Wagner Group in Mali. (2022). *Center for Strategic and International Studies*.

russe auprès d'une large partie de la population, de la classe politique et des agents de sécurité.

La stratégie russe en Afrique est réputée se décomposer en deux phases principales. Le pays intervient dans un premier temps à travers la composante sécuritaire et militaire en usant de l'ensemble de ses moyens, ainsi qu'en portant assistance à ses partenaires. Ensuite, Moscou se sert de son implantation sécuritaire pour accéder à d'autres secteurs économiques d'importance stratégique pour ses intérêts géopolitiques. D'où la signature d'importants accords dans la fourniture du matériel militaire.

2.2. La signature d'accords de coopération militaire

En octobre 2019, près de 50 chefs d'États africains se sont rendus à Sotchi pour assister au Sommet Russie-Afrique, premier évènement dédié au continent africain d'une telle ampleur organisé par la Russie. Selon le Premier ministre Dimitri Medvedev, ce sommet devra marquer « le début d'une nouvelle ère de coopération russo-africaine »[15]. D'après l'auteur, l'Afrique gagnerait à coopérer avec la Russie afin de résoudre ses maux. La Russie, influente en Afrique à l'époque soviétique, cherche depuis la fin des années 2000 à renouer avec le continent via des accords de coopération et des projets dans les domaines militaire, minier et nucléaire civil. Cependant, depuis quelque temps, le réengagement de la Russie en Afrique semble s'être accéléré avec la multiplication des projets au Cameroun, en RCA, et au Mali.

L'étude de la présence russe dans ces États montre que la stratégie de la Russie en Afrique a changé : depuis 2017, l'accent est mis avant tout sur l'approfondissement de la coopération sécuritaire, via la signature d'accords de défense et le déploiement de sociétés militaires privées, et sur l'influence médiatique. Cette formule s'avère particulièrement attractive pour un certain nombre de régimes africains souhaitant se maintenir au pouvoir.

2.2.1. En République centrafricaine

Avant fin 2017, la Russie n'était pas présente en RCA. Une première rencontre timide avait certes eu lieu à Moscou en août 2014 entre le

---

[15] Discours de Dmitri Medvedev lors de d'Afreximbank à Moscou le 20 juin 2019, Gouvernment.ru, 21 juin 2019

vice-ministre des Affaires étrangères pour le Moyen-Orient et l'Afrique, Mikhaïl Bogdanov, et l'ambassadeur de la République centrafricaine à Moscou, Kloda Bezo. Puis, en octobre 2017, le ministre russe des Affaires étrangères, Sergueï Lavrov, a reçu le président centrafricain, Archange Touadéra, à Sotchi. Deux mois plus tard, la Russie obtenait de l'ONU une exception à l'embargo prohibant l'exportation d'armes en RCA.

En décembre 2017, Moscou livrait à Bangui 300 pistolets *Makarov*, 5 200 fusils d'assaut et 840 mitrailleuses *kalachnikov*, 140 fusils de précision, 270 lance-roquettes et 20 missiles sol-air.[16] La livraison a été critiquée pour son manque de transparence, notamment vis-à-vis du Conseil de sécurité de l'ONU, chargé de vérifier les livraisons de matériel bénéficiant d'une dérogation.[17] À partir de ce moment-là, le rythme des échanges diplomatiques s'est accéléré : Vladimir Poutine a rencontré Archange Touadéra à Saint-Pétersbourg le 23 mai 2018, et Mikhaïl Bogdenov a effectué une visite en RCA le 16 mars 2019. En avril 2018, le Président centrafricain a recruté un nouveau conseiller personnel en matière de sécurité : le russe Valery Zacharov, ancien de la police et des douanes, ayant plusieurs fois travaillé en collaboration avec les structures d'Evgueni Prigozhin. À la même période, des contrats d'exploitation minière ont commencé à être attribués. L'entreprise minière *Lobaye Invest*, liée, selon la presse, à *Evgueni Prigozhin*, a obtenu sept permis d'exploration ou d'exploitation pour l'or et le diamant en RCA[18]. Selon *Africa Intelligence*, la Russie a obtenu l'autorisation d'exploiter les mines d'or de Ndassima en échange de la pacification de la région.[19] La Russie a effectivement participé à la signature des accords de paix de Khartoum en février

---

[16] Zaitsev V., Maslov A., Timofeeva L., (2018), « Chto Rossiya delaet et Tsentral' noy Afrike » [Que fait la Russie en Afrique centrale], *Carnegie Moscow center*. Consulté le 15 novembre 2022 sur le site https://carnegie.ru/commentary/77022.
[17] Deuxième livraison d'armes de la Russie RCA, Rfi Afrique 15 août 2018.
[18] Selon des documents publiés par le ministère des Finances et du Budget de la RCA, Lobaye Invest a obtenu : quatre permis d'exploitation pour l'or et diamant à Bangassou, Ouadda, Bria et Sam Ouandja, pour 3 ans le 4 avril 2018 ; un permis de recherche d'or à Yawa le 12 juin 2018 ; un permis d'exploitation pour l'or et le diamant à Yawa-Boda le 12 juin 2018 ; et une autorisation de reconnaissance minière dans la région de PAMA le 25 juillet 2018.
[19] Corbeaunews, (2018), « Moscou met le cap sur l'or et les diamants », *Africa intelligence*. Consulté le 15 novembre 2022 sur la page corbeaunews-centrafrique.org et corbeaunews-centrafrique.com.

2019, non sans court-circuiter les négociations de paix menées par l'Union africaine.[20]

En juillet 2018, des conseillers militaires russes de l'entreprise Wagner ont commencé à arriver à Bangui, pour former les soldats centrafricains mais aussi pour sécuriser les activités de *Lobaye Invest*. Actuellement, 175 instructeurs militaires russes seraient en RCA.[21] Le 31 juillet 2018, le décès tragique des trois journalistes russes, tués en RCA alors qu'ils enquêtaient sur l'entreprise militaire privée russe *Wagner* pour le centre d'investigation *TsUR (Investigation Control Center)* financé par Mikhaïl Kkodorkovski, a attiré l'attention des medias sur la Russie dans le pays. Le 22 août 2018, la Russie et la RCA ont conclu un accord intergouvernemental de coopération militaire. Un autre traité signé en avril 2019 prévoit la création d'une représentation officielle du ministère de la Défense de la Russie au sein du Ministère de la Défense de la RCA.

Les avancées sécuritaires et économiques de la Russie en RCA ont bénéficié d'un accompagnement médiatique favorable, assuré grâce au financement de la chaine de radio Lengo Sango et de plusieurs médias véhiculant des messages anticoloniaux et antifrançais. Enfin, peu à peu, des entreprises russes historiquement présentes en Afrique ont également obtenu quelques opportunités de développement en RCA. Le Président centrafricain a affirmé en avril 2019 que le gouvernement avait approché l'entreprise d'exploitation de diamants *Alrosa* pour lui proposer d'opérer en RCA ; *Rasatom* aurait pour sa part déjà négocié l'exploration d'uranium dans la zone de Bakouma, où *Areva* avait opéré dans le passé avant d'abandonner le projet pour des raisons sécuritaires en septembre 2012[22]. Le 22 mai 2019, la Russie a annoncé le déploiement d'une trentaine de ses soldats au sein de la mission *MINUSCA* de l'ONU. Une deuxième livraison d'armes a été effectuée le 14 août 2019, dont le contenu exact reste inconnu[23].

Depuis 2017, la Russie a signé des accords de coopération militaire avec 20 pays d'Afrique subsaharienne, contre seulement sept de 2010 à

---

[20] Forestier P., (2018), « Centrafrique : comment la Russie travaille patiemment à supporter la France » Le Point.
[21] Zaitsev V., Maslov A., Timofeeva L., (2018), « Chto Rossiya delaet i Tsentral' noy Afrike » [Que fait la Russie en Afrique centrale], *Carnegie Moscow center*. Consulté le 15 novembre 2022 sur le site https://carnegie.ru/commentary/77022.
[22] Kalida A., (2019), « Le 'grand retour' de la Russie en Afrique ? », *Russie.Nei.Visions, n°*114 Notes de l'IFRI, p. 20.
[23] Powelton F., (2019), « Centrafrique : 2eme livraison d'armes russes » *Sahel Intelligence*, L'information stratégique, consulté le 15 novembre 2022 sur le site sahel-intellegence.com

2017. Sur les 20 nouveaux accords, dix ont été conclus avec des pays avec lesquels la Russie n'avait signé aucun accord de coopération militaire auparavant. Des accords conclus avec le Mozambique et le Soudan ont pour objet de faciliter l'entrée de navires militaires russes dans les ports des deux pays. Deux accords avec la République Centrafricaine et le Soudan prévoient une coopération renforcée allant jusqu'à la création d'une représentation du ministère russe de la Défense au sein des structures homologues du pays signataire.

Plusieurs accords de coopération militaire prévoient le déploiement de conseillers militaires. Pour la plupart, il ne s'agit pas de membres de l'armée régulière, mais d'employés de la société militaire privée *Wagner*, déployés en Ukraine et en Syrie. Ses employés sont officiellement chargés de former l'armée nationale, mais peuvent également assurer la protection d'hommes d'État, comme c'est le cas en RCA, où ils ont intégré la garde personnelle du président Archange Touadéra. Par ailleurs, *Wagner* protège les sites des entreprises russes sur le continent. Ses hommes seraient présents en République Centrafricaine, au Soudan, au Rwanda et à Madagascar, et pourraient prochainement faire leur apparition en République du Congo, avec qui la Russie a signé un accord en juin 2019 prévoyant le déploiement de conseillers militaires. Avoir recours à une société militaire privée permet au gouvernement russe de se distancer des actions de cette dernière. En effet, les médias et les organisations internationales ont à plusieurs reprises alerté sur le rôle controversé joué par les sociétés militaires privées russes : au Soudan, elles auraient participé à la répression violente des manifestations contre le gouvernement[24] ; en RCA, elles ont été accusées d'avoir été impliquées dans des cas de torture[25].

2.2.2. La coopération militaire russo-malienne

Le 1er octobre 2021, les autorités maliennes annoncent la réception de quatre hélicoptères militaires fournis par la Russie. Cette livraison intervient dans un moment de grande tension avec la France, qui s'inquiète notamment des liens du Mali avec la société russe privée Wagner. C'est le ministre malien de la défense, le colonel Camara qui

---

[24] Lebœuf A., (2019), « La compétition stratégique en Afrique : approches militaires américaine, chinoise et russe », *IFRI*.
[25] Searcey D., (2019), « Gems, Warlors and Mercenaries: Russia's Playbook in Central African Republic », *The New York Times*.

a annoncé la nouvelle. De cette coopération le Mali a réceptionné quatre hélicoptères blindés de type Mi- 171, des armes et des munitions. Les armes et les munitions sont offertes par la Fédération de Russie. Selon le colonel Sadia Camara, « ces livraisons sont le fruit d'un contrat signé en décembre 2020 et entré en vigueur en juin 2021. L'extrême rapidité de l'exécution de ce contrat montre la fiabilité et le sérieux de ce partenaire qui nous a toujours donné satisfaction dans le cadre d'échanges gagnant-gagnant »[26]. Cette livraison intervient à un moment de grande tension avec la France, ex-puissance coloniale et partenaire historique. Comme de nombreux autres pays européens, Paris s'inquiétait déjà d'un possible recours du Mali aux paramilitaires du groupe privé russe Wagner.

2.2.3. Les accords de coopération militaire signés entre le Cameroun et la Russie

Dans cet élan de coopération avec les pays africains, le Cameroun et la Russie ont signé un accord de coopération militaire le 12 avril 2022. Cet accord a été annoncé alors que l'armée russe est déjà très présente militairement en Afrique, comme au Mali, en Centrafrique ou encore en Libye et au Soudan. L'essentiel de cet accord militaire russo-camerounais repose sur l'échange d'expérience entre les armées des deux pays, l'achat de matériel militaire russe, la maintenance de ce matériel et le transfert de technologie de la Russie vers le Cameroun. Dans l'article 2 de ce texte, la Russie et le Cameroun s'accordent sur l'échange d'informations en matière de politique de défense et de sécurité internationale, le développement dans le domaine de la formation conjointe, l'entraînement des troupes, ou encore la topographie et l'hydrographie militaires[27].

En ce qui concerne le transfert d'expérience, l'homme politique camerounais Banda Kani explique que le Cameroun a beaucoup à donner à la Russie grâce à cet accord. Dans une interview à la *Deutsche Welle,* il estime qu'il faut rappeler

Que l'armée camerounaise a une grande expérience dans le maintien de la paix par exemple et dans la lutte contre le terrorisme, une grande

---

[26] *TV5 Monde*, « Coopération militaire : le Mali reçoit quatre hélicoptères russes et vante le partenariat avec Moscou », https://information.tv5monde.com/afrique/cooperation-militaire, mis à jour le 26 mars 2022, consulté le 16-11-23.
[27] Fotso H., « Le Cameroun nouvelle étape de l'expansion de l'armée russe », *DW*. De dw.com, consulté le 4/05/2022.

expérience en matière de transformation même de l'armée. Parce que le Cameroun est historiquement parti d'une armée de développement pour devenir une armée de guerre (…) la partie camerounaise est dans une logique normale. C'est un pays qui a opté pour la diversification de ses partenariats comme levier pour consolider sa souveraineté. Vous savez qu'en diversifiant les partenariats, on neutralise les menaces géopolitiques[28].

La stratégie de Yaoundé serait d'éviter de dépendre d'un seul pays dans le domaine, ce qui l'amènerait à conclure de multiples accords sans se lier à qui que ce soit. Du côté russe, il s'agit d'une victoire claire, qui lui permet de montrer son soutien sur la scène internationale. Le Cameroun s'est abstenu de voter contre l'expulsion de la Russie du Conseil des droits de l'homme des Nations unies en avril 2022. Le nouvel accord entre le Cameroun et la Russie, qui s'étend sur les cinq prochaines années, est particulièrement axé sur la formation militaire, notamment pour les missions de maintien de la paix ou la lutte contre le terrorisme et la piraterie maritime. Des exercices militaires conjoints devraient avoir lieu, ainsi que des échanges de renseignements et des séjours prolongés de spécialistes russes au Cameroun. L'accord a laissé certains points ouverts et susceptibles d'être modifiés, comme l'achat d'équipements militaires russes, une option qui pourrait être envisagée à l'avenir.[29] Une partie de l'accord est consacrée au cadrage juridique pour le conformer au droit international. C'est le cas de l'article 10 qui stipule que la signature de cet accord ne remet pas en question d'autres accords que le Cameroun ou bien la Russie auraient pu signer avec d'autres partenaires[30].

Conclusion

L'objectif de cette réflexion visait à analyser l'enjeu des accords géostratégiques et géopolitiques russes dans les territoires conflictogènes en Afrique, notamment au Mali, en RCA et au Cameroun. L'émergence de ces territoires et le retour de la Russie en Afrique ont été l'occasion de renforcer les relations bilatérales et multilatérales, surtout la signature des accords géostratégique et

---

[28] Propos de l'homme politique camerounais Banda Kani à DW 2022, De dw.com.
[29] Peña J., (2022), « L'accord militaire Cameroun-russe met la France en alerte », *Atalayar Entre deux rives*, atalayar.com, consulté le 05/10/2022.
[30] Fotso H., (2022), « Le Cameroun nouvelle étape de l'expansion de l'armée russe », *DW*. De dw.com, consulté le 4/05/2022.

géopolitique. À l'issue de la méthodologie mobilisée, deux idées principales structurent cette réflexion. La première expose les nouvelles menaces sécuritaires en Afrique qui sonne comme un terreau fertile au retour de Moscou. Dans ce contexte, la période post-indépendantiste se caractérise davantage par une recomposition territoriale dominée par les confrontations entre les puissances occidentales. Ainsi, l'analyse de la confrontation Ouest-Est, permet de comprendre « l'extension territoriale » russe sur le continent africain. En outre, la deuxième idée met l'accent sur les enjeux et l'implication des accords géostratégique et géopolitique russes dans les territoires conflictogènes en Afrique. Ceux-ci se traduisent par les normes de gouvernance et le renforcement de la politique sécuritaire d'une part, et la signature des accords de coopération militaire entre la République Centrafricaine, le Mali et le Cameroun d'autre part. Toutefois, dans le cadre de cette coopération, la Russie, en contribuant à la stabilité de la paix dans cette partie du monde, assoit son hégémonie. À partir de cette domination, nous pouvons présager à l'avenir un schéma néocolonial qui se redessine entre la Russie et l'Afrique, d'où l'urgence pour ces pays d'appliquer la « géopolitique-prudence ».

Références bibliographiques

Ali T., Matthews R., (1999), « Conclusion : Conflict Resolution and Building Peace », dans Ali T., Matthews R., (dir), *Civil Wars in Africa, Roots and Resolution*, Montréal/Kingston, McGill-Queen's University Press, p. 288-312.

Ayissi A., (1994), « Le défi de la sécurité régionale en Afrique après la guerre froide, vers la diplomatie préventive et la sécurité collective », Travaux de recherche de *l'UNIDIR*, New York et Genève, N°27, cité dans Bach D., Sindjoun, (1997), « Ordre et désordre en Afrique », *Polis, Revue camerounaise de science politique*, vol.4, n°2, p.3-18.

Bigo D. (2019), « De l'espoir à la crainte ? Les lectures de la conflictualité », *Fondation pour la recherche stratégique*, note n°21/19 www.conflits.org/document1151.html. Non paginé

Corbeaunews, (2018), « Moscou met le cap sur l'or et les diamants », *Africaintelligence*. Consulté le 15 novembre 2022 sur la page corbeaunews-centrafrique.org et corbeaunews-centrafrique.com.

FORESTIER P., (2018), « Centrafrique : comment la Russie travaille patiemment à supporter la France » Le Point.

Fotso H., « Le Cameroun nouvelle étape de l'expansion de l'armée russe », all Africa, *www.dw.com*, consulté le 4/11/2022

Global Witness (2003), *Les affaires sous la guerre : armes, pétrole et argent sale en Angola*, Marseille, Agone.

Kalida A., (2019), « le 'grand retour' de la Russie en Afrique ? », *Russie.Nei.Visions, n°*114 Notes de l'IFRI, p. 20.

Korendiassov E. (2017), *La Russie à l'offensive sur les marchés des armements et des équipements militaires d'Afrique*, RSMD. Consulté le 11/11/2022 à l'adresse suivante : https://russiacouncil.ru/analytics-and-comments/analytics/rossiya-nastupaet-na-rynki-vooruzheniy-i-voennoy-tekhniki-v-afrike/.

Lebœuf A., (2019), *La compétition stratégique en Afrique : approches militaires américaine, chinoise et russe*, Focus stratégique n°91, IFRI.

Peña J., (2022), « L'accord militaire Cameroun-russe met la France en alerte », *Atalayar Entre deux rives*, atalayar.com, consulté le 05/10/2022.

Powelton F., (2019), « Centrafrique : 2eme livraison d'armes russes » *Sahel Intelligence*, L'information stratégique, consulté le 15 novembre 2022 sur le site sahel-intellegence.com

Searcey D., (2019), « Gems, Warlors and Mercenaries: Russia's Playbook in Central African Republic », *The New York Times,* https://www.nytimes.com/2019/09/30/world/russia-diamands-africa-prigozhin-html.

Stamm A. (1998), *L'Afrique de la colonisation à l'indépendance*, Paris, Presses universitaires de France.

UK. Department for International Development (2001), *The Causes of Conflict in Sub-Saharan Africa*, DFID, ISBN: 1-86192-405-4, 22 pages.

TV5Monde, « Coopération militaire : le Mali reçoit quatre hélicoptères russes et vante le partenariat avec Moscou », https://information.tv5monde.com/afrique/cooperation-militaire, mis à jour le 26 mars 2022, consulté le 16/11/23.

Zaitsev V., Maslov A., Timofeeva L., (2018), « Chto Rossiya delaet et Tsentral' noy Afrike » [Que fait la Russie en Afrique centrale], *Carnegie Moscow center*. Consulté le 15/11/23 sur le site https://carnegie.ru/commentary/77022.

POSTFACE

La coopération entre l'Afrique et la Russie eltsinienne occupe une portion congrue dans la littérature savante qui s'est constituée immédiatement après le délitement du bloc soviétique. Cette carence peut s'expliquer, d'une part, par la surimposition de l'agenda international dans la compréhension des dynamiques internationales. En tant qu'acteur marginal sur la scène internationale recomposée, l'Afrique, tout comme la Russie post-soviétique, susciterait peu d'intérêt. D'autre part, le délitement du bloc soviétique survenu en 1991 a entrainé le retrait de la Russie non seulement du théâtre géostratégique mondial, mais surtout de la scène diplomatique africaine. Confrontée aux défis de la reconstruction post-soviétique, la Russie eltsinienne a amorcé son retrait du continent africain à travers la fermeture de certaines missions diplomatiques.

Seulement, l'arrivée au pouvoir du Président Vladimir Poutine, au début du XXIe siècle, marque un tournant décisif dans la politique étrangère de la Russie. Malgré l'emballement médiatique sur ce retour, l'Afrique ne constituait pas une région stratégique dans la politique étrangère de Poutine. Pis, comme le montre le « Concept de politique étrangère » russe de 2016, l'Afrique ne figurait qu'au dernier rang des priorités de l'administration russe. De là, de nombreux auteurs en venaient à douter de l'existence réelle d'une véritable politique africaine de la Russie, surtout pendant la période eltsinienne.

À l'épreuve des faits, on constate que l'Afrique est devenue, depuis le second mandat de Poutine (2004-2008), l'un des axes majeurs de la politique étrangère de la Russie. Le « retour de la Russie » en Afrique a fait l'objet de nombreux travaux de recherche. Cependant, les chercheurs ne s'accordent ni sur son ampleur ni sur son importance : pour les uns, il s'agit d'un « grand retour » ; pour d'autres, ce *comeback* est une action erratique en « trompe-œil ».

Pour les différents contributeurs de cet ouvrage, les relations entre l'URSS/Russie et l'Afrique sont profondément marquées par des contraintes inhérentes à leurs politiques domestiques et aux grands bouleversements géopolitiques mondiaux. D'une part, elles se fondent sur des invariants inhérents à l'histoire et à la géographie particulières de la Russie et de l'Afrique. En effet, tout en présentant des données géographiques similaires à l'Afrique (masse continentale et ressources naturelles), l'URSS/Russie revendique clairement un passé non-colonial. D'autre part, si la Russie apporte un soutien militaire et financier aux pays africains, elle compte, en retour, sur leur poids sur l'échiquier international pour se positionner comme une grande puissance.

En définitive, loin de tout déterminisme, la politique africaine actuelle de la Russie, clivée entre le bilatéralisme et le multi-vectoralisme, s'énonce, en fonction des conjonctures et des opportunités, en termes de *hard* et de *softpower*. L'Afrique doit par conséquent profiter de ce repositionnement stratégique de la Russie en se constituant comme un pôle émergent de puissance. La recomposition des grands équilibres mondiaux dépendra de la capacité de l'Afrique à exploiter les fenêtres d'opportunités nées des tensions actuelles.

Pr Frank EBOGO
Maître de Conférences en science politique
Expert des questions internationales et stratégiques
Directeur du LADIG
Chercheur Associé au CREPS
Université de Yaoundé II

NOTES BIOBIBLIOGRAPHIQUES DES AUTEURS

AZAOU ATEMKENG Martial est doctorant en science politique, option Relations Internationales à la Faculté de Sciences Juridiques et Politiques de l'Université de Dschang (Cameroun). Il est titulaire d'un Master en Sciences politiques et coauteurs de deux articles scientifiques. Ses recherches portent sur la résolution, la gestion et le maintien de la paix en Afrique depuis la fin de la guerre froide. Il est par ailleurs membre de l'Association des Étudiants Africains en Sciences Politiques (ASSEASPO). E-mail : martialazaou@gmail.com

ENG NDJEL Alphonse Bertrand est Camerounais, doctorant en science politique, option études internationales à l'Université de Douala. Ses champs de recherche spécifiques sont : la politique étrangère russe, la coopération russo-africaine. Sa thèse de Doctorat en attente de soutenance est intitulée : « La formation des Camerounais en Russie : essai de compréhension et d'évaluation d'une coopération éducative (1963-2022) ».

FERNANDEZ-BOUVERET Nicolas est d'origine française. Il est professeur certifié par l'Éducation Nationale dans le Secondaire et titulaire d'un Master 2 en Histoire contemporaine, obtenu à l'Université de Toulouse 2 Jean Jaurès : « Course à l'Afrique. Moscou, Paris et la décolonisation. 1956-1962. L'Afrique dans les relations franco-soviétiques à l'heure de la décolonisation. Une vue du Quai d'Orsay », 2023. Son principal champ de recherche porte sur la place de l'Afrique dans les relations franco-soviétiques à l'heure de la décolonisation.

GUIALA Magloire est Chargé de Cours au Département d'Histoire et Archéologie de la Faculté des Arts à l'Université de Bamenda. Après la soutenance de sa thèse de Doctorat/Ph.D en Histoire en 2017 à l'Université de Yaoundé I, il est recruté à l'Université de Bamenda. Il est aujourd'hui auteur de plusieurs articles qui explorent les questions de conflits et de paix sociale en Afrique. Une étude qui l'a amené à s'intéresser à la gestion de nombreux conflits et crises politiques et sociales qui minent les progrès socio-économiques des États du continent africain.

MBEGUELE Paul Amour Destin est de nationalité camerounaise. Il est Docteur en Science politique de l'Université de Yaoundé II, depuis 2016. Maître Assistant, il est actuellement Chargé de Cours au Département de Science politique de la Faculté des Sciences politiques et juridiques de l'Université de Maroua où il officie en qualité d'enseignant-chercheur. Spécialiste des études internationales et stratégiques, il est par ailleurs Chercheur associé au CAPED. Auteurs de nombreuses publications, ses centres d'intérêt portent sur les relations internationales, le renseignement, la politique étrangère, la guerre et la coopération, la place de l'Afrique dans le système international.

MBENG DANG Hanse Gilbert est originaire de la commune de Nguelemendouka (Est-Cameroun). Maître de Conférences, il est titulaire d'un Ph.D en Histoire Politique et des Relations Internationales et d'une Habilitation à Diriger des Recherche (HDR) en Polémologie et Irénologie contemporaine. Ancien Chef de Département d'Histoire et Directeur des Affaires Administratives et Financières (DAAF) à l'ENS de Bertoua, il est enseignant-chercheur au Département d'Histoire, FLSH-Université de Douala où il contribue à l'animation scientifique de la Société Savante Cheikh Anta Diop (SS-CAD) dans la même institution. Coordonnateur du Groupe d'Études et de Recherches sur l'Histoire des Relations Internationales, des questions Diplomatiques et Stratégiques (GERHIRIDIPS), membre de la Société Camerounaise d'Histoire (SCH), membre de l'Association de Défense de l'Environnement du Cameroun (ADEC) et membre du Centre Centrafricain de Recherche et d'Analyse Géopolitique (CCRAG). Il est par ailleurs, membre-fondateur du LEAPREC (Laboratoire d'Études Aréales et Politiques sur la Région de l'Est-Cameroun). Du RCAC (Réseau des Chercheurs de l'Afrique Contemporaine) et Think Tank IRADDAC (Initiative de Recherche et d'Analyse pour le Développement Durable en Afrique. Il est auteur de plusieurs articles et co-auteur de plusieurs ouvrages scientifiques.

MENGUE OLEME Sotherie est originaire de la commune de Monatélé, région du Centre-Cameroun. Docteur/Ph.D en Histoire économique et sociale, elle est Chargée de Cours au Département d'Histoire-FALSH de l'Université de Douala-Cameroun. Elle est membre du FOHIC, CERDYM, GERHIRIDIPS et de la Société Camerounaise d'Histoire.

MESSY Lucie est de nationalité française. Doctorante en science Politique à la Sorbonne, sa thèse porte sur les dynamiques citoyennes en RDC. Membre du Laboratoire de recherche CNRS/MAF, ses champs de recherche portent entre autres sur le panafricanisme, la région des Grands Lacs, la révolution sociale, la société civile, les acteurs non étatiques, les mouvements sociaux et la diplomatie non-gouvernementale.

TAFELEFACK Jolin est titulaire d'un Doctorat/Ph.D en géographie de développement, obtenu à l'Université de Dschang. Son intérêt pour la recherche s'inscrit dans le paradigme de la géographie de l'éducation, où il questionne les problématiques liées à la gouvernance et la performance des systèmes éducatifs ; l'éducation entrepreneuriale. Par ailleurs, il s'intéresse aux enjeux des conflits géopolitiques sur le développement communautaire. Auteur de plusieurs publications scientifiques, son dévouement à la recherche est sanctionné par la participation aux séminaires et colloques internationaux. Tel : (237) 673 301 794 / 699 908 403, E-mail : tafjolinho@yahoo.fr

TONFACK Rycado-Salex est doctorant en science politique et chercheur à l'Unité de Recherches politiques et Stratégiques et Sociales (URPOSSOC) de la Faculté des sciences juridiques et politiques de Dchang. Depuis 2019, il est engagé dans une recherche doctorale sur les luttes hégémoniques dans la Menoua. Passionné du milieu politique, ses précédentes recherches sont relatives à l'impact du/de la covid-19 dans le milieu politique camerounais, l'ingérence des autorités administratives dans le processus électoral au Cameroun et sur l'analyse de la revendication africaine d'un siège permanent au Conseil de sécurité des Nations-Unies (toutes en cours de publication).

STEPAN Vasilenko est chercheur-enseignant à l'Université des finances sous le gouvernement de la Fédération de Russie. Ses travaux portent sur le monde de la politique publique russe où se croisent les questions internationales, les problèmes d'immigration et la fabrication de l'idéologie nationale. Il s'intéresse notamment au mode de fonctionnement des administrations russes et à la bureaucratie comme matrice de production des rapports politiques au sein de l'État. Il a soutenu sa thèse de Doctorat à Paris-Dauphine-PSL sur les politiques d'asile et la construction de la cause des réfugiés en Russie par le champ associatif. Il a publié: « Les politiques d'asile en Russie : entre migration de retour et rapatriement », *Sociétés Plurielles*, 2021, (4) S'expatrier. (Financial University under the Government of the Russian Federation, Leningradski prospekt 49/1, 125167 Moscou, stepslav@yahoo.fr).

Structures éditoriales du groupe L'Harmattan

L'Harmattan Italie
Via degli Artisti, 15
10124 Torino
harmattan.italia@gmail.com

L'Harmattan Hongrie
Kossuth l. u. 14-16.
1053 Budapest
harmattan@harmattan.hu

L'Harmattan Sénégal
10 VDN en face Mermoz
BP 45034 Dakar-Fann
senharmattan@gmail.com

L'Harmattan Congo
219, avenue Nelson Mandela
BP 2874 Brazzaville
harmattan.congo@yahoo.fr

L'Harmattan Cameroun
TSINGA/FECAFOOT
BP 11486 Yaoundé
inkoukam@gmail.com

L'Harmattan Mali
ACI 2000 - Immeuble Mgr Jean Marie Cisse
Bureau 10
BP 145 Bamako-Mali
mali@harmattan.fr

L'Harmattan Burkina Faso
Achille Somé – tengnule@hotmail.fr

L'Harmattan Togo
Djidjole – Lomé
Maison Amela
face EPP BATOME
ddamela@aol.com

L'Harmattan Guinée
Almamya, rue KA 028 OKB Agency
BP 3470 Conakry
harmattanguinee@yahoo.fr

L'Harmattan Côte d'Ivoire
Résidence Karl – Cité des Arts
Abidjan-Cocody
03 BP 1588 Abidjan
espace_harmattan.ci@hotmail.fr

L'Harmattan RDC
185, avenue Nyangwe
Commune de Lingwala – Kinshasa
matangilamusadila@yahoo.fr

Nos librairies en France

Librairie internationale
16, rue des Écoles
75005 Paris
librairie.internationale@harmattan.fr
01 40 46 79 11
www.librairieharmattan.com

Librairie des savoirs
21, rue des Écoles
75005 Paris
librairie.sh@harmattan.fr
01 46 34 13 71
www.librairieharmattansh.com

Librairie Le Lucernaire
53, rue Notre-Dame-des-Champs
75006 Paris
librairie@lucernaire.fr
01 42 22 67 13

www.ingramcontent.com/pod-product-compliance
Lightning Source LLC
Chambersburg PA
CBHW081347230426
43667CB00017B/2752